JN410744

박중호 두번째 기행수필집

대한민국 한 바퀴 걸었다 ②

도서출판 필통

한마디

대한민국 내가 사는 땅!
어찌 생겼는지 보고 싶었다.

그래서 한 바퀴 걸어서 둘러보았다.
정말, 금수강산이다.

인간이 자연을 앞서겠다고
상처를 낸 곳에서 신음하는 것이 흠이다.

조상이 살았고,
내가 살고,
자식들이 살고,
후손들이 영원히 살아야 할 땅이다.
잘 가꾸고 보존해야 한다.

한반도 북쪽 땅도 꼭 걸어보고 싶다.

[일러두기]

대한민국 한 바퀴 걸어서 돌기는 해안선을 시작으로 6년 전 1월 21일부터 다음 해 6월 30일까지 주말을 이용하여 걸었다. 그때마다 핸드폰에 일기를 써서 저장하고 SNS에 올렸다. 5년여 세월이 흐른 후 그 글을 읽어보니 다시 가 보고 싶었다. 2023년 가을부터 틈나는 주말에 재방문해서 해당 고을의 시내버스나 군내버스, 농어촌 버스를 이용하여 버스 여행을 하였다. 버스 여행 1년여간 다시 한 바퀴 돌았다. 한곳에 모으고 싶었다. 걸으면서 썼던 일기에 세월의 흐름에 변하고 바뀐 내용을 추가했다.

여행은 사진이 꽤 많다. 이 기행수필집에는 사진을 올리는 게 제한이 크다. 걸으며 본 모든 내용이 블로그 '편안하게 사는 세상(https://blog.naver.com/pojooho)'에 있다. 필요하다면 참고하면 된다. 여기에는 대한민국 일주와 국도 걷기, 서울 한강 걷기와 다른 여행 사진 등으로 하루 일기에 50~100여 컷이 들어있다.

2024. 06.

도보 여행가 박중호

박중호의 발자취 (한 바퀴 4,198 + 국도 2,572)km

목차

76회. 전남 여수시 율촌 산업단지공단 입구(순천왜성)
~ 경남 하동군 금남면 노량리 ······························ 13
77회. ~ 남해군 서면 서상마을 ······························ 19
78회. ~ 남해군 상주면 상주리 은모래비치 ······························ 26
79회. ~ 삼동면 물건리 독일마을 ······························ 32
80회. ~ 남해읍 선소리 중촌마을 ······························ 37
81회. ~ 하동군 금남면 노량리 연화마을 ······························ 42
82회. ~ 사천시 향촌동 삼천포항 ······························ 47
83회. ~ 고성군 고성읍 수남리 남포횟집마을 ······························ 54
84회. ~ 통영시 광도면 용호리 ······························ 60
85회. ~ 산양읍 신전리 봉전항 ······························ 66
86회. ~ 거제시 둔덕면 하둔리 ······························ 71
87회. ~ 남부면 탑포리 쌍근마을 ······························ 78
88회. ~ 동부면 학동리 흑진주 해변 ······························ 84
89회. ~ 장목면 외포리 외포항 ······························ 91
90회. ~ 장목면 장목리 면사무소 ······························ 97
91회. ~ 통영시 용남면 원평리 적촌마을 ······························ 103

92회. ~ 동해면 입암 장좌리 장항 ······ 110
93회. ~ 창원 마산합포구 구산면 수정리 ······ 117
94회. ~ 창원시 진해구 제황산동 속천항 ······ 123
95회. ~ 부산시 사하구 하단동 신평역 ······ 128
96회. ~ 영도구 동삼동 태종대 ······ 136
97회. ~ 수영구 만락동 민락교 ······ 141
98회. ~ 울산시 울주군 서생면 신암리 면 소재지 ······ 148
99회. ~ 남구 상산동 태화강역 ······ 156
100회. ~ 북구 구유동 판지항 ······ 164
101회. ~ 경북 경주시 감포읍 전촌1리 항 ······ 171
102회. ~ 포항시 남구 호미곶면 대보리 등대 및 광장 ······ 179
103회. ~ 해도동 형산강교 ······ 186
104회. ~ 영덕군 남정면 장사리 해변 ······ 192
105회. ~ 축산면 축산리 경정마을 ······ 200
106회. ~ 울진군 기성면 기성리 면사무소 ······ 208
107회. ~ 울진읍 읍내리 버스터미널까지 ······ 215
108회. ~ 강원도 삼척시 근덕면 장호리 항 ······ 221
109회. ~ 남양동 삼척 고속버스터미널 ······ 229
110회. ~ 강릉시 강동면 정동진까지 ······ 236
111회. ~ 안현동 사근진 해변 ······ 243
112회. ~ 양양군 강현면 전진리 낙산해변 ······ 252
113회. ~ 고성군 토성면 아야진리 동광 119안전센터 ······ 259
114회. ~ 현내면 마차진리 통일전망대 ······ 266
115회. ~ 인제군 북면 용대리 백담사 입구 ······ 272

116회. ~ 양구군 동면 임당리 동면사무소 ······ 278
117회. ~ 방산면 오미리 ······ 286
118회. ~ 화천군 화천읍 상리 화천읍사무소 ······ 293
119회. ~ 상서면 다목1리 ······ 298
120회. ~ 철원군 동송읍 이평리 동송읍사무소 ······ 304
121회. ~ 경기도 연천군 신서면 대광리 대광리역 ······ 310
122회. ~ 백학면 원당리 장남면사무소 ······ 317
123회. ~ 파주군 문산읍 사목리 반구정 ······ 324
124회. ~ 고양시 일산서구 법곳동 도촌마을 ······ 331
125회. ~ 김포시 고촌읍 전호리 경인항 김포터미널 ······ 338
126회. ~ 하성면 전류리포구(출발지) ······ 344

대한민국 한 바퀴 걸었다 ❷

우리 국토 해안선 걸어서 돌기

우리 국토 해안선 걸어서 돌기

(45-1회, 2018.12.14. 금요일), (재방문, 2024.03.09.)

우리 국토 해안선을 따라 걷는 76일째

일요일에 전국적으로 비가 내린다는 예보 때문에 하루 앞당겨 목요일 밤 심야 고속버스를 이용하여 순천터미널에서 오늘을 시작했다. 순천터미널은 연고가 없는 사람도 심야에 도착해도 잠시 기다렸다가 다음 일정을 볼 수 있도록 터미널 일부를 난방시설까지 해서 따뜻하게 보낼 수 있도록 관리하고 있다. 특히 겨울에 좋다.

어차피 기다리는 것이라면 가자! 고 결정하고 새벽 5시 조금 넘은 시간에 택시를 타고 지난주 정리를 했던 여천공단 끝부분 순천왜성에 도착하니 5시 25분쯤이다. 한밤중이다. 광양이라는 도로표지를 보고 바닷가 길인 방조제 길로 동진이다. 초남대교에 왔는데 광양 가는 주도로에 올라갈 수가 없다. 무척 높은 다리 밑이다. 한참 올라가서 다른 다리를 이용하여 인덕천을 건너고 제철로를 따라서 남쪽으로 전진했다. 아마 낮이었으면 가지 못했을지도 모른다. 하천 하나 건너서 이동하는 데 깜깜한 밤이라 해도 너무 힘들게 올라탔다. 제철로는 한가로운 길이다. 엉겅퀴 같은 고약한 풀이 많은 풀숲과 파헤쳐진 땅을 통과하면서 힘깨나 썼다.

한참을 걸으니 고갯길이 나오는데 한전의 전선을 매설하는 공사를 하고 있는데 너무 정리가 안 되어 지나는데 어려웠다. 한참을 내려가니 광양 부두가 보인다. 바다와 가까운 길을 찾는데 쉽게 나오지 않는다. 가고 있는 이 길은 바닷가와 가까운 쪽에 '광양항 전용 1로'가 그 왼쪽은 철도가 있고 그 왼쪽이 지금 걷고 있는 '제철로'이다.

오른쪽으로 들어가는 길을 찾으며 전진하는데 어느덧 제철로도 통행 차량의 숫자가 많아지고 있다. 두 도로에 달리는 차들이 보이는데 대부분이 수십 톤 적량의 덤프트럭, 트레일러, 탱크로리, 대형 트럭 등 중장비형 차들이 질풍노도와 같이 달린다. 그 옆에서 움직이는 나는 낙엽이 매달린 모양으로 가다 서기를 반복하며 7시 반쯤 '광양항 서측 배후'라는 지역으로 들어가 5분쯤 걸으니 10시 방향 전봇대가 많은 건너편에서 해가 떠오른다. 나를 반겨준다고 생각하며 카메라와 스마트폰을 교대하며 수십여 컷을 촬영하였다.

그리고 말만 들은 광양컨테이너부두를 구경하면서 동진했다. 상상을 초월하는 물동량과 시설이다. 작업하는 광경은 보지 못했다. 바로 바닷가에서 배에서 싣고 내리는 작업을 하는 곳인데 그곳은 관계인 외 출입금지다. 모든 지역이 철조망(철책?)이 이중삼중으로 울타리가 처져 있다. 사진 촬영과 접근도 금지다. 오늘도 지난주 여수공단 통과할 때처럼 얌전하게 앞만 보고 걷기만 했다.

이순신대교 북단 밑을 걸으면서 금호도로 가는 도로에 올라타야 하는데 올라갈 길이 전혀 없다. 새로이 만들어진 도로들이 고속을 전제로 만들어져서 사람과 같이 이용하는 도로가 점점 감소하는 경향이다. 하는 수 없이 '수어천' 상류 쪽으로 올라가는데 하천 건너 금호도의 부영아파트가 있는 지점에서 이쪽 삼화섬 지역으로 사람만 다니는 인도교가 놓여 있다. 이때는 구세주를 만나는 기분이다. 다리에 장식도 예쁘게 꾸며져 여성스러움이 듬뿍 풍긴다.

다리를 건너고 정신을 차려 살펴보는데 광양제철 공장이다. 어마어마하게 넓고 규모가 대단히 크다. 도로변에 쳐진 철책 울타리를 따라서 하동 쪽으로 가는데 앞서 말한 중장비 같은 화물차가 엄청 많이 움직인다. 그렇게 많은 화물 자동차를 본 적이 없다. 공장 안에는 물 뿌리는 차들이 계속 물을 뿌리고 있다. 도로에 먼지가 많이 유발되는 공장 환경인 모양이다. '제철 2번 문' 건너편에 있는 제철소 복지시설이라는 건물 안에 있는 자매식당에서 10시 반쯤 순두부찌개로 아점을 해결했다.

꽤 넓은 섬인 금호도와 태인도에 공장들이 지난주에 본 여수공단에 버금가는 시설들이다. 또 멀리 보이는 하동 바닷가에 하동화력발전소도 웅장하게 보인다. 굴뚝이 7개다. 광양만을 가운데 두고 여수공단, 여천공단, 광양항만, 광양제철, 하동화력발전소 등이 굴뚝에서 하얀 연기를 뿜어내고 있다. 장관이다. 이런 많은 공장이 미세먼지를 어떻게 해야 하는가? 철저하게 준비하고 관리해야 할 것이다. 큰 공장들은 물차가 계속 도로에 물을 뿌리고 있다.

오늘 2018년 12월 14일 12시 14분(핸드폰 시계)에 59번 산업도로의 '섬진대교'를 건너서 경상남도 하동군에 들어섰다. 다리를 걸어서 건널 때 무척 무서운 다리다. 인도 시설이 전혀 없다. 이 다리 역시 대형차들이 질주한다. 자동차 전용 도로인지는 모른다. 월일과 시간이 숫자가 같아서 의아해하면서 좋은 일이었으면 하고 기대를 한다. 섬진대교를 건너고 해안가를 왼쪽으로 돌아 들어가야 하는데 놓쳤다. 남쪽으로 가다가 길을 찾아 해안가로 다시 접어들었다.

하동군 금성면 지역을 통과하는데 갈사만 방조제가 나오고 방조제가 끝나는 동쪽에 하동화력발전소가 연결되어 있다. 발전소 옆을 통과하는데 무지무지하게 크다. 하동화력발전소는 오늘 오후 걷는 동안 저명한 지형지물이 되어 5시간 이상 시야에서 사라지지 않고 같이 했다. 방조제 북쪽에는 논이 아니고 수백만 평의 산업공단이 생긴다고 한다. 한참을 묵묵히 걸었다. 남해로 가기 위한 노량대교 목전에 둔 노량에서 숙박을 해결하며 쉰다. 내일의 남해 또한 기대한다.

※ 2024년 봄 재방문 확인 시 현재 방조제 북쪽의 '갈사만조선산업단지'는 공정률이 10% 정도에 그치는 등 20년째 표류하고 있다고 한다. 하동군에 따르면 이 산업단지 조성사업은 2003년 10월 광양만권 경제자유구역 하동지구가 지정 · 고시되면서 시작됐다.

생각하기 하나

하동화력발전소 서쪽 연막마을에서 동진하는 갈사만 방조제와 조선산업 단지 북쪽에 '치어 양식 육상 양식장' 시설이 있는데 바로 그 옆에 도로와 붙어 있다. 치어들을 위하여 모든 자동차가 시속 20km 이하로 서행하라는 표지판이 있다. 그것이 과연 지켜질까? 의구심을 가졌는데 수십 톤짜리 덤프트럭, 탱크로리, 트레일러 등 차들의 서행이 실제로 지켜지고 있었다. 수백 미터를 말이다. 거기를 벗어나면 또 과속이다. 표지판 작성자가 발전소 명의로 돼 있다. 길이 왜 그럴까? 양식장이 먼저 만들어졌을까? 궁금하다. 우리들의 모든 일이 그렇게 되었으면 좋겠다.

■ 광양의 이모저모

□ 과양 9경

백운산 4대 계곡, 광양 매화마을, 백운산 자연휴양림, 광양 이순신대교, 섬진강 망덕포구, 광양만 야경, 옥룡사지 동백나무숲, 구봉산 전망대, 광양읍 수(樹)와 이팝나무(천연기념물 제235호)

□ 축제

매화 축제, 철쭉 축제, 전어 축제, 숯불구이 축제

□ 체험

광양 와인 동굴체험, 가려지 찜질방 체험, 농촌체험

□ 9미

광양숯불고기, 광양 백운산 고로쇠, 광양 섬진강 재첩, 망덕포구 가을 전어, 광양 기정 떡, 광양매실차, 광양 닭 숯불구이, 광양 곶감, 광양 숯불장어구이

오늘은

순천시 해룡면 · 여수 율촌공단(순천왜성) - 충무사 - 광양 방조제 - 인덕천 - (제철로) - 광양항 서측 배후 - 허치슨 포트 광양 - 광양항 - SM 광양터미널 - 광양항 국제여객 터미널 - 광양항 동측 배후 - 금호도 - 광양제철 - 태인도 - 섬진대교 - 경남 하동군 금성면 서근마을 - 명선마을 - 나팔 마을 - 연막마을 - 갈사만 방조제 - 하동화력발전소 - 금남면 덕오마을 - 대송산업단지 - 소송마을 - 수문마을 - 미법마을 - 노량마을까지

오늘의 지나온 지역 날씨는 생각보다는 좋았다. 추위 대비를 엄

청나게 하고 있었지만, 시간이 지날수록 벗고 빼는 것이 늘었다. 바닷바람과 기온은 걷기에 좋은 날씨였다.

오늘도 열심히 걸었다. 출발부터 길을 못 찾아 힘들었고 순천과 광양 길이 모두 신(新)작로인데 사람이 걷기 힘들다.

오늘도 고생 좀 했다. 5.5만여 보에 42km를 걸었다.

구 누계 : 301.7만 보. 2,278km.

신 누계 : 307.2만 보. 2,320km.

광양 수어천 인도교

우리 국토 해안선 걸어서 돌기

(45-2회, 2018.12.15. 토요일), (재방문, 2024.4.27.)

우리 국토 해안선을 따라 걷는 77일째

전과 비슷하게 일과가 시작된다. 두세 번 깨다 자기를 반복하다가 5시가 조금 넘는 시간에 일어나 출발 준비를 하고 두유 1병, 단팥빵, 삶은 달걀, 사과와 단감, 견과류를 포함한 아침 식사로 6·25를 생각하며 때우고 6시쯤 모텔을 나와서 새로 지어진 노량대교에 오른다. 밤공기가 시원하다. 마을에서 노량대교 쪽으로 걸으니까 주차장이 나오고 차량은 도로로 가지만 사람은 주차장에서 데크로 만들어진 계단을 이용하여 오르면 노량대교 우측 인도로 바로 들어간다.

노량대교는 석 달 전인 지난 9월 13일 개통되었다. 기존 남해대교의 서쪽 수 백m 지점에 새로 건설되었으며 교각을 바다가 아닌 육지에만 2개를 세워 쇠줄을 이용한 현수교이다. 순수한 다리 길이는 내가 본 이정표에 의하면 약 990m이고 주탑 높이는 148.6m다. 세계 최초의 경사주탑이다. 진입로와 연결 도로까지 합하여 총 3.1km라고 한다. 남해군 설천면 덕신리와 하동군 금남면 노량리를 잇는다. 새벽 6시가 조금 지난 시간에 걷는데 바닷물이 보이지 않아 심적으로 더 안전하게 느껴졌다.

노량대교는 사람이 걷기에 매우 안전하게 만들어졌다. 인도가 견고한 구조물로 구분되어 있다. 인도 폭이 1.5m 이상으로 교행도 충분하다. 오늘 새벽 운동 나온 주민과 실제 내가 교행했다. 다리를 건너가니 오른쪽에 데크 계단이 있어서 내려가 보았는데 다리를 이탈하는 계단이 아니고 반대쪽으로 다시 올라가는 계단이다. 하동 쪽에서 오른쪽으로 왔다면 계단을 이용하여 왼쪽으로 가면 왕복을 하는 것이다. 남해 쪽에 도착해서 다리를 이탈하려면 무늬가 있는 보도블록으로 된 인도를 계속 따라가면 나가는 차도 옆으로 내려간다. 차도는 노량대교를 건너서 직진 시 바로 터널을 만난다. 터널 안의 인도가 있는지는 못 봐서 모르겠다.

다리 서쪽에 처음 만나는 마을이 감암마을인데 앞에서 말한 인도나 차도를 따라서 건너온 다리 밑을 통과하고 한참 내려가면 노량로라는 길을 만나는 삼거리에서 우측으로 계속 가면 남해대교와 노량마을이고 좌회전하면 감암마을로 가게 돼 있다. 남해대교 동쪽 마을이 노량마을이고, 노량대교 서쪽 마을은 감암마을이다. 다리 이름을 바꾸면 지명의 타당성이 더 정확(?)하지 않을까 생각해 본다. 남해는 우리나라 섬 중 제주도, 거제도, 진도 다음 4번째로 큰 섬이다.

다리 위에서 걸으면서 경매할 때 하는 특유의 마이크 소리를 듣고 감암마을 어류위판장의 경매 모습을 보기 위해 나름대로 부지런히 왔는데 6시 반, 즉 내 도착 5분 전에 끝났다. 보지 못했다. 다리에서 사진 찍고 이것저것 살펴보느라고 약간 시간을 썼는데 한 번 간 상황은 올 수가 없다.

위판장에서 나오니까 커다란 간판이 보이는데 남해군 둘레길인 '남해 바래길' 안내 표지판이고 여기 코스 이름이 13코스인 '이순신 호국길'이라고 돼 있다. 호기심이 생기고 해안지역 둘레길이 잘 돼 있으면 길 찾는 걱정은 안 해도 되는 경험을 수차 해온 나 아닌가. 말뚝과 리본을 찾아가며 따랐다. 아주 잘 되어 있다고 칭찬하는 순간 길이 끝이고 바다다. 안내를 놓치거나 잘못 들어온 것이다. 뒤로 100여m 후퇴해 가면서 표지판을 찾는데 산으로 길이 있는 나무 옆에 말뚝이 있는데 못 보고 지나쳤다. 산으로 올라야 한다.

그러나저러나 새벽에 등산했다. 안내된 길이기에 무조건 올랐는데 경사가 좀 있는 산이다. 5분쯤 오르니 편백 숲이다. 꽤 긴 시간을 오르고 내리고 걸었다. 아마 40여 분은 된 것 같다. 시야가 트인 곳에 올라와 보니 바로 도로 옆이다. 언덕에서 도로를 살펴보니 터널 도로로 왔다면 1km도 안 된 거리를 산을 이용해서 땀 좀 흘렸다. 기왕에 한 것(!?) 하면서 또 산으로 걸어서 내려가는데 넓은 도로와 마을 공간이 나온다. 이순신 장군 순국 공원이다. 영상관 관람은 유료인데 시간이 8시도 안 돼서 문도 열리지 않았고 아무도 없는 곳이라 내가 주인공이다.

여기저기 둘러보고 곧장 직진하여 걷는데 관음포 지역의 이순신 장군 순국지라는 표지가 있고 李落祠(이락사)라는 글자가 앞에 어려서 올라가 보았다. 사당이다. 그리고 '戰方急 愼勿言我死(전방급신물언아사 : 전쟁이 지금 급하니 삼가 나의 죽음을 말하지 말라)'라는 글이 새겨진 돌 표지도 보았다. 바로 이 산 넘어 바다에서 이순신 장군이 마지막 싸움에서 이기고 본인은 죽어서 여기로 올라온 그런 땅이다. 요즘 위정자들이 철저히 공부해야 할 상황이다. 편 갈라서 싸우더라도 자기가 할 일은 해놓고 싸우기를 바란다.

한참을 걸어가는데 갈화리 마을의 삼배마을이 나온다. 옛날에 삼배를 많이 생산하는 마을이었는데 폐교된 '갈화 초등학교' 시설에 그 동네 할미들이 전통방식으로 삼배를 짜는 일을 하고, 체험도 하고, 공부도 하는 곳인데 지금 할미가 6~7명밖에 안 된다고 한다. 물론 나이도 매우 고령이라고 한다. 전통이 사라지는 것이, 어찌 삼배 짜는 것만이겠는가 만은 슬픈 현실들이 참 많다.

남해의 서쪽 지역은 지난 몇 주 동안 걸으면서 보고 느낀 것이 많은 여수와 여천, 광양의 공장지대와 하동의 발전소가 한눈에 들어온다. 여기서도 사진을 찍으면 안 되는가? 혼자서 웃으면서 흘려간다. 자세히는 아니어도 윤곽이나 큰 얼굴들은 멀리서 보니까 더 잘 보인다. 그 공단들과 우리 형제들이 참으로 대단하다고만 생각했다. 세밀한 것까지 더 안전에 유의해서 소정의 임무 수행을 빈틈없이 했으면 좋겠다.

남해는 마늘과 시금치가 무척 많이 심겨 있다. 지방마다 주 생산 농산물이 있는데 요즘은 특용작물을 많이 재배한다. 옛날 같으면 보리나 밀이 초록을 선사하는 계절인데 여기는 마늘과 시금치가 꼭 보리밭 같다. 사실 보리도 한 곳에서 보았다. 매우 반가웠다. 요즘은 차라리 보리보다 밀을 상대적으로 더 많이 심는다고는 하나 절대량이 워낙 적어 거의 계산되지 않는다. 마늘과 시금치밭에서 일하는 농부들을 많이 보았다. 시금치는 수확 철인 것 같다. 많은 소득을 올려 고생한 보람을 맛보기를 기대한다.

노구마을을 지날 때 동네 어귀에 현수막을 거는 광고탑이 있다. 이 마을 출신이 부산지방경찰청장에 승진되어 영전했다는 현수막이 걸려 있다. 동네 주민과 초등학교 동문이 자랑하고 있다. 그 부모는 자식이 자랑스러울 것이며 기분이 얼마나 좋을까? 생각하며 발길을 재촉한다.

남해군 서면 소재지인 서상리에는 스포츠파크가 있는데 축구장과 야구장이 여러 면이 있다. 상대적으로 따뜻한 지방이라서 추운 다른 지역 사람들이 이용할 수 있는 시설과 겨울에 훈련에 제한을 받는 선수들이 이용한다고 한다. 부디 잘 되기를 바란다. 나도 여기서 축구장과 야구장을 구경하면서 오늘 임무를 마쳤다. 남해읍으로 가는 버스를 기다린다.

그런데 버스 정류소 옆이 정미소다. 참으로 오랜만에 쌀을 찧는 재래식 정미소를 직접 보고 벼를 기계에 집어넣고 여러 컨베이어 벨트를 타고 몇 바퀴(5~12) 돌아 나오면서 쌀을 생산하는 과정을 보니 새삼스러웠다. 나 어릴 때 아버지가 정미소를 운영하신 적이 있어 관심이 항상 있기에 아무리 봐도 지루하지 않고 재미있게 보았다. 옛날에는 정미소 전체가 먼지투성이였는데 지금 여기는 주택과 맞닿아 있으며 먼지 하나 찾아볼 수 없이 깨끗하다. 어찌 이럴 수가 있는가. 과학기술의 발전을 칭찬하지 않을 수 없다. 먼지를 흡수하는 기계가 설치됐다고 한다.

■ 하동의 이모저모

□ 하동명소

고소성공원, 남도대교, 녹차 연구소, 대도 파라다이스, 유성준 · 이선유 판소리 기념관, 백련리 도요지, 삼성궁, 섬진강, 화개장터, 화개동천 야생차단지, 금오산 일출 · 다도해 쌍계사, 불일폭포, 평사리 최참판댁, 하동포구 백사 청송, 형제봉 철쭉, 8개 다원

□ 명산

금오산, 삼신봉, 이명산, 정안봉, 형제봉

□ 축제

화개장터 벚꽃축제, 야생차 문화 축제, 북천 꽃 양귀비 · 호박, 메밀꽃 축제, 섬진강 문화 재첩 축제, 평사리 허수아비 축제, 토지문화제, 왕의 녹차 참숭어 축제

□ 먹거리

재첩국 · 회, 산나물 비빔밥, 녹차 냉면, 바다 모듬회, 대롱밥, 은어 튀김 · 회, 토종닭, 참게탕, 장어구이, 하동 한정식

□ 특산물

하동 녹차, 하동 대봉감, 하동 매실, 특산물 세트(생산단체 · 업체, 특산물쇼핑몰)

□ 전통시장

하동공설시장, 횡천 공설시장, 계천 공설시장, 진교공설시장, 북천 공설시장, 옥종 공설시장, 화개장터

오늘은

하동군 금남면 노량마을 - 노량대교 - 남해군 설천면 노량리 - 감암리(위판장) - 월곡마을 · 항 – 차면마을 · 항 - 고현면 차면리 관음포 이순신 순국 공원 - 방월마을 - 달실마을 - (삼배마을) - 갈화마을 - 화전마을 - 서면 회룡마을 - 노구마을 - 유포마을 - 염해마을 - 중리마을 - 남성마을 - 작장마을 - 상남마을 - 예계마을 - 높은들 마을 - 서상마을까지

오늘 남해 지역 날씨는 어제와 같은 조건 날씨로 생각보다 좋았다. 최저 영하 3도이고 낮 기온은 영상 6~7도로 아침은 약간 추위를 느끼는 정도이고 낮엔 더위를 느끼는 날씨로 껴입

은 옷을 벗었다. 바람도 잠잠했고 걷는 활동에는 별로 지장이 없었다.

오늘도 열심히 걸었다. 남해엔 해안도로가 잘 발달한 지역이다. 여기에 남해 바래길도 2개 코스 일부분을 같이 이용하였다. 재미있는 코스다. 4.0만여 보에 29km를 걸었다.

구 누계 : 307.2만 보. 2,320km.
신 누계 : 311.2만 보. 2,349km.

하동과 남해를 잇는 노량대교

우리 국토 해안선 걸어서 돌기

(46-1회, 2019.1.11. 금요일), (재방문, 2024.4.27.)

우리 국토 해안선을 따라 걷는 78일째

친구들과 칠순맞이 해외여행 때문에 3주를 쉬었다. 집에 도착하자마자 다시 시작하려 했는데 시차 때문에 비실비실하면서 하루하루 지내는데 도무지 정상으로 회복이 잘 안 된다. 여행 후유증을 이기고 회복을 빨리하는 방법은 역시 걷는 게 아닐까 생각하고 어제 늦게 남해에 와서 자고 새벽부터 걸었다. 지난해 12월 15일 남해군 서면 서상마을에서 다음으로 미루고 떠났지만 계속 생각이 나서 머리에 뱅뱅거렸는데 4주 만에 와서 그 자리에 서니 모든 게 새삼스럽다. 걸음걸이도 77일간의 습관이 무뎌진 것 같다.

오늘도 새벽에 남해읍 터미널 주변의 모텔에서 5시 반에 나와서 서면사무소 근방까지 이동하여 6시 전에 걸음을 시작하는데 주변이 아무것도 보이지 않는다. 남해는 다행히 해안도로가 잘 발달해서 길 찾는 것은 괜찮은 편이다. 바로 부딪히는 것은 남해스포츠파크다. 겨울 추위에 기온이 상대적으로 높아서 겨울에 실외운동을 못 하는 다른 지역 운동선수들이 남해를 찾아 운동할 수 있는 시설이라고 한다.

더듬더듬 발걸음을 계속 옮겨 1시간쯤 이동하니까 높은 건물에 넓은 공간이 거의 실루엣으로 잡히는데 '아난티 남해'라는 골프장과 리조트가 보인다. 리조트를 지나 10여 분쯤 지나니까 왼쪽으로 고개를 오르는데 오른쪽으로는 남해 바래길 제1코스가 시작되는 작은 미술관이 있다. 여기서부터 남해 바래길 코스를 이용하여 오후 2시까지 걷는다. 겨울이라 풀들이 크지 않아서 찾아 걷기가 그런대로 괜찮았다. 몇 군데는 완전한 등산코스도 중간, 중간 나타나 힘들게 하기도 해서 땀을 흘리게 했다.

남해 바래길은 총 10개 코스 130km라고 한다. 나와 상관있는 바닷가 코스는 9개 코스인데 2개 코스는 아직 완공이 안 돼서 7개 코스 100여km이다. 이런 길이 잘 닦아져 있으면 아주 편하게 걸을 수 있다. 오늘 걸었던 코스 중 특징 있는 지역을 걸었던 순서대로 알아보았다.

- **아난티 남해** : 바다와 어우러지는 18홀 코스의 골프장은 지중해를 연상시키는 쪽빛 바다를 배경으로 펼쳐지는 푸른색 그린의 경관이 환상적이라고 한다. 150객실 리조트와 20개의 그랜드 빌라는 골프장과 바다를 바라보는 포근한 휴식을 할 수 있다고 한다.
- **남해 바래길 작은 미술관** : 폐쇄되어 방치되었던 구 평산리 보건진료소가 작은 미술관으로 재탄생되었다. 미술관은 바래길 제1코스 '다랭이 지겟길'의 출발점에 위치해 트래킹을 시작하는 탐방객들이 잠시 머물다 가는 쉼터 역할도 한단다.
- **남해 빛담촌** : 남해군 남쪽 가천다랭이마을 인근(서쪽 3km)에 있으며 해안 경관이 수려한 곳이다. 집단 펜션 촌이다. 빛담촌 주변에 몽돌해변과 해수욕장이 있으며 응봉산 등산

로와 바래길이 지난다. 겨울철 바다 일출과 일몰이 아름다운 곳으로, 관람객이 많이 찾는다고 한다.

- **가천다랭이마을** : 드라이브 코스로 주목받는 남면 해안 관광도로 최남단의 마을로 푸른 바다를 접한 다랭이 마을은 산비탈을 일군 좁고 긴 계단 형태의 논이 있는 마을로 섬 특유의 정취를 느끼게 하며 또 암수 바위가 있다.

※ 조상들이 엄청나게 고생한 동네다. 논인데 저수지가 없는 천수답이다. 높은 산을 깎아서 옆으로 길게 개간하여 벼를 심어 길렀으니 얼마나 고생이 심했겠는가. 모내기부터 수확할 때까지 마음 졸이며 지냈을 농부의 마음을 알 것 같다. 내가 어린 시절을 농촌에서 자랐지 않았는가.

논은 물이다. 물이 없으면 논농사를 짓지 못한다. 세상이 바뀌어 척박한 땅이기에 농사를 안 지어도 되는 세상이 되었고 그 시기에 명승지가 되었다. 우리 인생도 그런 사람들이 많이 있다고 보고 느낀 바가 있다. 지금 어려운 친구들도 꼭 좋은 시절이 온다는 사실을 명심하고 미래를 설계했으면 좋겠다. 왜 이런 곳에서 이런 생각을 하지~?

- **갈현 미술관** : 폐교를 교육문화시설로 탈바꿈한 공간으로 전시회, 공연기획, 미술교육(경남재능기부 기관) 등의 문화공간으로 활용되고 있다.
- **미국마을** : 재미 한인교포들이 남해군에 보금자리를 옮겨 제2의 고향으로 터전을 잡은 곳이다. 미국형 전통 건축양식인 고급 민박형 펜션과 전원주거가 결합한 주택을 건립하여 특색있는 관광인프라를 가지고 있다. 입구에 자유의 여신상이 서 있다.

o **상주 은모래비치** : 남해군에서 가장 빼어난 풍경을 가진 해수욕장으로 백사장의 길이가 2km와 폭이 120m이다. 부채꼴 모양의 해안백사장과 눈 앞에 펼쳐진 작은 섬들은 바다를 호수 모양으로 감싸고 있으며 파도가 잔잔하고 수온이 따뜻하여 가족 단위의 피서지로 일품이라고 한다.

※ 모래가 가늘고 색깔이 진하지 않다. 여름은 해수욕장으로 겨울에는 극기 훈련장으로 인기가 있다고 한다.

전반적으로 남해는 섬인데도 화산폭발 때문인지 산악지형이 꽤 많다. 오늘 걸은 코스는 왼쪽으로 응봉산(472m), 설흘산(482m), 송등산(617m), 호구산(622m), 금산(704m)이 자리하고 있으며 흘러내린 바다 쪽에 마을들이 자리하고 있다. 그런 곳에 가천다랭이마을도 자리하고 있다. 그래서 남해는 논보다는 밭이 많아 겨울에는 마늘과 시금치가 많이 재배되고 있다. 지금 시금치 수확이 한창으로 시금치 포대를 가득 싣고 이동하는 트럭들을 여러 번 보았다.

오랜 기간 쉬었다가 걸어서인지 컨디션이 썩 좋지 않았다. 상주비치에서 또 숙소를 구하는데 어려웠다. 방학을 이용하여 남해의 남부지역에 추운 지방의 학생 운동선수들이 전지훈련을 많이 와 숙식을 해서 숙소 구하는 데 힘이 든다. 몇 번을 퇴짜 맞고 돌고 돌아 민박집을 구했다.

오늘은

남해군 서면 서상마을(서면사무소) - 남해 스포츠파크 - 장항마을 - 구미마을 - 남면 덕월마을 - 아난티 남해 - 오리마을 - 평산마을 - 유구마을 - 사촌 해변 - 선구마을 - 몽돌해변 - 향촌마을 - 남해 빛담촌 - 가천다랭이마을 - 홍현마을 - 숙호마을 - 월포 해변 - 두곡해변 - 당항리 마을 - 이동면 용소리 - 미국마을 - 용소마을 - 화계마을 – 앵강다숲 마을 - 금평마을 - 원천마을 - 상주면 두모마을 - 정촌마을 - 소량마을 - 대량마을 - 금전마을 - 상주리 은모래 해변까지

오늘 남해 지역 날씨는 좋았다. 기온은 온종일 영상이었다. 그러나 10시가 넘어서 바람이 불었다. 낮엔 더 껴입은 옷을 벗었다.

오늘도 열심히 걸었다. 남해엔 해안도로가 잘 정비되고 발달한 지역이다. 바래길 2개 코스 일부분을 같이 이용하였다. 5.4만여 보에 40km를 걸었다.

구 누계 : 311.2만 보. 2,349km.
신 누계 : 316.6만 보. 2,389km.

가천다랭이 마을

상주 은모래 해변

우리 국토 해안선 걸어서 돌기

(46-2회, 2019.1.12. 토요일), (재방문, 2024.4.26.)

우리 국토 해안선을 따라 걷는 79일째

비가 온다는 예보가 틀리기를 기대하며 새벽부터 민박집 마당을 들락날락했다. 그런데 예보가 맞아 비가 내린다. 5시 반경에는 제법 큰 빗방울이 머리를 때린다. 비상용으로 가지고 있는 음식거리와 어제저녁에 준비한 우유 500㎖로 아침을 때우고 출발 준비를 하고 기다린다. 안절부절못하며 시계를 보는데 시간이 잘 간다. 비는 계속 내린다.

7시 반이 넘자 결딴을 내려 버스 정류소 시설과 어느 건물 밑에서 1시간 넘게 기다리는데 빗방울이 작아지는 것이 보인다. 상주읍내를 구경하기 위해서 큰길로 나와서 일부러 멀리 돌아 상주해수욕장 서쪽으로 다시 돌아서 동쪽으로 전진을 하였다. 모래밭이 끝남과 동시에 급경사를 올라 도로를 다시 만나 상주와 이별을 한다. 언제 다시 와서 볼 수 있을 것인지! 생각하며.

남해 상주라는 지명을 알고 있는지는 꽤 오래전인 1980년에 들어서 알고 있다. 상주! 어떤 곳인가? 궁금한 점을 갖고 있었다. 우리나라에서 우리가 직장주택조합을 만들어서 성공한 첫 사례인데 아파트가 아니고 단독주택으로 지었다. 그런데 완공 시점이 12월 중순인데 조경공사를 일정이 맞지 않아 미처 못 하고 있었다. 당시 도봉구청에서는 이유를 달지 말고 조경공사를 하고 준공 서류에 집집마다 사진을 첨부하라는 것이다. 은행 융자 때문에 준공이 필요하다.

엄동설한에 나무를 심으면 십중팔구 죽으니까 내년에 하도록 하고 예산은 구청에서 관리하자는 우리의 의사를 들어주지 않았다. 그래서 조경공사용 향나무 150주를 내 상급자가 고향이라 잘 안다는 남해 상주에서 가져다 심어 사진 찍고는 했는데…. 결국 이듬해 봄에 확인하니 모두 죽었다. 그때 공무원의 융통성 없고 보고용 업무수행에 목숨 거는 것을 보고 실망과 걱정을 하면서 지금까지 와 있다. 상주의 향나무에 대한 아픈 추억과 미안함이다.

아무튼, 비가 이슬비같이 조금씩은 계속 내린다. 버스 정류소 박스 같은 시설에서 잠깐 쉬고 또 걸어가기를 반복했다. 11시가 되니까 햇빛이 살짝 보인다. 다행이다. 기회가 왔다고 생각하고 열심히 걷는다. 다른 날보다 3시간 이상 늦게 출발함은 물론 비까지 와서 우울한 기분이 개는 듯하다. 소리도 질러본다. 메아리도 오기 전에 또 부지런하게 걷는다.

왼쪽에는 험한 산으로 되어 있고 오른쪽은 바다인 길을 계속 걷는다. 송정해수욕장, 설리해수욕장, 답하항을 지나 팔랑리라는 동네 표지석을 지나쳐 앞을 보니 바닷물은 만조이고 그 물 위에 배들이 엄청 많다. 미조항이다.

사실 남해는 섬이고 사방이 바다가 아닌가? 그런데 물고기 잡아서 보급하는 항구를 지금까지 보지 못했는데 여기가 남해의 대표적인 항구다. 미조면 소재지이기도 한 팔랑리에 있는 항구는 무진장 크다. 미조항, 미조북항, 미조남항, 미조잠수 등 4개의 이름이 한 곳에 모여서 붙어 있다. 물고기는 보지 못했다.

낮 12시가 넘은 시간인데도 항구가 시끌벅적 야단이다. 대단히 복잡하다. 우울했던 기분이 싹 가신다. 몸에 땀이 나기 시작한다. 북항 쪽으로 나와서 계속 걷는데 주변이 아주 깨끗하게 정비돼서 쉴 수 있는 시설들이 잘 갖춰지고 정비 돼 있다. 이런 동네에서 살고 싶다는 생각만 하고 계속 북으로 전진이다.

'물미 해안관광도로'로 명명된 남해군의 동쪽 도로 10여km가 바다에 바짝 붙어서 만들어져 있어서 나 같은 사람이 고민 없이 앞만 보고 전진만 해도 되는 도로이다. 걸을 때는 지도와 스마트폰 지도를 보고 걷는 게 일상인데 이곳은 찾을 필요 없이 편하게 걸었다.

그러나 도로가 경사가 심해서 오르내리는 다섯 군데는 무척 힘이 들었다. 이거는 바닷가가 아니고 산악지다. 바다 쪽으로는 급경사가 심한 낭떠러지이고 마을도 계곡 쪽에만 형성되어 띄엄띄엄 있다. 커브 길은 반드시 심하게 오르거나 내려간다. 자동차로는 풍광 좋은 관광 도로인가는 모르겠으나 나처럼 걷는 사람에게는 진땀 나는 길이다(※ 물미 해안전망대가 2019년 12월에 개장).

남해 미조는 3번 국도와 19번 국도의 시작점이라는 사실도 알았다. 벌써 멸치가 나와 쪄서 말리는 풍경도 보인다. 바다의 색깔이 날씨의 변화와 따라 변함도 확인했다. 계속 전진하는데 비를 맞은 다음에 마르는 과정에서 찌뿌듯한 기분으로 시간이 지난다. 평소보다 늦은 시각에 다리가 아픈 것을 느끼는 동시에 독일마을에 도착해서 한 바퀴를 돌아보았다.

우리가 힘들 때 남자는 광부로, 여자는 간호사로 파독 돼 자신과 부모 · 형제와 국가와 민족을 위해 희생하며 열심히 일하였다. 그러다가 늙어서 귀국한 39명이 수십 년간 살았던 독일의 흔적과 냄새를 가진 동네를 만들고, 집을 짓고 사는 사람들의 모습을 보기 위해 수많은 관광객의 발길이 많다. 그들의 노고에 위로와 칭찬을 아끼지 말아야 할 것이다. 노년에 행복한 고국의 삶이 되시기를 진심으로 기원한다. 독일마을 인접의 펜션에서 오늘을 정리한다. 농담으로 남해는 미국마을과 독일마을을 가진 우리나라에서 가장 큰(?) 지자체다.

오늘은

남해군 상주면 상주리 - 상주 은빛 비치 - 금포마을 - 미조면 천하마을 · 천하 몽돌해변 - 송정리 솔바람해변 - 설리 해변마을 - 답하마을 - 팔랑마을 - 미조리(미조면사무소) · 미조항 - 초전마을 - 항도항 · 마을 - 가인포마을 - 노구마을 - 삼동면 대지포마을 - 은점마을 - 독일마을 - 물건마을까지

오늘의 남해 지역의 날씨는 11시까지 비가 내렸다. 그리고 계속 흐리고 안개비가 오는 듯 마는 듯 지저분한 날씨였다. 기온은 하루 내내 영상이었다. 보온 옷이 더워 벗었다.

오늘도 열심히 걸었지만, 자연의 힘에 부딪히는 하루였다. 비를 모시고 8시 반경부터 걷다 쉬기를 반복하면서 11시경부터 본격적으로 제대로 걸을 수 있었다. 다행이다. 3.9만여 보에 27km를 걸었다.

구 누계 : 316.6만 보. 2,389km.
신 누계 : 320.5만 보. 2,416km.

미조항 모습

독일마을과 물건리 해변

우리 국토 해안선 걸어서 돌기

(46-3회, 2019.1.13. 일요일), (재방문, 2024.4.26.)

우리 국토 해안선을 따라 걷는 80일째

지난번 해외여행으로 쉬었던 숙제를 위하여 오늘 하루를 더 걸음 하기로 해서 연속 3일을 걷게 되었다. 아무리 좋은 곳이라는 독일마을도 이별해야 한다. 이른 새벽에 일어났다. 날씨를 살피니 모든 게 정상이다. 여유롭게 준비해서 길을 나섰다. 그런데 펜션을 나가는 순간 앞이 안 보인다. 사방이 칠흑이다. 가로등 없었던 50~60년대에 살았던 우리 동네를 생각하게 한다.

새벽의 깜깜함을 이기는 방법은 가로등인데 가로등이 없다. 띄엄띄엄 마을 집 옆에 서 있는 불빛이 오히려 싫다. 눈에 빛이 들어오면 다음은 보이지 않는다. 주변이 온통 어두움이기 때문이다. 가로등처럼 정기적으로 일정한 간격으로 불빛이 있으면 상관이 없는데 사방이 어둡고 바로 어두운 환경에 적응해야 하는데 왔다 갔다 하는 적응이 쉽게 안 된다. 하늘을 쳐다보니 별이 총총 파란 불이 쏟아질 것 같이 많다. 참 아름다운 별 밤이다. 오랜만에 별을 많이 보았다.

그런데 도로에는 이 시간에도 자동차가 달리는데 속도가 엄청나다. 또 불빛은 상향등을 켜고 다녀 한 번 지나가면 사람 눈이 소경이 돼 버린다. 제자리에 서서 한참을 기다려 적응하고 다시 걷는다. '적응 시'에는 적당한 시간이 필요한데 적응될 때까지 심청이 아버지(?)가 된다. 운전대만 잡으면 왜 그 모양인지 모르겠다. 아무튼, 1시간 반을 불빛과 자동차를 무서워하며 걸었다.

요즈음은 7시 반 정도 돼야 밝아오는 세상을 볼 수 있다. 멀리 창선교가 보인다. 여기서 갈등이 생긴다. 저 다리를 건너야 하는가? 아니면 남해읍으로 직진해야 하는가? 를 생각하며 20여 분을 더 가면서 나름의 결론을 냈다. 남해읍으로 직진이다.

다리를 건너서 가면 내 걷는 여정이 2~3일이 단축된다. 즉 오늘 중으로 삼천포에 들어갈 수가 있다. 다리를 건너서 창선도로 들어가 15km쯤 가면 삼천포대교가 나온다. 삼천포대교를 건너면 사천시 삼천포다. 반대로 직진을 하면 2~3일이 더 걸린다. 남해 동북 지역과 하동 동쪽 지역 그리고 사천 서쪽 지역을 걸어야 하기 때문이다. 그래서 좀 더 먼 길을 택하기로 했다. 옛날에는 다리가 없었지 않았는가.

창선교 주변이 지족마을이다. 지족마을은 죽방멸치로 유명한 동네다. 보통 멸치는 배를 타고 나가 그물을 펼쳐서 잡는데 죽방멸치는 멸치가 들어오도록 바다에 시설을 설치해서 멸치를 잡는 방법으로 지금 우리나라에서는 이곳에서만 하고 있다고 한다. 옛날에 TV에서 본 적이 있는데 그 현장을 오늘 직접 보고 찍고 했다. 넓지 않은 바다 지족해협 곳곳에 죽방멸치 잡는 시설들이 설치돼 있다.

그 멸치는 서울 같으면 주로 백화점 같은 곳에서 판매하는데 멸치 상자 안에 큰 생선처럼 가지런하게 같은 방향으로 누워있는 멸치가 주로 죽방멸치이다. 은색 비늘(?)이 살아있고, 맛이 좋다고 하고 가격도 꽤 비싼 것으로 알고 있다. 썰물과 밀물의 차를 이용하여 걸리는 물고기를 잡는 재래식 방식의 고기잡이 시설도 개울마다 설치되어 있다. 멸치 파는 상점은 많은데 이른 아침이라 아직 문을 연 상점은 한 곳도 없다.

죽방멸치 여운을 가지고 한참을 걸어가니 고암마을이 나온다. 꽤 넓은 하얗게 서리가 덮인 시금치밭에서 80대 중반의 노부부가 땅바닥에 주저앉아 시금치를 캐서 다듬고 있다. 시금치에 대해 언제 심느냐? 가격은 어떠하냐? 질문을 하니 9월에 심었고, 가격은 품질에 따라 10kg에 2~3만 원인데 평년과 비슷한 가격이라고 한다. 다른 곳에 눈이 많이 오면 금치가 되어 가격이 5만 원 이상도 한 적이 있었다고 한다. 남해는 눈이 거의 안 온다고 한다. 일하시는 노부부에게 노력의 대가가 좀 푸짐하게 갔으면 좋겠다.

계속 바닷길을 가는데 이곳에도 펜션이 많다. 그제와 어제 그리고 오늘까지 펜션을 무척 많이 보았다. 어느 마을은 아마도 사람 수보다도 펜션 방이 더 많겠다고 생각하기도 했다. 남해 인구가 45,000여 명이라는데 아마도 방(房)수로 계산하면 더 많을 것이라는 생각이 든다. 지형이 험악해서 옛날부터 마을이 없던 곳에도 펜션이 자리하고 있다. 깎고 다지고 지었다. 그런데 손님들은 충분히 있는지 궁금하다. 현수막에 펜션을 판다는 광고를 본 적도 있다. 그리스나 이탈리아가 생각나는 건 왜일까? 인터넷 지도에는 마을 이름은 안 나와도 펜션 이름은 표기되어 있다. 이렇게 많아도 혼자서 이용하려면 너무 비싸다.

걷는 방향이 결정된 대로 가면 오늘은 서울 가는 버스 타는 곳까지 걸어서 갈 수가 있다. 걷다가 대중교통 지방 버스를 안 타고 계속해서 연결된 걸음으로 서울 가는 버스를 타는 것은 수도권 당일치기 걷는 것 말고는 오늘이 처음이다. 그러니 그동안 그 지방 시내버스를 기다리는 일로 11시 이후에는 조바심에 노심초사

했던 기분은 사라지고 여유 있는 걸음을 할 수가 있었다.

이렇게 보고 저렇게 보고, 이런 생각 저런 생각을 하며 걸어오다 보니 남해읍이다. 고속버스터미널에 일찍 도착해서 예약된 차편보다 앞에 가는 차로 가는 방법을 찾았다. 앞에 차가 있어서 교환하려고 했더니 표를 취소하고 다시 사야 하는 절차를 진행해야 한다며 취소 시 수수료 5%를 내야 한단다. 내 생각에. 자꾸 이상한 방법들이 나타나서 세상이 뭐가 뭔지 잘 모르겠다. 마구잡이 예약하고 연락도 없이 가지 않은 경우가 있기도 하다는 소식을 듣긴 했지만. 그래도 표를 취소하고 다시 샀다. 수수료 주고.

오늘은

남해군 삼동면 물건마을 - 동천마을 - 화천마을 - 둔촌마을 - 전도마을 - 지족마을(창선교) - 고암마을 - 영지마을 - 이동면 난향마을 - 다천마을 - 고모마을 - 광두선착장 - 초양마을 - 초양방파제 - 남해읍 섬호마을 - 선소마을 - 중촌마을 - 남해 시외버스터미널까지

오늘의 남해 지역의 날씨는 비 온 뒷날의 날씨답게 청명한 하루였다. 기온은 하루 내내 영상이었다. 수도권은 미세먼지가 극성이었다는데 남해에서는 얼마쯤인지 가늠을 못 했다. 사진을 보면 심하지는 않은 것도 같았다. 날이 더워 9시쯤부터 보온 옷을 벗고 걸었다.

오늘은 집에 돌아가는 날로 오전에 마치려고 열심히 걸었다. 두 번째 날의 평범한 날의 평균으로 생각한 날이다. 산길이나 언덕길이 없어 보폭의 최대 숫자 길이로 나왔다. 3.5만여 보에 27km를 걸었다.

구 누계 : 319.3만 보. 2,406km.
신 누계 : 322.8만 보. 2,433km.

지족마을 앞바다의 죽방멸치잡이 시설

남해 본섬과 창선도를 잇는 창선교

우리 국토 해안선 걸어서 돌기

(47-1회, 2019.1.18. 금요일), (재방문, 2024.4.27.)

우리 국토 해안선을 따라 걷는 81일째

오늘도 주말을 앞두고 걷기를 시작하는 날이다. 어제저녁에 모임이 있어서 오늘 아침 첫차를 이용하여 남해에 도착한 시간이 11시 반이다. 터미널 기사식당에서 신속하게 식사를 마치고 지난주 마치고 돌아온 선소마을에서 12시 5분 전에 출발이다. 날씨가 기막히게 좋다. 처음에 바람이 약간 있었으나 시간이 지날수록 바람도 조용해진다. 길의 상태와 내 신체 컨디션이 양호한 편이다. 다행이다. 오늘은 남해군(도) 지역 걷기를 결산하는 날이다.

오늘 걷는 지역은 남해의 다른 지역에 비해 상대적으로 조용한 지역이라고 정의한다. 그리고 논이 많은 편이다. 특히 도마리의 방조제(? 방파제)를 연한 지역은 논이 많다. 산의 높은 지역에는 저수지도 보인다. 노량마을 직전까지 논이 많다. 그렇게 많던 펜션도 많지 않다. 내가 그동안 다른 곳에서 내내 보았던 평범한 농촌 지역 모습이다. 바다에서는 할미들이 무언가를 채취하고 농부는 마늘밭에서 농기구로 흙을 돋아주는 농사일을 하는 등 봄맞이를 하는 시기가 된 듯하다. 속도를 내는데 앞에 남해대교가 보인다. 남해대교 근방의 노량마을에 있는 이순신 장군의 사당인 '남해 충열사'를 둘러보았다. 목포에서부터 남해안은 거의 모든 지역에서 이순신 장군에 관련한 흔적과 기념시설이 많다.

이곳 충열사는 1598년 11월 19일 이순신 장군이 남해 서쪽 지역 관음포에서 전사한 후 시신을 잠시 모셨던 이 자리에 사당인 충열사를 세웠다. 이순신 장군이 잠시 초빈(草殯)되었던 곳에 가묘를 조성했으며 우암 송시열이 짓고 송준길이 쓴 이충무공 비가 세워져 있는 사적 제233호다. 늘 우리의 마음을 경건하게 만드는 '이순신'이라는 이름이다. 우리 모두 본받아야 할 그분의 삶의 정신이다.

다음은 남해대교를 통과했다. 남해대교는 길이가 660m이고 높이 80m의 현수교로 1973년 개통된 꽤 오래된 다리다. 45년이 지난 지금도 우리나라에서 가장 아름다운 다리로 일컬어지고 있다고 한다는데, 글쎄 나는 잘 모르겠다. 남해대교를 통과하는데 지난번 남해로 들어갈 때 새벽에 통과한 노량대교에 비해 인도가 약간 좁다. 노량대교는 길이 990m이고 높이 148.5m의 2개의 세계 최초의 경사 주탑과 3차원 케이블 방식으로 건설하였다고 한다.

오후 5시가 지난 시간에 통과했는데 무서웠다. 다리통과는 인도가 안전하게 있다면 바닷물이 안 보이는 밤에 통과하는 것이 좋겠다(?)는 생각이 든다. 낮에 통과하면서 바닷물을 보면 무섭다. 아이고 무서워! 소리가 나온다.

남해의 특산물은 많은데 이번 걸으면서 내가 먹어본 것은 시금치 하나와 음식에 들어간 양념의 마늘(?)밖에 없는 것 같다. 남해에는 섬인데도 높은 산들이 많다. 망운산, 송동산과 호구산, 응봉산과 설흘산, 남해 금산, 대국산 등이 넓지 않은 남해 지역에 있어 산악지역이라 해도 과언이 아니다. 또 수도권처럼 인구도 많지 않은 우리나라 남쪽 끝에 자리한 섬인 남해군에 골프장이 두 군데나 있다. '아난티 남해'와 '사우스케이프오너스클럽'이다. 남해 둘레길은 남해 바래길이라고 명명되어 잘 닦아져 있다. 남해의 인구는 45,000명이 채 안 된다고 한다. 남해여 안녕. 다음에 봐요.

하동군 지역에서 자고 내일은 사천지역까지 갈 것이다. 남해대교를 건넌 북동쪽은 구) 노량마을이라고 한다. 옛 마을 냄새가 나긴 나는 것 같다. 석양을 맞아 저녁밥이 걱정이어서 식당을 찾는데 모두가 장어구이 집들이다. 장어탕이 있는데 1인분은 곤란하다고 한다. 어느 식당에 특별히 부탁해서 백반을 먹고 방을 찾았으나 없다. 서쪽의 노량대교 쪽으로 이동해 가버렸단다. 2~3km 북방의 연화마을에 모텔이 있어서 다행이다. 조금 더 걷는 게 문제지만.

■ 남해의 이모저모

□ 주요 관광지

남해 금산과 보리암, 가천다랭이마을, 독일마을과 파독 전시관, 원예예술촌, 남해 물건리 방조어부림과 요트학교, 상주 은모래비치, 송정솔바람해변, 지족해협 죽방렴, 남해대교와 노량대교, 관음포 이충무공 유적과 이순신 순국 공원, 노도 문학의 섬, 남해유배문학관, 국제탈공연예술촌, 망운산과 화방사 · 망운사, 호구산과 용문사, 설흘산과 응봉산, 창선 · 삼천포대교, 남해 충렬사, 해오름예술촌, 남해 양떼목장 양모리 학교, 미국마을, 남해편백자연휴양림, 남해 바래길 작은 미술관, 바람흔적 미술관, 길현미술관, 아난티 남해, 사우스케이프오너스클럽, 남해 빛담촌, 나비&더 테마파크

□ 산

망운산, 송동산 · 호구산, 응봉산과 설흘산, 남해 금산, 대국산

□ 축제

미조항 멸치&바다축제, 마늘 축제&한우잔치, 독일마을 맥주 축제, 이순신 순국제전 ※ 체험 : 30여 개소의 농어촌 체험 마을

□ 특산물

마늘, 죽방멸치, 시금치, 창선 고사리, 한우, 유자, 굴, 해삼

오늘은

남해군 남해읍 선소마을 - 심천마을 - 이어마을 - 도마마을 - 설천면 더 왕 글램핑 - 진목마을 - 고사마을 - 모천마을 - 문항마을 - 옥동마을 - 봉우마을 - 동흥마을 - 왕지마을 - 수원늘마을 - 남해 충렬사 - 노량마을 - 남해대교 - 하동군 금남면 구 노량마을 - 연화마을까지

오늘의 남해 지역의 날씨는 봄날 같은 날씨로 걷기 시작한 30분 만에 겉옷을 벗어야 했다. 12시부터 기온은 하루 내내 영상이었다. 미세먼지도 괜찮은 것 같았다. 금요일 평일이라 그런지 도로나 바닷가나 조용한 하루였다.

오늘도 열심히 걸었다. 빠른 걸음으로 땀을 흘렸다. 남해 지역의 답사를 마친다고 생각하니 시원섭섭하다. 오늘의 구간은 평탄하고 처음부터 끝까지 왼쪽엔 산이요, 오른쪽은 바다를 끼고 걸어온 길이다. 3.2만여 보에 24km를 걸었다.

구 누계 : 322.8만 보. 2,443km.

신 누계 : 326.0만 보. 2,467km.

남해 충열사

남해대교와 노량대교가 한눈에 보인다.

우리 국토 해안선 걸어서 돌기

(47-2회, 2019.1.19. 토요일), (재방문, 2024.4.27.)

우리 국토 해안선을 따라 걷는 82일째

오늘도 2번째 날의 성격상 일찍 일어나서 준비하고 6시 전에 길을 나섰다. 하동군 동쪽 지역과 사천 서쪽 지역은 작은 길이 엄청 많은데 바닷가와 직접 연결된 길은 없다. 산길이나 바닷가 길은 한두 가지 경우밖에 없는데 평야 지대의 길은 거미줄처럼 많고 복잡하다.

오늘의 경우가 엄청나게 복잡한 쪽에 해당한다. 그런데 바닷가의 연결이 안 돼 바닷가에 들어가면 다시 그 길로 나와야 하는 일이 대부분이다. 그래서 새벽에 걷는 길은 도로를 따라 걷는다. 진교 입구까지 가다가 오른쪽으로 관곡천을 넘어가는 구) 고속도로라는 길을 따라가는데 옛날 '남해고속도로'다. 왕복 2차선으로 돼 있는데 그 생김새가 요즘 면 단위 지방도로만도 못하다.

지금은 '지방도로 화' 돼 있으며 농기구들도 드나들고 있다. 모든 게 이렇게 진화하고 역설적으로 한쪽은 퇴화한다. 인간사도 마찬가지다. 세월이 지나 늙으면 이럴 것이다. 고속도로라는 이름에 버금가는 것이 있다면 가끔 다니는 차들의 속도다. 제한속도가 60km로 표시돼 있는데 이곳도 예외 없이 과속이다. 실제 속도는 120km 이상으로 느껴진다.

다시 지방도로를 만나 우회전해서 전진하는데 하동인지 사천인지 애매한 동네를 정신 차리고 지나는데 사천CC가 나온다. 지도상에는 사천CC를 가로질러 가는 것으로 돼 있는데 실제 현장 도로에서 보기에는 골프장이라는 표시가 전혀 나지 않는다. 도로가 골프장보다 상당히 낮다. 도로 양쪽의 산을 육교로 연결해서 양쪽 지역을 같은 골프장 장소로 이용하고 있다. 각각을 색다르게 만들어 놓으면 전 후반 경기 결과에 이용자들이 희망과 기대를 하게 할 수 있어 재미있을 것 같다.

계속 전진하니 사천시 서포면 소재지다. 10시 반이 지난 시간이다. 식당을 찾는데 불 켜진 식당이 없다. 전통시장이란 간판을 보고 들어가 살피는데 오늘이 오일장이란다. 기대하고 여기저기 기웃기웃 넘겨보는데 앞에 보이는 것이 다란다. 썰렁하다. 노인들만 몇 사람이 노점을 지키고 있고, 물건 사는 사람도 몇 명이 안 되어 참 쓸쓸한 오일장을 보았다. 붕어빵이 5마리가 2,000원 이래서 사서 먹는데 옆에 노인들이 3명이 앉아 있어서 추가로 더 사서 4명이 파티(?)를 하고 선짓국 집에서 아점을 먹고, 출발이다. 오라고 하는 곳은 없어도 나는 항상 바쁘다.

한참을 걸으니 또 다리다. 사천대교다. 사천시 서포면 자혜리와 용현면 주문리를 잇는 다리로 길이 2,145m, 너비 11.2m이며, 2006년 12월 개통되었다 한다. 건너기 전에 주민들에게 물어보았더니 사람들이 건너다닌다고 한다. 일단 들어갔는데 다리에 인도를 구분하는 난간대도 없다. 그냥 도로에 1m도 채 안 되는 황색 선만 그어져 있는 게 전부다. 백 여보 걸어가다가 돌아 나왔다. 오금이 저려서 도저히 갈 수가 없었다. 다리 입구에서 10여분을 기다리며 나를 실어다 줄 승용차와 택시를 찾는 데 없다.

다시 도전한다. 다 잊고 고개는 차도 쪽으로 돌리고 걸음 수를 헤아리며 걸었다. 2,400여 보를 헤아리니 다리가 건너졌다. 자동차들의 과속은 여기도 여전히 같다. 야속(?)하리만치 얄미운 자동차들이다. 제한속도 60km라고 쓰여 있는데 지키는 차량은 한 대도 없다. 정신을 차리니 머리와 온몸이 땀으로 흠뻑 젖어있다. 얼핏 계산을 해봐도 1보에 90cm에 이른다. 보폭을 넓게 빨리 걸었다는 이야기다. 혼이 난 도전이었다. 지난날 남해에서 창선교와 창선도를 통과하고 삼천포대교를 바로 가지 않고 돌아 나온 것을 후회하는 지금, 이 시각이다. 다리가 끝나자마자 계단이 있다. 바닷가로 바로 내려가는 길이다. 계단이 있다는 것은 사람이 통행할 수 있도록 설계가 되었다는 말인데 너무 허술한 다리 인도다. 어디에라도 대고 성토하고 싶다.

삼천포대교와 삼천포항을 목표로 이젠 남진이다. 주변을 살펴보니 아주 한가한 농한기의 옛날 농어촌 풍경인데 공단이 조성된 게 다른 점이다. 또 동네는 있는데 사람들이 보이지 않는다. 이 길도 조그마한 항 · 포구와 카페와 펜션과 식당 등이 혼재되어 있고 윈드서핑, 마리나, 이런저런 시설들로 바쁘게 움직이는 바닷가 길거리다. 철저하게 돈을 쓰도록 유혹하는 시설들이다.

그렇게 열심히 걸은 결과 드디어 삼천포대교에 도착했다. 그 옆 공중에는 '사천바다케이블카'가 운행 중이다. 이름을 많이 들어봐서 낯설지 않은 이름이고 호기심이 가는 동네다. 케이블카를 한번 타보고 싶은데 오늘은 시간과 여건이 허락하지 않는다. 그리고 의문이 가는 사항이 있다. 바로 옆인데 이름이 다리는 '삼천포', 케이블카는 '사천'이다. 왜 그런 일이 벌어졌는지 모르겠다. 이것도 지역 간 이기주의? 사람들 간의 이기주의? 정치권들이 만들어 놓은, 좋지 않은 현상의 잔재가 아닌가 생각한다. 삼천포대교 주변을 둘러보고 삼천포 구항과 신항까지 바닷가를 돌아보며 예쁘게 생긴 배와 유람선을 보니 타고 멀리 가고 싶은 충동이 인다.

삼천포 시내를 걸어서 둘러보기로 하고 3km쯤 걸어서 버스터미널로 가기로 했다. 시내 풍경은 내가 어려서 보았던 어느 중소도시 모습으로 정다웠다. 변화는 시내 한복판에 돌로 잘 지어진 노인 요양병원과 요양원이다. 몇 군데서 발견된 요양 시설들이다. 삼천포 여기뿐만 아니고 다른 지역에서도 지역별로 많이 보았다. 인간의 수명이 길어지고 가족사의 변화와 편리함(?) 때문에 생겨난 커다란 현상이다. 미래 우리의 자화상이라 생각하니 씁쓸한 기분은 왜일까?

삼천포 도시의 생김새는 어느 도시나 비슷한 사람 냄새가 물씬 풍기는 도시로 생각한다. 시내 걸음이 참 유익했다. 오늘은 여기서 접고 저녁부터 비가 온다는 예보를 믿고, 설을 며칠 앞두고 갑자기 부모님이 보고 싶은 충동을 느껴서 삼천포 터미널에서 알아보는데 내가 원하는 지역으로 바로 가는 버스가 없다. 진주에서는 큰 도시까지는 있다. 포항의 주선생처럼 시외버스와 고속버스를 3번 번갈아 타고 내일 담양 선산에 성묘하러 가기 위해서 시외버스를 타고 진주로 달린다.

오늘 사진의 콘셉트는 구름이다. 흐린 날씨인데 새벽부터 구름이 참 예뻤다. 바다보다는 구름을 많이 보았고 온종일 구름을 따라다닌 기분이다.

■ 사천의 이모저모

□ 문화제와 유적

사천매향비, 조선왕조 의궤, 각산봉화대, 대방진굴항, 구계서원, 사천 늑도 유적, 덕곡리 지석묘군(고인돌), 사천조명군총, 다솔사 보안암 석굴, 세종 · 단종 태실지

□ 항공우주산업 체험

KAI 에비에이션 센터, 항공우주박물관, 사천 첨단항공우주과학관

□ 즐길 거리

사천바다케이블카, 유람선 · 거북선(모형), 녹차 단지, 대포 · 다맥어촌체험마을, 비토 해양 낚시공원, 조이빌 승마클럽, 와인갤러리, 에코라인

□ 농촌체험마을

고읍단감마을, 비봉내마을, 다슬기 초량마을, 정봉 벌꿀, 우천바리안 마을, 소곡 금자정 마을, 교육농장(가나안 목장, 곤명요, 그리운 순이, 나비애, 배누리, 명당농원, 사천 식물랜드, 정월 샘, 초량농원, 콩 지은농장)

□ 어울림 축제

삼천포대교 해맞이, 프러포즈, 와룡 문화제, 노을 마라톤, 삼천포항 전어 · 수산물축제, 농업 한마당, 사천항공우주엑스포

□ 특산물

죽방멸치, 활어. 건어 · 포류, 단감, 다자연 녹차, 다래 와인, 참 다래, 토마토, 배, 고두레 한우

□ 먹거리

해물 정식, 복요리, 해물 탕, 냉면, 장어구이, 활어회, 영양 돌솥 밥, 물 회, 전어

오늘은

하동군 금남면 연화마을 - 중평마을 - 술상마을 - 진교면 양포마을 - 밭꾸미마을 - 관곡천 - (구〉 고속도로) - 소모마을 - 사천시 서포면 후포마을 - 금진마을 - 내구마을 - 서천CC - 밀금농원 - 서포면사무소 - 아포마을 - 막골마을 - 중촌마을 - 구포마을 - 자혜마을 - 주문마을 - 사천대교 - 용현면 주문리 거북선마을 - 신평마을 - 대포동 대포항 - 송포농공단지 - 광포항 - 삼천포 마리나 - 산분령항 - 실안동 실안마을 - 삼천포대교 - 삼천포항 - 삼천포항 유람선 터미널까지

오늘 날씨는 얕은 구름이 낀 흐린 날씨였으나 기온이 높아 추운 줄 모르고 가벼운 옷차림이 요구된 날씨였다. 미세먼지는 꽤 높은 수치 같았다. 토요일이지만 비수기여서 그런지 걸었던 동네들이 조용한 하루였다.

오늘도 오로지 걷기만 매진했다. 발바닥 컨디션이 좋지 않아 조금만 걷고 마치려고 했는데 나도 모르게 여기까지 걸음을 하고 말았다. 오늘은 4.8만여 보에 35km를 걸었다.

구 누계 : 326.0만 보. 2,467km.
신 누계 : 330.8만 보. 2,502km.

사천대교

삼천포대교

우리 국토 해안선 걸어서 돌기

(48-1회, 2019.1.25. 금요일), (재방문, 2024.4.27.)

우리 국토 해안선을 따라 걷는 83일째

어제저녁에 삼천포항에 도착했다. 바닷가를 3km 정도를 둘러보고 걷고 숙소를 구해서 쉬고 예외 없이 오늘도 새벽이라 할 수 있는 6시 전에 숙소를 나왔다. 동쪽으로 전진하는데 도로에 무척 많은 차가 같은 방향으로 이동한다. 알 수 없는 일이다. 조심조심 하면서 같은 방향으로 이동하는데 4차선이 2차선으로 바뀌니까 병목현상이 생길 정도지만 도저히 알 수 없는 궁금증을 가지고 한 시간쯤 전진하니까 고성군이라는 이정표가 보이고 하이면 소재지가 나온다.

마침 동네에서 운동을 나온 남성 노인에게 물어보니 삼천포화력발전소에 일하러 가는 사람들이 출근하는 중이란다. 7시 반까지는 러시아워가 계속된다고 한다. 참 대단한 공장임을 인식하게 되었다. 조금 더 나가서 오른쪽을 바라보니 불빛이 요란하게 비치며 굴뚝을 포함한 실루엣이 보인다. 지금 굴뚝은 3개만 보인다. 조금 더 알아보니까 또 증설 공사가 진행된다는 이야기도 듣는다.

검색해본다. 시설용량이 324만kW라 한다. 국내 화력발전소 중 최대 단위기의 용량인 56만kW급 화력발전설비 4기(1~4호기)와

50만kW급 화력발전설비 2기(5, 6호기)를 갖추고 있다. 1983년 1호기, 1984년 2호기를 각각 준공하였고 90년대 들어와서 4기의 화력발전설비를 추가로 건설하였다. 발전소의 주요기기는 대부분 컴퓨터 및 폐쇄회로 감시 장치 등 현대식 계측제어 설비에 의하여 자동 운전되는 특징을 가지고 있다. 연간 전력생산량은 약 69억kWh이며, 창원·여천 산업단지에 공급한다고 한다.

산업의 에너지를 제공하는 일이 참 중요함을 느끼며 계속 전진하는데 하이면 소재지 길가에 대형 식당 여러 곳에서 벌써 문을 열고 식사를 하고 있다. 대형공장으로 인해서 파급효과가 이런 것이구나! 또 생각하게 한다.

발전소의 감탄사를 뒤로하고 30분쯤 전진한다. 공룡박물관이란 표지판과 홍보용 대형 공룡 모형이 버티고 있다. 바닷가 쪽으로 길이 나 있어 무조건 그쪽으로 전진이다. 30여 분을 전진하니 덕명리 마을 동쪽에 박물관이 있는데 개관이 9시인데 지금은 8시이다. 고요한 동네이다. 주차장과 산책길을 통과하여 빠져나오니 박물관 입구에서 공사가 한창이다. 고성에는 공룡 관련 지역이 여러 군데가 있다. 공룡발자국화석지가 여섯 군데나 있다. 박물관 지역을 통과하니 상족암 군립공원이다. 주상절리의 바위가 있는 지역이다.

다음은 하이면을 지나 하일면의 해안가를 걸으면서 바다의 아름다움을 보고 즐기고 송천 참다래 마을을 통과하고 하일면 소재지 임포에서 11시 반쯤 추어탕으로 아점을 들고 삼산면을 향해 동진이다.

오늘 걸으면서 앞에 보이는 바다는 자란만이다. 미국의 FDA에서 청정해역으로 인정한 청정해역이라고 한다. 만 중간에 있는 자란도에도 사람이 많이 살아서 초등학교 분교가 있었는데 지금은 학교는 없어지고 사람도 손으로 헤아릴 수 있는 정도만 살고 있다고 한다. 그동안 농어촌의 실태를 보아온 나로서는 탄식만 있을 뿐이다.

자연을 즐기면서 오후 3시 직전에 삼산면 소재지에 도착하니 피로가 느껴진다. 숙소를 알아보는데 앞뒤로 5km 밖에 있어서 버스를 이용하여 이동하고 내일 다시 이곳에 와서 연결하기로 하고 기다리는데 소식이 없다. 계속 걷기로 다시 수정해서 고성읍 쪽으로 걸었다. 그런데 고갯길이다. 오늘 삼천포에서 고성까지 걷는 동안 경사가 심한 고갯길이 여러 곳이다. 그러나 방법이 없다. 무조건 걷는 수밖에. 조금만, 조금만 하다가 6km를 더 가서 숙소를 구하고 숙박을 했다. 그때까지 버스를 보지 못했다.

※ 오늘은 사람을 여러 명 만난 날이다. 지포 해안마을을 통과할 때 한 실버를 만나서 인사를 나누었다. 대화 중 서울에서 왔다고 하니까 어떤 사람의 잘못을 들면서 일본과 미국에서 여러 해 살았는데 중범죄를 짓고도 태연히 사는 우리 국민의 도덕성을 나무란다. 바다는 미국에서도 청정해역을 인정하는데 사람들은 수준이 낮다고 말한다. 며칠 전 길거리에서 소변 보는 사람을 봤는데 전혀 잘못했다는 것을 모른다며, 반성의 여지가 없었다고 한다. 미국에서 노상 방뇨는 중대한 성범죄란다. 그래서 외국인이 우리나라를 낮잡아 보는 면이 많다며 정치권에도 욕을 한다.

이어서 우리나라는 대통령을 뉴욕에 가서 공개 모집해야 한다고도 말한다. 공개 모집하면 클린턴도 지원할 것이고 오바마도 지원할 것이라고 한다. 그렇게 되면 우리나라의 위상이 많이 올라갈 것이라고 한다. 답답함이 많은 모양이다. 조금 후에 다른 사람에게 들은 얘기는 그 사람이 외항선을 오래 탔다고 한다. 귀촌하여 산 지 몇 년 되었다고 한다. 말하는 사항이 맞는 말이지만 너무 비하는 곤란하지 않을까?

같은 마을의 해안가를 계속 걷는데 비닐하우스에서 중년이 나와서 인사를 건네니까 어디서 왔냐고 묻는다. 사실대로 이야기하니까 들어와서 차 한잔하자며 손을 잡는다. 들어가서 이야기를 주고받았다. 배를 가지고 있는 어부란다. 이런저런 대화를 나눈 결과는 그는 57년생인데 부인과 동갑이며 같이 일을 하고 있단다. 자동차공학을 전공한 아들이 취업해서 일하다가 그만두고 내려와서 같이 어업에 종사하고 있고 딸은 서울에서 대형통신사에서 일하고 있단다. 앞으로 열심히 일해서 자식들과 행복하게 잘 사는 것이 바람이란다. 꼭 그렇게 되기를 기원한다. 어류를 사주기를 원하는 눈치다. 커피 한잔 고맙습니다.

삼산면 소재지에서 길옆에 파출소가 있어 들려서 모텔을 포함하여 몇 가지 알아보았다. 내 행색을 보고 묻는다. 걷는다는 이야기에 파출소장이 관심을 보인다. 내년에 정년인데 그 후에 걸으려는 마음의 계획을 하고 있다며 묻는 것이 꽤 많았다. 그것보다 정년을 맞는 사람들의 정서를 알 것 같아 나의 경험과 추억(?)이 되살아나는 것 같았다. 너무 일찍 경험한 나는 그때를 생각하니 우울한 기분이 되기도 해서 격려의 말과 살아가는 방법이 있더라는 이야기를 하기도 했다. 또 산불 예방 감시원들과도 이런저런 이야기도 같이 나누었다. 소장의 건강한 정년퇴임이 되었으면 좋겠고 산불은 나지 않기를 바란다.

다음은 고성읍을 5km쯤 남겨둔 지역의 솔잎 동산 휴게소에서 쉴 때 만난 50대 남성이다. 조선소에서 일했는데 다른 일을 하기 위해 퇴직하고 자기 사업을 했으나 사업도 잘 안 되고 조선업도 어려움을 겪게 되었단다. 자기가 하던 자영업은 정리하고 조선소에 다시 나가기로 되어 있어서 기다리며, 하던 사업을 정리하며 나날을 보내고 있다고 한다. 고성에 대해 자세히 설명해 줘서 걷기에 많은 도움이 됐다.

사람들이 살아가고 있는 방법과 가치관도 다양하다. 그러나 최종 목표는 행복이 아닐까. 위의 분들 모두 자기가 원하는 일들이 모두 이뤄져서 행복하시기를 진심으로 기원한다. 나는, 아프지 않고 걸음을 계속할 수 있기를 바라면서 그들을 생각한다.

오늘은

삼천포 향촌동 유람선 터미널 - 삼천포전통 수산시장 - 삼천포 용궁 수산시장 - 삼천포 팔포 - 사량도 여객선 터미널 - 삼천포 신항 여객선 터미널 - 남일대 해수욕장 - 사등마을 - 고성군 하이면 덕호리 부평마을(삼천포화력발전소) - 사곡마을 - 정곡마을 – 덕명마을 · 공룡박물관 - 제전마을 - 하일면 입암마을 - 백전포항 - 용암포마을 - 춘암마을 - 신기마을 - 동화마을 - 대구막 마을 - 평촌마을 - 지포마을 - 회룡마을 - 내포마을 - 송내마을 - 하일면 소재지(임포) - 가룡마을 - 용태마을 - 삼산면 수성마을 - 해명마을 - 상촌마을 - 미동마을 - 용호마을 - 장지마을 - 병산마을 - 판곡마을 - 고성읍 수남리 솔잎 동산 - 남포 횟집 촌까지

오늘은 삼천포지역과 고성지역의 중서부의 남쪽을 걸었다.

앞으로 통영과 거제도를 돌고 다시 고성의 동부를 지나야 한다. 그리고 창원으로 연결된다. 날씨는 얕은 구름이 낀 흐린 날씨였으나 기온은 높았다. 미세먼지 속에서 줄곧 땀을 흘리는 날이었다.

오늘도 열심히 걷기만 했다. 2시간 전에 정지하려고 했는데 숙박 시설을 못 구해 어쩔 수 없이 고성읍까지 왔다. 5.0만여 보에 36km를 걸었다.

구 누계 : 330.8만 보. 2,502km.
신 누계 : 335.8만 보. 2,538km.

삼천포항

우리 국토 해안선 걸어서 돌기

(48-2회, 2019.1.26. 토요일), (재방문, 2024.4.27.)

우리 국토 해안선을 따라 걷는 84일째

고성은 삼산면에서 읍으로 넘어오면 읍의 중심부를 거치지 않고 읍의 남쪽 해변에 있는 남포횟집 촌이다. 바로 동진하면 남산오토캠핑장을 지나면서 데크(난 인조목이라 함)길로 바다를 가로질러 1.2km의 산책로를 만들어 놓았다. 물이 차거나 빠지면 양쪽 다 운치 있게 잘 만들어졌다. 나 같이 걷는 사람은 거리도 몇 백m 단축(?)되는 효과도 있다. 이 거리를 어제저녁에 둘러보고 숙소를 잡아서 쉬었다.

오늘은 이어서 신부마을부터 어둠을 헤치면서 걸었다. 한 시간쯤 걸으니 4차선 14번 국도를 만나 정신을 바짝 차리게 한다. 반 시간쯤 걸어가다 보니 통영시 도산면이라는 소형 이정표가 나와 아침 잠깐 사이에 시, 군계를 통과한다. 고성은 일단 오늘 통과했지만, 얼마나 걸릴지 모르지만, 통영과 거제도를 다 돌고 다시 밟아야 한다. 다음 창원으로 들어가야 한다. 고성의 결론은 그때 또 이야기해야 할 것이다.

오늘은 날씨가 무척 차가운 날씨다. 게다가 바람도 세차게 분다. 목도리를 3개로 안전무장과 털모자를 목까지 내려쓰고 장갑도 끼고 열심히 또 정신을 바짝 차라고 국도를 걸었다. 2시간 반 정도 걸으니 도산면사무소가 나온다. 여기서 갈등이 생긴다. 통영시 도산면이 면사무소 기준 서쪽으로 기울어 옆으로 길게 누워있다. 돌아야 한다면 한 바퀴를 돌고 나와야 한다. 면사무소가 도로명 주소로 도산일주도로 1번이고 왼쪽 집이 2515번이다. 한 바퀴 도는데 연결된 지번이 양쪽으로 2,515개의 땅을 한쪽으로 계산하면 1,258개 필지를 돌아야 한다.

내 경험상 계산하기로 한 필지가 대략 20m 정도 되어 약 25km가 넘는 거리다. 통영으로 들어가는 길도 한 바퀴를 거의 돌아야 나온다. 완전히 섬 같은 형태의 도산면 지역이다. 도산면 일주도로를 돌아야 하느냐? 생략하고 통영 쪽으로 직행해야 하느냐? 갈등은 있으나 답은 명쾌하다. 돌아가는 것이다. 통영은 이런 지형이 네 군데나 되어서 앞으로 지루하게 시간을 보내야 할 것 같다. 거제도도 마찬가지다.

일단 도산면 일주도로를 돌기로 정하고 발길을 돌려 도산면의 북쪽 길을 따라 서쪽으로 이동한다. 중앙에 산이 있어서 해가 있는 것도 모르고 바람을 맞으면서 걷는데 무척 추웠다. 바다가 보이는데 양식시설이 많다. 한 바퀴 도는데 시야에 양식시설을 보이지 않은 적이 없다. 양식시설이 육지를 포위한 것처럼 보인다. 배가 어떻게 다닐까? 라고 쓸 대 없는 걱정을 하기도 했다. 아무튼, 바다 목장을 엄청 많이 보았다. 사실 이렇게 많을 줄은 몰랐다. 앞으로도 통영의 나머지 지역과 거제도와 마산 앞바다도 많을 텐데 말이지.

이 도산면도 산악지역이 훨씬 많을 것으로 판단이 된다. 바닷가에 산은 해발 숫자가 작아도 실제 높이는 엄청 높다는 것을 안다. 한참을 걸으니 사량도 가는 배의 선착장이 있다. 사실 서울에서도 산악회 팸플릿에서 사량도 이야기를 많이 들었는데 삼천포, 고성, 통영 등 여러 곳에서 사량도 가는 배 선착장을 어제 보고 오늘 또 보았다. 사량도가 어찌 생겼는가? 관심이 간다. 뒤에 꼭 한번 가 봐야겠다고 생각한다.

도산면 서쪽 끝에서 돌면 저산 서촌마을이다. 저산은 무엇이고 서촌은 무얼 뜻하는지 모르겠다. 다행히 해안가로 도로가 잘 닦아져 있어 바닷가 길 찾을 필요도 없이 계속 걸을 수 있었다. 큰 항·포구는 없고 계곡에 바닷물이 들이는 지역에 조그마한 건물들이 있는데 양식 굴을 정리하는 일을 하는 곳이다. 정리하는 일도 기계가 많은 부분을 차지하고 있으며 사람은 대부분 노인과 외국 사람들이 일한다. 길을 가다가 젊은 사람을 만나면 가끔 궁금한 것을 물을라치면 나 몰라라 도망간다. 외국 사람들이다. 어제 만난 어부 부부는 아들과 같이 일을 하니까 확실히 좋은 점이 많다고 하는 이야기가 행복하게 보였다.

우리 다른 젊은이들도 취업에 목이 메도록 기다리지 말고 조금 육체적으로 힘이 들어도 열심히 일하는 만족감을 가질 수는 없을까? 생각하며 길을 걷는데 반가운 팻말이 앞에 보인다. '어린이 보호구역 속도 30km'이다. 오늘 오전에는 '노인보호구역'을 보고 왔는데 말이지. 한 면 지역에서 땅과 하늘을 경험하는 기분이다. 그런데 이상하다. 걷는 동안 상당한 거리에 마을도 별로 없었고 지금 앞에도 큰 마을도 없다. 예감이 안 좋다. 살살 걸으며 주위를 살피는데 예감대로 장애인 학교다. '통영잠포학교'라는 글자가 앞에 있다. 아마도 초등학교부터 고교과정까지 있을 것이다. 도로 안쪽은 학교이고 도로 바깥쪽은 잔잔한 바다이다. 버스 노선을 보니 통영과 고성으로 통학하는 버스 같다. 기숙사도 있어 보인다.

장애인은 교통약자이기 때문에 교통이 편리하고 진·출입이 좋은 지역에 있어야 하는데 지금 여기는 고성이나 통영이나 시내에서 수십km가 떨어진 외로운 지역에 자리 잡고 있다. 나는 우선 잠포 주민들에게 감사를 드리고 싶다. 보나 마나 분명 도심지는 지역주민들의 반대 때문에 여기까지 와서 학교를 짓고 운영하고 공부하고 있는 것일 것이다. 사립인지 국공립인지도 모르지만. 기왕에 자연환경이라도 좋으니까 열심히 공부하고 잘 자라서 한 역할과 남을 위하며 사는 우리 다정한 이웃이 되기를 간절히 바란다.

오늘 걸은 도산면 지역도 산골 마을처럼 고개와 커브가 많아 참 힘든 코스 중 하나라고 생각한다. 바다 색깔은 쪽빛 색이라고 주민들의 이야기다. 약간 추우니까 미세먼지가 없어서 더 곱다고 한다. 정말 아름다운 색이다. 우여곡절 끝에 도산도로길 2,515호 중 2,350여의 숫자를 보고 우측 광도면으로 우회전하는 길을 찾아들어서면서 도산면과 인사를 하고 통영시내가 가까이하기를 바라면서 계속 걷다가 힘이 들어 마감하기로 하고 버스를 기다린다. 광도면 용호마을이다.

아침 5시 반쯤 가지고 있는 단팥빵 1개, 구운 달걀 1개, 우유 1팩, 사과 반쪽, 견과류 한 줌으로 아침이라고 들고 10시쯤 고구마 과자 1봉지를 사서 먹으며, 걸으면서 식당을 찾는데 12시까지 없다. 6·25를 생각하면 진수성찬이다. 또 아침이라고 먹었던 것을 또 반복하고 걸으면서 오후 2시 반까지 식당을 못 만났다. 간식거리도 바닥이 났다.

통영 터미널에 도착한 시간이 오후 3시 10분인데 서울 가는 차가 3시 20분이란다. 그다음은 4시 반이란다. 앞 차표를 샀다. 터미널에 도착하여 바로 가는 차편이 있으면 평소에는 좋아할 일인데 오늘은 일찍 바로 있는 차표가 원망스러웠다. 결국, 오늘 밥상을 못 들고 서울로 간다. 둘째 손녀 생일이 오늘이고 걸어보니 장기간을 위해서 일주일에 2회가 적당함을 체득하고 인지해서 가기로 했다. 또 토요일이라고 숙박비도 비싸다. 젠장.

오늘은

고성군 고성읍 수남리 신부마을 - 신월마을 - 구 선창 - 곡용마을 - 거운마을 - 손골마을 - 평촌마을 - 통영시 도산면 골도산마을 - 원동마을 - 노전마을 - 학섬휴게소 - 지법마을 - 도산면 소재지 - 오륜동마을 - 마상촌마을 - 가오치마을 - 유촌마을 - 봉화산 남단 - 저산 서촌마을 - 저산 동촌마을 - 도산면 해맞이공원 - 수월마을 - 상 양지마을 - 하 양지마을 - 구촌마을 - 범골마을 - 잠포 마을 - 송계마을 - 분지 포구 - 낭계마을 - 광도면 좌진마을 - 죽전마을 - 용호마을까지

오늘은 새벽에 영하 4도인데 바람이 살랑살랑 불었다. 오전엔 날씨가 추워서 손이 시렸다. 오후 들어서 바람이 불어도 햇빛이 좋았다. 통영은 네 잎 클로버처럼 어느 지역을 한 바퀴처럼 돌고 또, 또, 또 해야 하는 힘들고 지루한 걷기가 될 것 같다.

오늘도 걷기에 열중했다. 하루 더 하려고 느긋하게 걸었는데 숙박 시설을 알아보고 마치고 가기로 했다. 원하는 곳에 숙박 시설 구하기가 어렵다. 4.5만여 보에 32km를 걸었다.

구 누계 : 335.8만 보. 2,538km.
신 누계 : 340.3만 보. 2,570km.

통영 도산면 앞바다의 양식장

통영잠포학교와 어린이 보호구역 표시판

우리 국토 해안선 걸어서 돌기

(49-1회, 2019.2.1. 금요일), (재방문, 2024.5.19)

우리 국토 해안선을 따라 걷는 85일째

지난주 통영에 들어오는 순간 겁을 먹고 걷기 시작했다. 꼬불꼬불한 코스가 너무 많기 때문이다. 걷다 보니까 새로 만들어진 도로명 주소를 살펴보면 '00일주로'라는 길이 많다. 고로 동그라미 지형이 많다는 이야기다. 오늘도 3개의 일주도로를 걸었다. 통영시청이 있는 반도 같은 땅의 평인일주로, 통영대교를 건너서 산양읍이 있는 섬의 산양일주로와 산양읍으로 가다가 오른쪽으로 뻗은 풍화일주로를 걸었다. 지루하다고 생각한 통영도 오늘로 절반은 걸은 것 같다.

어제 도착해 저녁 7시까지 2시간을 걷고 그 지역에 숙소를 구할 수 있어서 행운이었다. 오늘도 차분하게 새벽 6시쯤 출발해서 어둡지만, '평인일주로'에 다행히 인도가 잘 만들어져 있어 영하 3도의 쌀쌀한 날씨에도 상쾌하게 걸음을 하였다. 하늘을 쳐다보니 동쪽 하늘에 그믐달이 둥실 떠 있다. 그 옆에 샛별이 맑고 밝은 것이 참 아름답다. 옛날 어릴 때 롯데제과에서 나온 쿨-민트껌 포장지에 그려진 그림이 생각났다. 우리 마음도 오늘 아침 하늘의 달과 샛별처럼 그리했으면 좋겠다고 생각하며 사진기와 휴대전화기로 찍었지만 잘 나오지 않았다. 내 눈과 사진기의 눈이

다르다. 사진기 성능과 조작 기술의 영향도 있겠지만.

그믐달과 샛별의 미련을 남기고 바닷가의 물이 만수위가 되어 철썩거리는 길을 계속 걷는데 동이 튼다. 하늘이 빨갛게 동쪽에 물들어 보이는데 민지미 항이 눈앞에 있다. 여명 아래 잘 다듬어진 항구가 참 아름답다. 통영 육지 경계가 꼬불꼬불하게 들어간 곳마다 항·포구가 있다. 한참을 걷는데 넓은 캠퍼스가 나온다. 경상대 해양과학대이고 정문 앞에 인평동 항이 자리하고 바로 통영대교가 있다. 다리를 건너면 미수동과 산양읍이 나온다.

통영대교에 올라서서 인도를 찾는데 내가 지금까지 건너본 다리 중 최고로 잘 된 다리다. 인도가 3m가 넘게 넓게 만들어져서 아무 걱정 없이 건널 수 있었다. 다리에 올라서서 걷는데 많이 본 듯한 노란색 대형버스가 반대편에서 오고 있어 자세히 살펴보니 지난주에 본 적이 있는 장애인 학교인 '잠평학교'의 버스다. 통학버스인 듯하다. 나 혼자서 보고 지나온 일인데도 반가웠다.

미수동도 통영의 번화가다. 아주 번잡하고 주택가가 많은 인구밀집 지역이다. 8시가 조금 지난 시간에 길옆에 식당이 문을 열고 영업을 한다. 무조건 들어가 밥을 육개장으로 먹었다. 길을 걸으면서 아침에 아침밥을 먹는 일이 오랜만이다. 꿀맛이다.

한참을 걷는데 산양읍이라는 돌기둥 간판이 보인다. 크지 않은 섬 땅에 한쪽은 통영시의 미수동이 있고 또 산양읍이 있는 독특한 곳이다. 산양일주로를 따라 걷는데 세포마을에서 오른쪽으로 풍화일주로를 만나 1609번부터 거꾸로 계산하며 1번까지 걸었다. 북쪽으로 멀리 고성인지 통영 도산면인지 눈 쌓인 산이 햇빛을 받아 선명하게 보인다.

여기서부터 오늘 내내 걷는 지역은 모두가 '한려해상국립공원'

이다. 풍화일주로를 걷는 동안 바다에는 역시 양식장이 땅을 포위하다시피 하여 빈 곳이 없을 정도로 바다 목장이 많아 어민의 소득향상을 주도하고 있다. 계속 걷는 동안 장촌이라는 마을에서 해녀 10여 명이 물질하고 있다. 한참을 바라보다가 바다에서 양식업을 한다는 장년 남자를 만나서 얘기를 나누는데 해녀들이 자주 물질을 한다고 한다. 이 겨울에 물질하는 해녀를 직접 보기는 처음이다. 이 추위에 바다에 들어가는 일도 힘든 일인데 몇 시간을 물속에 있는 해녀 할미들의 강인한 정신력과 노고에 경의를 보내는 바이다.

다음은 '산양일주로 60리'는 우리나라 아름다운 길 100선 중 하나라고 한다. 가로수가 동백나무로 심겨 있고 바다를 쳐다보면 모두가 쪽빛이고 아름답다. 삼덕항은 욕지도 가는 배의 선착장이다. 산악회에서 좋아하는 욕지도. 삼덕항은 또 임진란 때 충무공 전승지 하나인 당항포이기도 하다. 배 타는 선착장만 알고 또 전진이다. 어느 동네에는 멍게종묘배양장이 있다. 멍게도 양식한다는 증거를 찾았다. 또 국립공원 내 달아공원이 있다. 달아공원 전망대에 오르면 한려해상공원의 한쪽이 한눈에 보인다. 바다 아름다움의 진수를 볼 수 있다.

한려해상국립공원 관리사무소 옆에 표지판 같은 광고판이 있는데 특이한 내용이 보인다. '납 없는 국립공원 정말 좋아요'라는 표식이다. 우리나라 낚시 인구가 800만 명에 이른다고 한다. 그런데 이 국립공원에서만 2017년과 2018년 사이에 버려진 낚시의 폐납 1,270kg을 수거했다고 한다. 사실 오늘이 금요일인데도 낚시를 위해서 관광버스나 자가용들이 줄지어 늘어서 있고 낚시를 알선하는 영업장소가 항·포구에 없는 곳이 없다. 해안가 어느 동네에도 낚시업체가 있다. 즐기는 생각 따로, 쓰레기 버리는 생각 따로 인가 보다. 아무튼, 공중도덕과 질서 참 문제다. 내 하는 일도 스스로 열심히 감시하고 살아야겠다.

봉전고개를 내려오는데 매화밭이 있는데 그중 한 그루가 꽃을 터뜨리고 있다. 역시 남쪽은 남쪽의 역할을 하는 것인가. 하기야 다음 주에 입춘이 온다. 일단 기분이 좋다. 모두 매화처럼 온화한 세상이 되기를 기원한다. 봉전항을 벗어나서 모텔을 구하고 쉬기를 한다.

오늘은

통영시 광도면 용호마을 - 마구촌마을 - 애조마을 - 원문마을 - 북신동(평인일주로) - 무전동 소포마을 - 평림 축구장 - 우포마을 - 갈목마을 - 평림항 - 작은 갈목마을 - 민양마을 - 민지미항 - 도천동주민센터 - 경상대 해양과학대 - 인평동항 - 통영대교 - 미수동(산양일주로 시작) - 산양읍 세포마을(풍화일주로) - 벌포마을 - 소양화마을 - 양화마을 - 경포마을 - 향촌마을 - 따신몰마을 - 풍화마을 - 사발계마을 - 혜란마을 - 명지항 - 맷골마을 - 상장마을 - 모상마을 - 남촌마을 - 장월마을 - 장촌마을 - 다랑골마을 - 궁항마을 - 남전 · 둔전마을 - 산양읍사무소 - 원항마을 - 삼덕항 - 중화마을 - 연명마을(멍게종묘배양장) - 달아공원 · 마을 - 갈마끝 마을 - 척포항 - 마동마을 - 물개 마을 - 세바지고개 - 봉전마을 - 봉전고개 – 신전리 봉전항까지

오늘은 새벽에 영하 3도에 세찬 바람이 불었다. 아침엔 날씨가 추워서 손이 시렸다. 그러나 9시가 넘자 어제 눈이 와서 그런지

햇빛이 좋았다. 더워서 오전부터 옷을 정리했다. 통영은 일주도로가 많다.

오늘도 열심히 걸었다. 내일 올라가려면 버스터미널에 가까이에서 마무리하는 것이 좋을 것 같아 거기에 맞추려고 열심히 걸었다. 어제 1.3만여 보에 9km와 오늘 5.0만여 보에 37km를 걸었다.

구 누계 : 340.3만 보. 2,570km.
신 누계 : 346.6만 보. 2,616km.

통영대교에서 본 통영시가지 전경

우리 국토 해안선 걸어서 돌기

(49-2회, 2019.2.2. 토요일), (재방문, 2024.5.19.)

우리 국토 해안선을 따라 걷는 86일째

어제저녁에 카스에 글을 올리고 10시 반쯤 잠이 들었다. 자는 동안 휴대전화기 진동 소리가 들렸는데 보지 않고 계속 잤다. 오늘 아침 4시 반에 눈이 떠져서 휴대전화기를 확인하고 댓글을 몇 개 달아 대답을 하고 오늘 가야 할 길을 점검해 보니 웬만하면 거제도까지 갈 수 있다는 계산이 나온다. 갑자기 힘이 생기고 바빠진다. 어제 너무 피곤해서 샤워도 못 하고 자버렸다. 부랴부랴 일어나서 싸고, 씻고, 먹고, 마시고, 바르고 출발 준비를 하고 밖에 나왔다.

칠흑의 어둠을 뚫고 1021번 지방도로인 산양일주로를 따라서 걸으면서 하늘을 보니 어제 새벽에 본 그믐달과 샛별과 다른 별과 함께 자랑하고 있는 듯하다. 좌측에 달이 있고 우상단으로 올라가는 그래프처럼 별이 3개가 선명하게 보인다. 오른쪽 위로 갈수록 밝기가 약하다. 이름은 내가 천문지식이 없어서 더는 모르겠고 청명한 새벽공기에 상쾌함을 주는데 달은 손을 뻗으면 닿을 만큼 낮게 떠 있다. 어제보다 색이 붉은 기가 강하다. 또 사진 촬영에 도전하는데 30여 분을 투자했지만, 오늘도 만족을 얻지 못하고 말았다. 그 쪽박 같은 달을 담아야 했는데 말이지.

한 시간쯤 걸으니 영운항이 끝나는 부분에 삼칭이길이라는 일종의 둘레길인 자전거와 산책길이 소개되어 있어서 잘 이용하였다. 중간의 수륙마을엔 펜션단지가 집단으로 조성된 것 같이 형성되어 있다. 길은 계속되어 옛 충무 금호리조트까지 이어진다. 옛날 리조트에 숙박했을 때 오늘과는 반대로 걸은 적이 있었는데 새삼스럽게 잘 이용하였다. 바로 물을 만지면서 걸은 기분이다.

새벽에 보는 한려수도 바다는 더 아름답게 느껴진다. 적당히 푸르고 오늘은 파도도 약하다. 그렇게 해서 도남동을 통과하고 유람선 터미널에 이르렀다. 이곳 광장에서 일출을 목격하고 사진을 20여 컷 찍어서 8시쯤 20여 곳에 카~톡을 날렸다. 어제부터 설명절에 대한 연하 문자와 SNS에 대한 인사 차원에서 일출 사진을 찍어서 바로 현장에서 날렸는데 너무 이른 시간이라고 핀잔을 듣기도 하고 어디냐고 호기심을 가진 친구도 있었다.

아무튼, 정리하고 충무대교와 해저터널을 향해 서진하는데 우측 바닷가에 차장 막이 쳐진 꽤 긴 공간을 통과하는데 삭막하였다. 근 1km는 될 것 같다. 틈이 있어 들여다보았더니 무슨 조선이라고 크게 쓰인 글씨가 보이고 배를 만드는 조선소가 분명한데 사람이 보이지 않는다. 길을 가다가 물어보니 조선소인데 지금은 일하지 않는다고 한다. 우리가 아는 조선업 불황과 관련이 있는 건가? 후에라도 꼭 좋은 배를 만들어 좋은 회사가 되기를 바란다.

9시가 안 돼 해저터널 입구에 도착해서 확인만 하고 충무 대교로 올라간다. 해저터널은 몇 년 전에 걸어본 적이 있다. 도로 따라 올라가니 충무 대교로 바로 연결된다. 어제는 서쪽의 통영 대교를 북에서 남으로 건너고 오늘은 그 옆 동쪽에 있는 충무 대교를 남에서 북으로 건넜다. 다리 위에서 본 통영항이 아름답다. 아침 햇살을 받아서 더 빛나 보인다. 다리를 건너고 우측에 나 있는 골목길을 따라 내려가 통영항과 시장을 둘러본다. 규모가 어마어마하게 크다.

그러나 바다 쪽에는 큰 건물들이 많이 들어서고 차들이 많이 주차되어 있어 바다와 배는 보이지도 않고 사람들만 엄청 많아서 서울의 가락동시장이나 노량진 수산시장 같다. 옛날 중앙시장이라는 곳에서 회도 먹고 했는데 처음부터 걸어서 전체를 둘러보니 기가 질려서 찾아보는 것도 잊어버리고 계속 동진을 했다.

시장 동쪽에서 꿀빵을 몇 개 사서 대용식으로 먹고 또 동쪽으로 전진하니까 '강구안'이라는 항구가 나오는데 차라리 이곳이 우리에게는 좋다. 배도 보이고 바닷물도 보이고 볼 것이 많다. 특히 항구 북쪽 면에 거북선을 여러 가지 형태로 만들어 전시돼 있는데 입장료를 받고 배 안을 관람하게 되어 있는 것 같다. 항구 서쪽과 동쪽은 어선들이 무진장 정박해 있고 생선들을 말리기 위해 널어놓은 물고기들도 많다. 먹음직스러운 말린 장어에 눈이 간다. 가자미 같은 고기는 말리려고 널어놓았는데 한쪽으로 고개를 모두 들고 있다. 희한하다.

다음은 남망산조각공원과 전망대가 있는 공원을 지나 통영시청 쪽으로 전진해서 거제대교를 향해 걸었다. 강구안항에서 8km 정도 북동진하면 거제대교다. 중간에 용남면 화포마을의 바닷가를 지나서 전진하는데 통영법원과 검찰청과 구치소가 이곳에 있다. 거제대교 2km쯤 못 가서 도로가 나뉘는데 새로 지은 동쪽의 신거제대교 쪽과 서쪽의 거제대교 쪽이다.

서쪽의 길이 견내량로라는 도로명 주소다. 다리 밑 해협이 '견내량 해'라고 한다. 임진왜란과 관련이 있는 이름으로 기억한다. 11시 반이 조금 지나서 통영의 신촌에서 740m의 거제대교에 진입 10여 분이 지나서 거제시 신촌에 도착했다. 다리 양 끝이 신촌이란 마을이다. 참 재미있는 동네다.

거제 신촌에서 서쪽을 따라 걷는데 멀리 바다에 다리가 보인다. 통영시 용남면 연기마을에서 해간도를 이어주는 해간교가 예쁘다. 5km쯤 남서쪽의 둔덕면사무소에서 마감하였다. 거제도의 서북쪽을 걷고 거제도에 입문만 하고 고현 가는 버스가 바로 연결되어 거제도의 중심지인 고현으로 이동해서 서울행 버스를 탔다. 설 명절 연휴의 역귀성인 셈인 차량은 거의 제시간에 남부 터미널에 도착한다. 내일은 비와 눈이 온다고 한다. 날씨로 인한 별일이 없어야겠는데 하늘이 하는 일을 우리 인간이 어찌할 수가 있겠는가만은.

여기서 잠깐! 생각한다.

경상도 남자들을 성품과 무뚝뚝함을 직접 체험한 결과는 맞다. 정말 무뚝뚝하다. 나는 모르는 것이 많은 타지 사람으로 사람을 만나면 무조건 '안녕하세요'라고 인사를 한다. 그런데 인사를 받고 대답한 사람은 10중 1.2다. 10중 8.9는 아무 반응이 없다. 뭘 좀 물어보려 해도 물어볼 수가 없다. 왜 그럴까? 알 수가 없다. 무서워서 말이지.

■ 통영 이모저모

통영은 관광의 도시이다. 또 문화예술의 도시라고 한다.

ㅇ 시내 관광은 통영 케이블카, 스카이라인 루지, 통영대교와

통영 운하, 거북선과 조선 군선, 이순신 공원, 통영RCE자연생태공원인 세자트라 숲, 동피랑 벽화마을, 서피랑 마을, 도천 음악 마을, 달아공원, 통영수산과학관 등이 있고

- o 섬과 바다는 한산도, 장사도 해상공원, 연대도~만지도 출렁다리, 소매물도와 등대섬, 욕지도, 연화도, 사량도가 있다.
- o 역사유적으로는 통영 삼도수군통제영, 통영 세병관, 통영 충열사, 제승당, 통영시립박물관, 착량묘, 용화사 등이 있다.
- o 통영은 바다로 둘러싸여 있다. 해수욕장은 통영공설해수욕장, 비진도 산홋빛 해변, 봉암 해수욕장, 덕동 해수욕장, 대항 해수욕장 등이 있다.
- o 문화 · 예술은 통영국제음악당, 남망산 조각공원, 박경리 선생의 기념관도 산양읍에 있다.
- o 중요무형문화재로 통영오광대, 승전무, 남해안 별신굿, 나전장, 두석장, 갓일, 소목장, 염장(통영대발), 통영 소반 등이 있다.
- o 해안일주도로는 평인 노을길, 도산일주도로, 한산도 해안일주도로, 사량도 해안일주도로, 욕지도 해안일주도로, 산양관광일주도로, 용남 해안도로, 일운~수륙 자전거도로 등의 길이 있다.
- o 특산물은 마른멸치, 굴, 장어, 통영 굴김, 멍게, 통영누비, 나전칠기, 동백화장품, 사량도 야콘, 욕지도 고구마가 있다.
- o 먹을거리는 충무김밥, 생선 매운탕 · 해물탕, 굴 요리, 꿀빵, 생선회, 복국이 있다.
- o 레저와 스포츠는 통영 해양스포츠센터, 통영요트학교, 스킨스쿠버, 동원로얄 컨트리클럽 리조트가 있으며

- 축제 및 이벤트는 한산대첩축제, 욕지도 섬 문화 축제, 한산도 바다체험 축제, 사량도 옥녀봉 축제, 통영국제음악제, 윤이상 국제 음악 콩쿠르, 통영 트라이애슬론 월드컵대회가 있다.
- 등산할 수 있는 산은 미륵산, 벽방산, 매봉산, 사량도 지리산, 사량도 칠현산, 욕지도 천왕봉, 연화도 연화봉, 한산도 망산이 있다.

그런데 걷기만 한 나는 해보거나 먹어보거나 참여하거나 한 게 별로 없다. 나중을 기약한다.

오늘은
통영 산양읍 신전리 봉전항 - 신봉마을 - 양촌마을 - 남동해수산연구소 - 모랑개골 마을 - 영운마을(이운, 일운) - 수륙마을 - 도남동 관광지 - 남포마을 - 발개 마을 - 조선소 - 봉평동 - 충무대교 – 통영항·수산시장 - 통영항 화물선 부두 - 강구안항 - 남망산 공원 입구 - 통영시청 앞 - 미늘 고개 - 용남면 화포마을 - 적촌마을 - 내촌마을 - 죽촌마을(견내량로) - 견유마을 - 신촌마을 - 거제대교 - 거제시 사동면 신촌마을 - 광리마을 - 아사마을 - 학산마을 - 술역마을 - 호곡마을 - 녹산마을 - 둔덕면 하둔리(면사무소)까지

오늘은 새벽에 영하 1도에 잔잔하게 시작했다. 9시가 넘자 날이 걷기에 더위를 느껴 가벼운 옷차림이 필요했다. 오늘도 햇빛이 좋았다. 더워서 땀을 제법 흘려 그늘도 좋은 정도였다. 통영의 주요 부분은 끝내고 거제도를 마치고 신 거제대교를 다시 넘어 통

영으로 와서 용남면 일부와 광도면 일부인 통영의 동부지역이 남았다.

오늘도 열심히 걸었다. 욕심을 내서 시간을 아껴 써서 거제도에 일단 발을 들여놓고 맛을 보았다. 오늘 3.9만여 보에 29km를 걸었다.

구 누계 : 346.6만 보. 2,616km.
신 누계 : 350.5만 보. 2,645km.

거제대교

우리 국토 해안선 걸어서 돌기

(50-1회, 2019.2.9. 토요일), (재방문, 2024.5.17.)

우리 국토 해안선을 따라 걷는 87일째

어제 내려와 연결지점인 거제시 둔덕면사무소까지 가기가 무척 힘들었다. 교통편을 알아보고 거제 버스터미널에서 시내버스를 1시간 기다려 타고 거제대교 남측 동네에서 여관을 구해 숙식을 해결했다. 연결지점 근방에 펜션이 있어서 전화로 알아보니 너무 비싸다.

할 수 없이 대교 옆 신촌마을에서 자고 새벽에 택시를 이용해서 연결지점으로 가려고 택시를 알아보니 새벽 6시에는 안 되고 7시가 넘어야 이용 가능하다고 한다. 지금까지 6시 예약을 거절당하기는 처음이다. 얼마 전 포항의 주선생 이야기를 듣고 '설마' 했는데 사실이다. 가까운 곳은 안가고 자기들의 시간에 맞춰 운행하고 있다. 나라가 다른 것도 아니고 참 할 말도 없고 어이가 없다. 6시 40분쯤에 있는 시내버스를 이용해서 이동했다.

거제도는 우리나라 섬 중 제주도 다음 2번째로 크다. 면적은 380.1㎢이다. 육지와 연결되는 거제대교가 서쪽에서 이어진다. 그리고 해안선이 꼬불꼬불하기가 말이 아니다. 엄청 심하다. 서쪽에서 거제대교로 들어가 남쪽으로 여차 해변까지 내려가서 동쪽면을 따라서 거가대교까지 꽤 길게 올라가서 북서 방향 - 남서 방향 - 서쪽으로 다시 나가야 한다.

거제도 관광 지도에는 권역을 5개 지역 즉 서부, 남부, 동부, 북부, 중부로 나누어 놓았다. 나는 서부 남부 동부 북부 중부를 거쳐서 다시 서부를 통과해 신거제대교를 건너서 통영시 용남면을 지나 광도면으로 전진할 것이다. 오늘은 서부권의 둔덕면과 거제면, 남부권의 동부면, 남부면 일부를 걸었다. 어느 지역이나 바닷가는 비슷하다.

거제도 주변 바다도 양식시설이 없는 곳이 없을 정도로 많다. 바다 목장이다. 지자체마다 특징을 만들려고 투자도 많이 하고 있다. 문화시설, 체육시설 등을 갖춰서 주민의 정서와 건강 증진에 힘쓰는 모습들이 훤하게 보인다. 주민의 소득향상을 위해서도 노력하고 있다. 바닷가는 양식 사업이다. 지역마다 어종이 다양하다. 이곳 거제도는 굴과 가리비라고 한다. 또 낚시꾼들이 대단히 많다. 해변마을마다 낚시를 알선하는 가계가 많고 도시의 낚시 알선 업체는 버스에 'ㅇㅇ낚시'라고 써진 차량(버스)도 꽤 많다.

관광객이 많이 오도록 하는 것도 커다란 사업이란다. 길을 정리하고 쌓고(낮은 곳) 깎고(높은 곳) 놓고(다리) 뚫어(터널)서 편리하게 만들어 준다. 거제의 해안도로는 해안을 따라서 삐뚤빼뚤 도로가 만들어져 있어서 자동차보다는 걷는 사람이 좋게 돼 있다고 생각한다. 거제시가지에서 원거리에 가는 도로는 4차선으로 잘 닦아져 있다. 쌩쌩하고 자동차들이 과속하고 다닌다.

지난주 통영과 이번 거제도를 걷는데 현수막을 많이 보았다. 김천에서 거제를 연결하는 내륙고속철도가 건설되도록 지난번 예타(예비 타당성)가 생략되어 승인돼서 환영하고 축하하는 현수막을 많이 붙여 놓았다. 몇 년 뒤에 완공되면 어제 서울에서 오면서 시외버스로 4시간 반이 소요되었는데, 2시간대에 도착할 것이다. 쉽게 올 수 있는 여건이 되고 자주 올 수 있는 거제도가 될 것이다. 기대하면서 오늘도 걷고 또 걸었다.

오늘 걸은 지역을 살펴보면, 우선 서부지역의 볼거리로는
둔덕면에는

- ㅇ 영공방이 있다. 영공방은 거북선 초가집 등 전통 모형 조립 키드를 생산해서 조립을 체험해 보는 학습장이다.
- ㅇ 거제 둔덕기성은 신라 시대에 거제도에 처음 쌓은 성으로 현존하는 성 중 가장 오래된 산성이다.
- ㅇ 청마생가 · 기념관은 시인이자 교육자인 유치환 선생이 태어나고 2살까지 살았던 곳이라고 한다.

거제면에는

- ㅇ 거제 알로에테마파크는 전국 생산량의 70%를 차지하는 거제 알로에를 이용한 알로에 족욕, 화장품 만들기, 음식 만들기 등 체험을 하는 곳이다.
- ㅇ 거제스포츠파크는 종합운동장, 국민 체육센터, 천연잔디축구장, 인조잔디축구장, 테니스장, 족구장 등을 갖춘 복합체육문화공원이다. 외지 사람들도 이용할 수 있다.
- ㅇ 문재인 대통령 생가는 거제면 명진리 남성마을에 있는데 걷는 길에서 800여m 북동쪽에 있다. 사람들 방문하는 것을 지금 주인이 귀찮아한다는 뉴스를 언젠가 본 기억이 있어 교양과 품위(?)를 지키기 위해 보는 것을 생략했다. 도로에

서서 한 바퀴 빙글빙글 돌면서 지형을 살펴보니 동네는 평야 지대이고 앞이 환하게 터지는 들판이고 끝은 바다다. 동쪽에는 해발 500m가 넘는 큰 산인 선자산이 자리하고 있다. 섬 지역에서는 매우 높은 산이다.

남부지역의 동부면에는

- 버드 앤 피쉬 체험장은 40여 종의 앵무새를 직접 보고 느낄 수 있고 30여 종의 열대어, 비단잉어, 토속 민물고기와 토끼, 기니피그, 햄스터 등과 같은 포유류 등이 온실에 전시돼 있어 가족들이 체험한다.
- 문화관광농원은 야영장으로 체험하는 농장이다.
- 거제자연예술랜드는 30여 년간 전국을 다니며 수집한 수석, 정원석, 동서양 난, 분재, 야생화, 민속품, 공예품 등을 모아서 볼거리와 자연학습장으로 활용한다.
- 그 외 각 어촌체험장과 해수욕장, 자연휴양림 등이 있다.

남부면에는
한려해상국립공원이 절반 이상이다.

- 명사 해수욕장은 물이 맑고 모래가 고와서 명사란 이름을 쓰고 있으며 낚시터로 유명하다. 350m 길이의 해변에는 유리알 같은 모래가 빛나고 주위에 천년 노송이 우거져 있다. 남부면의 나머지 분은 내일 걷는다.

쌍근 마을에서 마감하고 숙소를 알아보는데 쉽지가 않아 내일 지나는 남부면 소재지에서 숙소를 얻어 쉬고 내일 연결해야 한다.

이것저것 고려사항이 많다. 어렵다면 참 어렵다. 즐겨야 하는데 그것도 막상 부딪히면 쉽지가 않다.

오늘은

거제시 둔덕면 하둔리 면사무소 - 하둔마을 - 방답마을 - 한산도행 카페리터미널 - 어구리 마을 - 거제면 아지랑마을 - 법동마을 - 법동삼거리 - 고당마을 - 소랑삼거리(산달도 입구) - 소랑마을 - 옥 바위 - 송곡마을 - 내간마을 - 외간마을 - 방조제(스포츠파크) - 서상리(거제면 소재지, 문 대통령 생가) - 오수마을 - 선창마을 - 산촌마을 - 동부면 오송마을 - 동호마을 - 영북마을 - 영월마을 - 함박마을 - 가배마을(장사도행 선착장) - 덕원마을 - 율포마을 - 남부면 탑포리 쌍근마을까지

오늘은 새벽 기온이 영상 3도인데 체감온도는 1도라고 한다. 바람이 약간 불었다. 9시가 넘자 더위를 느끼며 방한복을 벗고 가벼운 옷차림으로 걸었다. 거제도 두 번째 걸음과 택시 서비스의 거절로 늦어서 긴장 속에서 걸었다. 그러나 햇빛이 좋았다.

오늘도 열심히 걸었다. 내일을 염두에 두고 욕심을 냈다. 다른 날보다 1시간 늦게 시작해서 만회해 보겠다고 힘을 썼다. 오늘 5.0만여 보에 39km를 걸었다.

구 누계 : 350.5만 보. 2,645km.
신 누계 : 355.5만 보. 2,684km.

거제 서북쪽 앞바다

명사십리 해변

우리 국토 해안선 걸어서 돌기

(50-2회, 2019.2.10. 일요일), (재방문, 2024.5.17.)

우리 국토 해안선을 따라 걷는 88일째

기분전환을 스스로 정화해야 한다. 방이 차갑다고 펜션 주인이 챙겨준 전기 매트에서, 맛있게 잘 자고 일어나 새로운 마음으로 출발한다. 쌍근마을로 가야 하는 내용을 어제 펜션 남자 주인에게 부탁해서 새벽 6시에 이동을 했다. 고맙게도 내 얘기를 듣더니 일조하겠다며 도와주어서 고맙다. 차로 이동 거리는 10여km 거리다. 가는 길과 다른 바닷가에서 가까운 길을 이용하여 걷는 데는 7km쯤의 거리다.

해변 길은 사람의 길 보다는 산의 임도로 잘 닦아져 있다. 깜깜할 때 걷기에 좋았다. 2시간이 조금 안 된 시간 동안 산길을 빙글빙글 돌아 걸어서 다시 남부면 소재지인 저구마을에 도착했다. 어두운 시간이고 산의 임도도 산 중턱에 있어서 보이는 것은 별로 없고 다리운동 열심히 했다. 저구마을은 매물도 가는 배를 타는 선착장이 있고 남쪽으로 명사 해수욕장이 연결되어 있다.

명사 해변을 지난 다음 2km쯤 더 걸어가니 근포 마을이다. 여기는 땅굴이 5개가 있다는 안보 및 정신교육장이다. 일본 놈들이 1941년부터 외지인을 데려와서 땅굴을 파다가 1945년 일본이 망하고 우리가 해방되면서 중단됐다고 한다. 땅굴 1개에 길이가

30~50m 높이가 5m 정도 되는 포진지용이란다. 나는 직접 보지는 못하고 안내판만 읽고 찍고 직진했다.

조금 더 가니까 무지개 길이라는 간판이 나온다. 거리는 4km라고 한다. 특이 사항은 없다. 한참 더 내려가니까 홍포마을이다. 1km쯤 더 가는데 갑자기 길이 좁아지고 버스는 못 들어온다는 간판을 보고 전진하는데 비포장도로에 도로 폭이 3m 정도로 좁은 곳도 있는 비상용 도로 같다. 분명 지도상에는 1018번 지방도로다. 꼬불꼬불 돌며 올라가는 길을 오르니 지도에서 본 홍포전망대다. 일출 촬영을 할 수 있는 곳인데 벌써 해가 중천에 떠올라 있어서 일출은 끝났다. 전망대에서 젊은이 두 사람을 만났는데 드론으로 사진을 찍고 카메라로도 사진을 찍는 젊은 사진작가다. 전망대에서 바라본 해안은 절경이다.

대구에 사는 한 젊은 사람이 거제에서 일하는 친구를 찾아와서 주로 이곳에서 사진을 찍는단다. 오늘도 새벽 5시 전에 도착해서 은하수를 찍으려 했는데 바다에 배가 5척이나 불을 밝히고 고기를 잡는 바람에 실패했고 지금 드론으로 바다의 전경을 찍는다며 아쉬워한다. 세상에는 별별 취미생활을 열심히 하는 사람들이 많다. 내가 질문을 해서 드론을 10여 분 공부하고 통과했다. 나도 기회가 되면 드론 놀이를 공부하고 싶다.

여기는 거제시의 가장 남쪽 동네인데 홍포마을에서 앞으로 나오는 여차마을까지 약 4km는 버스가 다니지 않는다. 서쪽에 오는 버스는 홍포 마을이 종점이고 동쪽에서 오는 버스는 여차마을이 종점이다. 그만큼 오지이고 산악지역이다. 마을과 마을의 거리도 멀다. 아무튼, 홍포 전망대에서 동쪽으로 내려가니까 도로는 조금 전 홍포전망대로 올라갔던 길과 비슷하다. 일요일인데도 장비로 공사를 하는 팀도 만났다. 여차마을이다. 여기까지가 무지개 길이다.

여차마을을 지나 고개에 오르니 안보 교육 현장 간판이 보이는데 바로 옆 천장산(해발 275m) 꼭대기에 일본 놈들이 1904년 러일전쟁 때 레이더 기지를 만들어 사용했다는 것이다. 진짜 무서운 사람들이다. 우리가 다시 당하지 않으려면 오직 부국강병만이 살 길임을 다시 한번 실감한다.

계속 걷는다. 내리막길이다. 다포마을인데 저구마을에서 고개 하나 사이로 약 500여m밖에 안 되는데 나는 10여km를 돌아왔다. 이게 내가 하는 일이다. 바닷가를 걷는 게 이거다. 또 이 고개가 우리나라 국도 14호선의 시점이다. 포항까지라고 한다. 남쪽 지방이라 국도 시점이 많다. 그런데 이상하다. 국도의 번호 중 홀수는 남북도로이고 짝수는 동서 도로로 알고 있는데 거제에서 포항은 동서인가? 남북인가? 아리송하다.

아무튼, 국도 14호선을 따라 동쪽으로 간다. 해금강이 목표다. 이 길도 강원도 산악지형 못지않다. 오르고, 내리고, 왼쪽, 오른쪽으로 바쁘다. 1시간쯤 열심히 걸어가니 해금강으로 들어가는 함목 삼거리다. 오르막이다. 들어가니 바람의 언덕, 신선대가 나와 살펴보고 찍고 해금강으로 간다. 다른 곳에서 유람선을 타고 해금강을 구경했지만, 해금강 마을 유원지에 와서 해금강을 보는 것은 처음이다. 그런데 뭐가 그렇게 아름다워 해금강이라 했는지 모르겠다. 그때도 배를 타고 구경하면서 이름을 지었을까? 역시 해금강은 배를 타고 둘러봐야 하겠다.

여기서 늦게 아점을 회덮밥으로 한 번에 두 끼를 해결하고 다시 걸어서 왔던 것 같은 길을 걸어가려니 한심해서 혹시나 하고 버스를 확인하니 곧 차가 있다고 해서 꺾어 들어간 함목 삼거리까지 차를 타고 내려서 다시 동쪽으로 걷는다. 여기도 산지라 해도 과언이 아니다. 왼쪽은 산이고 오른쪽은 깎아지른 낭떠러지와 바다다. 1시간쯤 걸어서 학동흑진주몽돌해변에서 구경하고 오늘 일과를 마치기로 하고 거제 시내 가는 버스를 기다린다.

오늘 남부권역에 보이는 것과 즐길 거리는

- o 여차 · 홍포전망대 지역은 비경이다. 바다에 대 · 소병대도 등 크고 작은 섬들이 푸른 물결 위로 나타난다. 홍포전망대에 오르면 여러 섬이 옹기종기 모여 있는 풍경이 아름답고 일출이나 일몰을 다 볼 수 있다.
- o 바람의 언덕은 도창포 마을 북쪽에 있으며 잔디가 깔린 민둥 언덕으로 이곳에서 보는 탁 트인 바다 전망이 매우 아름답다. 실제로 바람도 굉장히 세게 분다.
- o 신선대는 신선이 내려와 풍류를 즐겼다 할 정도로 자연경관이 빼어나고 주변 해안 경관과 더불어 기암괴석에 부딪히는 하얀 파도가 그림 같다.
- o 우제봉 전망대는 거제해금강을 한눈에 내려다볼 수 있다. 하늘에 걸어 놓은 듯 사방이 탁 트인 전망대에 서면 동쪽에 거제해금강, 외도, 내도, 서쪽으로 대 · 소병대도, 홍포의 풍광이 한눈에 들어온다.
- o 거제해금강은 해금강 마을 남쪽 해상에 있는 무인도로 원래 이름은 갈도이나 바다의 금강산이라 하여 거재 해금강이라 불린다고 한다. 오랫동안 파도에 씻긴 형상이 다양한 모습을 연출하는데 수십 미터 절벽에 새겨 놓은 만물상과 십자동굴

이 절경이고 사자바위 사이로 떠오르는 일출도 환상적이다. 우리나라 명승 2호로 지정되었다.

- ㅇ 학동흑진주몽돌해변은 백사장으로 된 일반 해수욕장과 달리 흑진주 같은 검은 몽돌로 이루어져 있어 전국에서 가장 아름다운 해변으로 손꼽힌다. 해안을 따라 걷다 보면 한국 식물학 연구의 보고인 노자산, 가리산의 완연한 능선도 볼 수 있다. 또한, 해변 앞 야생동백 군락지에는 천연기념물 팔색조가 있다.

오늘 걸은 지역은 대부분 한려해상국립공원 지역이다.

그리고 또 하나.

어제는 원한 지역에서 숙소를 못 구해 힘들었는데 오늘 걸으면서 보니까 풍광 좋은 곳에 펜션이 무척 많다. 그리고 집 모양도 참 예쁘기도 하다. 옛날 서양 영화에서 보는 휴양지의 별장 같은 집들도 많다. 그래서 지금은 자주 나와야 하는 형편이라 좋은 펜션은 이용 못 하지만 나중에는 이용하겠다고 생각하게 됐다. 부자들은 개인 별장을 지금 펜션 같은 장소에 지어 살지만, 우리 서민들은 별장 같은 거는 생각을 못 하고 살고 있다. 그래서 펜션을 별장이라 생각하고 비용을 지급하면 오히려 기분 좋을 것 같다. 즉 모든 펜션은 내 별장이라고 생각한다. 얼마나 속 편하고 기분이 좋겠는가? 걸으면서 이런 생각도 한다. 걷는 게 우선은 상책이다. 모르는 곳이면 훨씬 더 좋다. 그래서 구경하면서 걷는다.

오늘은
거제시 남부면 탑포리 쌍근마을 - 왕조산 자락 - 저구마을(남부면사무소) - 명사마을 · 해변 - 근포마을 - 대포마을 - 홍포 · 여차 무지개길 - 홍포마을 - 홍포전망대 - 여차마을 - 다포마을(국도 14호선 시점) - 다대마을 - 함목마을 - 거제유스호스텔 - 도장포 항 - 해금강 마을 - 함목삼거리 - 동부면 학동 해변(팔색조 번식지) - 학동삼거리(흑진주몽돌 해변)까지

오늘은 새벽 기온이 영도이고 체감온도가 영하 3도인데 다행히 산 아래 길이라 그런지 바람은 적게 맞았다. 바다에 안개인지 미세먼지인지 밝은 환경은 아니었다. 9시쯤에는 더위를 느껴 모자를 벗었다. 10시 이후에는 방한복을 벗고 가벼운 옷차림으로 걸었다. 11시쯤까지는 햇빛이 좋았으나 이후에는 구름이 끼었다.

오늘도 힘차게 걸었다. 서울 올라가는 날은 늘 바쁘다. 거제도의 남부지방을 걸으면서 해금강 마을까지 들어갔다 나왔다. 차분하게 몸 상태를 살피며 걸었다. 둘째 날 평균만큼 4.0만여 보에 29km를 걸었다.

구 누계 : 355.5만 보. 2,684km.
신 누계 : 359.5만 보. 2,713km.

도창포와 바람의 언덕

해금강 마을 뒤에서 본 해금강

우리 국토 해안선 걸어서 돌기

(51-1회, 2019.2.16. 토요일), (재방문, 2024.5.17.)

우리 국토 해안선을 따라 걷는 89일째

나는 걷는다. 거제 땅을 걷는다. 대세는 서쪽에서 동쪽으로 걷는다. 어제 서울 남부터미널에서 버스를 타고 거제 고현으로 내려와 학동으로 오는 시내버스를 타고 이동했다. 해가 비추는 시간이 있어서 숙소를 찾아보니 가야 하는 방향으로 5km쯤에 모텔이 있어서 무조건 걸었다. 어제저녁 7시가 지난 시간에 도착해 쉬고 오늘 새벽 6시가 조금 지난 시간에 숙소를 나와 동진이다.

망치(望峙) 마을을 지나 일운면에 접어들고 구조라 해변에 이르니 백사장이 대단히 길고 희다. 전번에 본 학동 흑진주해변과는 정반대다. 거리가 얼마 안 되고 같은 바닷물이 들락거리는 같은 동네나 마찬가지인데 한쪽은 검은 조약돌이고, 한쪽은 하얗고 가는 모래가 있다. 복주머니의 조인목(?) 같은 허리를 넘으니 진짜 마을이 보이는데 엄청 조밀하게 집들이 많다. 그리고 내도, 외도와 해금강에 가는 배의 선착장이 있기도 하다. 내도와 외도가 한눈에 보인다. 배 타고 가서 구경한 '외도보타니아'가 눈에 아른거린다. 거제 시내에서 구조라 가는 버스가 많은 이유를 알 것 같다.

아무리 좋은 곳이라도 빨리 지나가는 게 내 임무가 아닌가? 다시 한번 둘러보고 고갯길을 올라가는데 어느 할미가 나와 있어서 말을 붙인다. 이 동네에 살고 있으며 아들·며느리와 같이 사는데 거제 고현의 시내에 친구들 만나러 간단다. 아직 이른 시간인데 노인이 나들이를 나간다는 이야기를 듣고 고흥읍에서 본 평균 나이 90세의 5인방 일요 나들이가 생각난다. 지금도 계속해서 나들이를 하고 계시는지 궁금하다.

계속 전진해서 와현 해변을 지나고 지세포에 이르렀다. 고개 위에서 내려다보는데 동네가 엄청나게 크다. 그리고 바다 관련 시설들이 많다. 조선 해양문학관, 민속 문학관, 요트학교도 있고 여기서도 외도, 해금강, 동백이 유명한 지심도 가는 배의 선착장이 또 있다. 그리고 지세포는 역사적인 유적들이 많다. 서이말 등대, 와현 봉수대, 지세포 봉수대, 지세포성 등 유서 깊은 고을이다. 지세포 해변을 지나 동쪽으로 돌아서니 몇 년 전에 왔을 때 한창 공사 중이었던 대명리조트가 완공되어 영업 중이다.

계속 전진하는데 오른쪽으로 장승포라는 이정표가 보여 무조건 나아간다. 유명한 동네라는 인식을 하고 있어서 꼼꼼히 살펴보았다. 특이한 점을 발견했다. 1950년 12월 25일 흥남에서 피난민을 싣고 온 배가 장승포항으로 들어왔다는 표지판을 보고 놀랐다. 피난선 도착의 정확한 위치를 오늘 알게 되었다.

장승포를 돌고 돌아 바닷가를 통해서 고갯길을 넘고 넘어가고 또 간다. 능포항을 돌고 다시 장승포로 나와 옥포항을 목표로 전진한다. 두모 고개를 돌면서 버스 정류소 간판을 보니 대우조선 동문이라는 글자를 보았다. 드디어 대우조선소 공장을 본다. 울타리가 있고 커다란 메타세쿼이아 나무 울타리가 있어 잘 보이지 않는다. 버스 4 정거장 거리의 회색 울타리를 우측에 끼고 지나서 커브를 돈다. 한참을 돌고 돌아가니 옥포항이다. 대우조선은 공장 땅은 일운면과 아주동에 있는데 회사 본사는 옥포에 있다. 대우조선회사에서 북쪽으로 계속 전진하니 능포의 방파제와 만나는 옥포 방조제 끝 산 위에는 이순신 장군 옥포대첩기념공원이 있다. (※ 대우조선은 2023년 5월 '한화오션'으로 이름이 바뀌었다.)

전진해서 덕포를 찾는다. 덕포 해변도 유서 깊고 참 아름답다. 이렇게 해서 거제의 동부권을 마치고 앞을 바라보니 '김영삼대통령생가'라는 글자를 본다. 덕포 해변에서 4km 정도 떨어져 있다. 오늘 보기로 하고 전진이다. 김 대통령 생가 마을은 거제 북쪽인 장목면 외포리 대계(大鷄)마을이다. 마을 가운데에 도로가 있는데 바로 도로 옆에 있다. 그런데 도로보다 돌로 된 계단 16개를 올라가야 집 마당에 들어선다. 다른 집들보다 1개 층이 높다. 집 둘레 울타리도 모두 돌로 쌓여 있다. 여기저기 살펴보고 나도 그동안 보고 경험했던 김 대통령의 생애를 다시 한번 되새기고 내려와서 기록전시관도 둘러보고 나왔다. 모든 사람은 죽는다는 결론을 얻는다. 한창 정치할 때는 오래오래 살면서 오래오래 정치도 할 줄 알았는데 시간이 지나니 고인이 되었다.

나오면서 동네 노인을 만나 몇 가지 물어보니 옛날부터 무척 부자였다고 한다. 김 대통령 부모 묘소가 집 마루에서 보니 10시 방향으로 보인다. 생가 마을 아래 바다 쪽에 건물들을 새로 짓는 공사가 여럿 진행되고 있다. 멸치와 건조 생선과 해조류를 파는 가게들이 많다. 생가 올라가는 계단 양쪽에는 노점상이 자리하고 있다. 동네에 투자가 꽤 이뤄진 것들이 많이 보인다. 깨끗한 동네다.

2km 정도를 더 이동하여 외포항에서 숙소를 구해 오늘을 마감하고 내일을 위해 쉰다. 외포항에는 대구의 집산지다. 말리고 있는 대구들이 엄청나게 크다. 저녁밥은 대구탕을 먹었는데 1인분이라 그런지 신통치 않다.

오늘 지나온 동네의 관심 가는 곳은

- o 구조라 해수욕장은 모래가 부드럽고 수심이 완만하며 수온도 해수욕에 좋고 내륙형 해안지대로 호수같이 조용한 분위기이며 주변에 편의시설이 발달해 있다.
- o 와현 모래 숲 해변은 모래가 곱고 물이 맑으며 파도가 잔잔해 찾는 이들이 많으며 주변 경치가 좋다.
- o 공곶이는 지형이 궁둥이처럼 툭 튀어나와서 붙은 이름이고 부부가 산자락을 계단식으로 정리하고 곳곳에 종려나무, 설유화, 동백나무, 수선화, 군자란 등 수십 종의 식물을 심어 관리하고 있다. 시간 때문에 휙 지나오고 말았다.
- o 거제씨월드는 인간과 돌고래의 악수, 안기, 수영하기, 먹이주기 등 체험 교육 치유 등을 목적으로 하는 프로그램을 운영한다.
- o 조선해양문화관은 어촌민속전시관과 조선 · 해양전시관을 통합해 운영한다. 다양한 어종이 전시 수족관에 있고 국내 선박의 발달사와 선박 건조기술을 살펴볼 수 있다.
- o 거제요트학교는 국가대표 요트 선수들을 발굴 육성하며, 요트체험 교실을 운영하고 요트 지도자를 양성하고 있다.
- o 대우조선('한화오션'으로 바뀜)은 각종 선박과 해양플랜트, 시추선, 원유생산시설, 잠수함, 구축함을 건조하는 기업이다. 견학은 온라인으로 할 수 있다고 한다.
- o 옥포대첩기념공원은 임진왜란 발발 후 이순신 장군이 처음 승전한 곳이다. 이후에도 연승한다. 옥포대첩을 기념하고 충무공 정신을 후세에 계승하기 위해 건립됐다.

그 외 거제 박물관, 대명리조트, 거제대학교, 옥포 수변공원, 복자윤봉문 요셉 순교자성지, 덕포해변과 덕포랜드, 거제 앞바다의 섬인 외도, 내도, 지심도도 사람이 많이 찾는다.

오늘은

거제시 동부면 학동삼거리 - 흑진주해변 - 고촌마을 - 양화마을 - 일운면 망치(望峙)마을 - 망치 몽돌해변 - 양지마을 - 망양마을 - 윤돌마을 - 구조라마을 - 와현마을 - 지세포항 - 신촌마을 - 소동마을 - 옥림마을 - 상촌마을 - 하촌마을 - 장승포동 장승포항 - 장승포 여객터미널 - 장승포 해안도로 - 능포동 - 두모고개 – 대우조선해양(한화오션) - 용소 - 옥포동 옥포항 - 팔랑포 - 다온 마을 - 덕포동 덕포항 - 장목면 외포리 대계마을(김영삼대통령생가) - 소계마을 - 외포항까지

오늘은 새벽 기온이 영상 3도이고 낮 기온은 9도까지 올라갔다. 새벽과 아침은 센 바람이 불었다. 모자가 벗겨질 정도로. 햇빛은 좋았으나 미세먼지가 심한 것 같다. 10시 이후에는 더웠다. 방한복을 벗고 목도리도 부담이 된 기분이다. 가벼운 옷차림이 필요했다. 온종일 햇빛이 좋았다.

오늘은 걸음 첫날로 열심히 걸었다. 볼 게 많은 동네다. 거제도도 절반 이상을 돌았다. 어제 0.8만여 보에 6km와 오늘 5.1만여 보에 37km를 걸었다.

구 누계 : 359.5만 보. 2,713km.

신 누계 : 365.4만 보. 2,756km.

장승포항 표지판(흥남 철수 군함 도착지)

대우조선소(한화 오션) 앞바다

우리 국토 해안선 걸어서 돌기

(51-2회, 2019.2.17. 일요일), (재방문, 2024.5.18.)

우리 국토 해안선을 따라 걷는 90일째

우리나라 해안가 걷기 위해 집 나와서 한 숙식이 40회가 넘는데 지금도 잠을 일찍 자거나 늦게 자거나 상관없이 새벽 3~4시면 눈이 떠진다. 상황에 따라 몸이 적응하는지! 오늘도 3시 46분에 눈이 떠진다. 1시간여를 빈둥빈둥하다가 5시에 털고 일어나 짐을 챙기고 배설하고, 다시 채우기 위해 아침을 5시 반부터 해결한다. 오늘도 단팥빵 1개, 사과 반쪽, 찐 달걀 1개, 우유 1팩, 견과류 한 줌과 생수 1병이다. 궁하면 통한다고 아주 간단하게 그동안의 경험으로 쌓고 짜인 아침 식단이다. 6·25전쟁 선배들에 비하면 진수성찬이다.

핸드폰과 카메라의 배터리, 그리고 지갑을 확인하고 6시에 외포리를 떠나 출발이다. 나가면서 핸드폰의 거제도 날씨를 확인하니 실 기온은 영도인데 체감온도가 영하 2도다. 밖으로 나가는데 추위가 확 달려든다. 바람이 강하다. 깜깜한데 모자가 날아간다. 주워서 쓰고 턱 끈을 매고 북진이다. 도로가 포구에서 큰길로 연결하는 오르막 도로로 매우 좁은 왕복 2차선의 지방도로다. 길이 확실하게 잘 안 보인다.

20여 분 걷는데 뒤에서 대형차량이 온다. 가장자리 갓길로 붙어서 오르막을 걷는데 차가 가까이 올수록 무섭다. 다시 피한다고 한 발짝을 더 옆으로 물러나는데 오른발이 쑥 빠진다. 순식간이다. 옆의 밭과 도로가 붙어 있는 것으로 생각했는데 도로와 밭 사이에 배수로가 있어서 빠진 것이다. 시멘트로 만든 인공배수로다. 아찔한 느낌을 받고 정신 차리고 보니 깊이가 무릎보다 깊다. 자동차는 지나가 버렸다.

벌떡 일어나 양손을 짚고 나와서 인원 장비(?)를 확인하고 아픈 곳을 확인하는데 오른쪽 팔뚝이 약간 시큰거린다. 나머지는 이상 없다. 천만다행이다. 핸드폰과 카메라도 이상이 없는 것 같다. 하늘 한 번 쳐다보고 웃고 다시 걸어서 언덕을 오른다. 이 상황을 우리 집에 이야기하면 '누가 하라고 했냐?'라며 모두가 당장 그만두라고 할 것이다. 그러나 큰 경험을 했다. 그 후 기분이 더 상쾌하고 2일째 움직임이 가벼웠다. ※ 이 사건이 얼마 뒤부터 후유증으로 목과 어깨 등의 통증이 나타나 꽤 고생하는 계기가 되었다.

대금 마을을 지나는데 7시 반 전쯤 남쪽에서 해가 뜬다. 날씨가 좋은 날이다. 사진을 찍는데 해가 둥그렇게 찍힌다. 바다 건너 산봉우리에 걸쳐서 해가 오른다. 아마 지도상에 보인 이수도란 섬으로 생각된다. 오랜만에 조금이나마 맘에 드는 사진을 찍고, 북진이다. 왼쪽에는 거가대교로 연결되는 58번 국도인데 자동차 전용도로다. 차들의 굉음이 대단하다. 나는 구) 도로를 따라서 거제도 북부권을 동쪽과 북쪽과 서쪽으로 이어서 걷는다.

농소 몽돌해변을 지나 꼬불꼬불 돌고 급경사를 오르고 올라 산위에 도착하니 거가대교 '유호전망대'가 나온다. 그곳에서 한참을 내려다보며 원망했다. 그 길(거가대교)로 통행이 된다면 무려

180여km를 단축할 수 있는데!? 를 되뇌며 서쪽으로 방향을 틀어 걸었다. 하유 · 상유 마을로 내려갔다가 올라가는데 양쪽에 대나무밭들이 무척 많다. 대나무는 굵기가 지름이 10cm 이상 된 큰 대나무들이 진녹색을 띠며 바람에 하늘하늘 사각사각 살랑거리는 소리를 내며 서 있다. 사군자의 위용으로 싱싱해서 좋았다.

4km쯤 오르내림을 반복하며 나아가는데 구영해수욕장이 나오면서 곰탕집이 눈에 띈다. 10시 반쯤 애매한 시간이라 들어가서 식사할 수 있는지를 물어보니, 대환영이란다. 해변에서 횟집이 아닌 곰탕집을 오랜만에 찾아 식사를 하니 오늘은 운이 좋다. 새벽부터 20여km를 걷다가 먹은 밥은 뭐든 꿀맛이다. 거기에 내가 좋아하는 곰탕이다. 혼자도 간단히 먹을 수 있어 좋다.

20여 분 동안 식사를 하고 핸드폰 충전을 보충하고 다시 걷기를 계속한다. 북쪽 바다 건너 멀리 산의 실루엣과 도시가 보여서 주민에게 물어보니 창원과 진해라고 한다. 몇 주 뒤에 가서 볼 수 있는 도시다. 황포 마을과 해수욕장을 거쳐서 고개를 올라가니 골프장이다. 해변의 산에 골프장이 있다. 운치가 있어 보인다. 그 직전 황포마을에는 골프장 건설을 반대한다는 현수막을 여러 번 보고 올라와서 본 골프장인데 뭐가 뭔지 모르겠다. 그 옆에 다시 만든다는 것인지 이 골프장 확장인지. 물어볼 때도 없어서 그냥 지나왔다.

도로변 조그마한 밭에서 부부가 밭일하는데 한쪽에 있는 꽤 큰 매화나무가 꽃을 활짝 피웠다. 이야기를 나누는데 그곳에 매화가 여러 그루가 있단다. 그 나무만 꽃을 활짝 피웠다며 종류가 다른 몇 가지가 더 있는데 이렇게 일찍 피우기는 처음이란다. 자연의 조화는 모르는 게 훨씬 많다.

면 소재지인 장목마을에 들어가면서 풍기는 기운이 쾌활하다. 예나 지금이나 부자들이 무척 많이 살고 있단다. 동네 자체가 부자마을이라고 한다. 옛말에 부촌이라는 말이 있는데 사람들이 여유가 있고 활기가 넘치고 배짱이 큰 사람들이 많은 것 같다. 일요일 오후 1시가 조금 안 된 시간인데 어른들과 식사를 하고 나서는 가족들이 보기 좋다. 그들의 폼이 보기 좋은 이유는 뭘까? 나는 어른인가! 밥을 사야 하는 사람인지 헷갈린다. 직계 어른이 한 분도 없다. 조심해야 하는 일만 있다. 오늘 행사를 마감하고 면사무소를 한 정거장 지난 정류소에서 고현 가는 버스를 기다린다.

※ 거가대교를 바라만 보고 도보로 건너가지 못하는 억울한(?) 생각이 들었다. 그래서 미리 차를 타고 건너보기로 했다. 서울에 있는 막내에게 부산에서 서울 가는 기차를 예약 부탁하고 거제에서 부산 가는 버스를 타고 이동하면서 도로를 잘 살펴보았다. 거가대교는 다리 2개와 해저터널 1개로 건설되었는데 일반 도로보다 도로 폭이 좁게 만들어진 느낌을 받았다. 특히 해저터널은 실감이 나지는 않았으나 신기하기는 했다.

그런데 다른 도로의 다리에는 통상 백색 실선이 쭉 그어져 있어 추월을 못 하게 되어 있는데 거가대교는 실선이 아니고 끊어진 선이다. 추월이 가능했다. 그 이유는 모르겠다. 부산에도 낙동강에 다리가 있는데 잘 알아보고 걸음을 해야겠다. 1시간 만에 사상터미널에 도착해서 지하철을 이용해서 부산역으로 이동하여 부산역 일대를 1시간여 동안 구경했다. 6시가 다 된 시간에 출발해서 2시간 반 만에 서울 수서역에 도착한다. 참 빠르다.

이렇게 해서 거제도의 남은 구간은 30~40km쯤으로 다음 주에는 마칠 것 같다.

오늘 걸어서 지나온 구역은 특별한 관광지나 시설물들은 없다.

- 농소몽돌해수욕장은 거제도에서 가장 긴 몽돌해수욕장으로 찾는 사람들이 많다. 새알같이 둥글고 작은 몽돌들이 펼쳐져 있어 몽돌 찜질과 지압을 할 수 있고, 해수욕하기도 좋다고 한다. 주위에 낚시터로 유명한 백도 등 작은 섬들이 있다.
- 한화리조트 거제 벨버디어는 서정과 낭만이 가득한 남해를 품에 안은 리조트다. 농소몽돌해변의 북쪽 끝에 있다. 무척 큰 리조트 회사의 사업장의 하나로 거제의 외진 바닷가에 있는 게 신기하다.

오늘은

거제시 장목면 외포리 외포항 - 상포마을 - 서목마을 - 흥남마을 - 시방마을 - 복항마을 - 대금마을 - 율천마을 - 두모마을 - 관포마을 - 신촌마을 - 궁농마을 - 간곡마을 - 임호마을 - 농소마을 - 거가대교(유호) 전망대 - 하유마을 - 상유마을 - 구영마을 - 황포마을 - 드비치 골프장 - 송진포마을 - 장북마을 - 장목마을 - 장목면사무소 - 장서마을까지

오늘은 새벽 기온이 영도이고 체감온도는 영하 2도라고 핸드폰에 찍혔다. 진짜 추운 새벽이었다. 바람 때문이다. 핸드폰으로 사진을 찍으면 곧장 손이 시렸다. 이번 겨울 남부지역을 다니는 동안 제일 추운 날이었다. 오후 1시까지 목도리만 하나로 줄이고 나

머지 복장은 새벽 그대로 지냈다. 온종일 햇볕은 좋았다. 배수로에 빠진 것이 걱정인데!

오늘은 서울 가는 날로 바쁜 날이다. 자동차 전용 거가대교를 원망하며 거제도 북쪽 지방을 돌고 돌아 장목면을 일주한 날이다. 오늘 3.8만여 보에 27km를 걸었다.

구 누계 : 365.4만 보. 2,756km.
신 누계 : 369.2만 보. 2,783km.

거제 장목면 유호전망대에서 본 거가대교

우리 국토 해안선 걸어서 돌기

(52-1회, 2019.2.23. 토요일), (재방문, 2024.5.18.)

우리 국토 해안선을 따라 걷는 91일째

오늘도 걷는다. 오늘을 위해 어제저녁 때 지난번 마감했던 장목면 소재지에 도착해 보니 시간 여유가 있다. 숙소를 알아보고 1시간 이상 가야 하는 거리에 구했다. 오늘 새벽 숙소를 나오니 오른쪽이 일그러진 달이 나를 반긴다. 벌써 정월 하현달이 돼 가고 있다. 세월이 빠르다. 기온은 영상 5도란다. 2월인데 날씨가 따뜻하다. 바람이 약간 불지만 그렇게 기분 나쁘지 않은 색깔이다. 힘있게 발걸음을 달에 맞추어 서쪽으로 전진이다.

오늘의 발걸음이 기대가 크다. 거제도의 잔여 구간을 통과하고 다시 통영에서 숙박할 계획이다. 거제시에서 나눈 권역으로 북부권 일부와 중부권 그리고 서부권의 동북부를 지나 신거제대교를 지나 통영의 아무 곳이나 숙박을 할 생각으로 계획을 세워 지도를 확인한 바 있다. 총거리는 40여km다.

어제 칠천도 입구에서 연륙교와 칠천도를 주마간산으로 훑어보았다. 임진왜란 해전에서 유일하게 패한 칠천량해전을 생각한다. 1597년 음력 7월 14일~16일에 통제사인 원균과 주요 지휘관이 몰사한 현장이다. 다만 경상 우수사인 배설이 12척을 가지고 탈출하여 그 유명한 이순신 장군이 '금신전선 상유십이(今臣戰船 尙

有十二)'라는 말과 명량해전에서 승리하고 왜란을 끝나게 하기도 한다.

새벽바람을 앞에 놓고 바닷가의 시멘트 길을 걷고 걷는다. 오른쪽의 바다는 출렁거리고 왼쪽에는 산이다. 이쪽에도 대나무가 많다. 싱싱한 냄새를 풍기면서 바람에 스치는 대나무가 사각사각 소리를 내는데 뛰어야 한다는 생각을 가지게 한다. 식당 간판에 죽순이 들어가는 메뉴가 보인다. 대나무와 죽순 하면 담양이라는데 여기도 성황이다.

2시간쯤 걸으니 커다란 도크들이 보인다. 여기서부터 삼성중공업 거제조선소 관련 회사들이다. 20여 분 더 걸으니 삼성이라는 도크가 보이는 바로 옆에 연화식당이 보이는데 아침 식사가 된다는 글자를 보고 무조건 들어가서 밥 주느냐고 물으니 환영이라 한다. 메뉴가 여러 가지 있는데 어제저녁을 갈비탕을 먹어서 오늘 아침은 육개장을 시켜서 먹는데 여주인이 나의 행색과 처지를 묻는다. 질문에 대답하니까 자기도 꼭 하고 싶은 일이란다. 아침 9시 전·후에 식사하는 게 언제인가 싶다. 거제도 식당 경기는 작년 하반기부터 옛날처럼 좋아져서 바쁘게 일한다고 한다. 조선 경기도 살아났다는 얘기다. 식사하고 나오는데, 힘을 내서 꼭 완주하라며 영양제 음료수 2병을 손에 꼭 쥐여준다. 얼마나 고마운지. 발걸음이 가볍다. 대박 나는 식당이 되기를 바란다.

여기는 '한네 공업단지'다. 2시간 반 이상을 걸어야 하는 거리가 삼성조선소 관련 공장들이다. ㄷ자 모양으로 된 깊은 만이 온통 조선소다. 짓고 있는 엄청나게 큰 배들이 여러 척이 보인다. 그리고 그 주변이 다세대 원룸주택들이 무진장 많이 지어지고 있다. 삼성조선소와 거제시가지의 중심지가 맞닿아 있다. 우리나라 경제의 중추를 담당하는 한 축인 조선산업이 정말 잘 되었으면 좋겠다. 기원한다. (※ 2024년에는 호황이란다.)

거제 시내를 벗어나 신거제대교 쪽으로 전진하는데 주도로가 국도 14호선이다. 제한속도가 70km로 돼 있다. 반 정도는 국도를 걷고 반은 일반 바닷가 길을 걸어야 했다. 버스를 타고 거제로 갈 때 살펴본 결과는 도로의 갓길이 좁게 느꼈는데 오늘 실제로 걸어보니 갓길이 1m 이상으로 비교적 넓어서 안심하고 걸었고 신거제대교도 지난번 걸었던 구 거제대교보다 여건이 훨씬 좋게 돼 있어서 잘 건널 수가 있었다.

거제의 북쪽인 성포지역에서 북쪽을 바라보니 양식시설이 보인다. 남쪽과 동쪽 해안에서 양식시설들을 전혀 볼 수 없었는데 북쪽으로 돌아오니 양식시설들이 통영이나 마산과 마찬가지로 활성화되어 있다.

이렇게 해서 걷는 날짜로 6일 전에 서쪽의 거제대교를 통영에서 거제도로 들어가서 그 6일 후에 동쪽의 신거제대교를 거제에서 오후 2시 50분에 들어가 10여 분 뒤 통영으로 나왔다. 거제를 6일 동안 걸었단 이야기다. 통영으로 나오자마자 마치려고 숙소를 알아보니 5km 이후에 있다. 1시간여를 통영 쪽으로 걸어서 적촌 마을에서 시내버스를 이용하여 통영 시내로 이동하여 일정을 소화했다. 내일 새벽에 통영의 동쪽을 걸어서 고성지역까지 이동할 계획이다.

여기서 하나

통영이나 마산, 진해지역이 양식업이 발달한 것은 '거제도가 남해의 풍랑을 잘 막아줘서'라는 나의 결론이 나왔다. 실제로 거제의 3면(서, 남, 동쪽)은 파도가 높았고 파도 소리도 컸다. 바다와 만나는 면은 모두가 암석이고 절벽으로 깎여 있음을 확인할 수가 있었다. 거친 파도를 계속 받았다는 것이다. 그리고 남쪽이나 동쪽 지역은 양식시설이 전혀 없다. 자연은 참으로 경이롭다.

오늘 지나온 거제 동네는

- 칠천량해전공원은 칠천도에 있다. 정유재란 때 왜군과 벌인 해전 가운데 유일하게 패한 해전이지만 패전 원인과 참상, 영향을 그대로 보여줌으로써 역사에 대한 통찰과 반성, 과오를 되풀이하지 않겠다는 다짐을 하게 된다.
- 맹종죽 테마파크는 깨끗한 자연환경에서 자라는 거제도의 향토자원 맹종죽(대나무의 한 종류)을 테마로 하여 죽림욕치유, 바다와 환경예술을 접목한 경관치유, 맹종죽을 이용하여 체험 놀이를 하는 죽림 테라피 공간이다.
- 삼성중공업은 다양한 선박들을 제작하고 있다. 풍부한 경험과 첨단기술을 바탕으로 고도기술, 고부가가치 선박은 물론이고 차세대선박과 고품질 경제선형 개발도 하고 있으며 해양설비도 제작하고 있다.
- 거제민속박물관은 12,000여 점의 민속자료를 전시한 개인박물관이다. 폐교의 교실을 활용해 농기구 · 생활 용구 · 관혼상례 · 문방구 · 도자기 등으로 분류하여 전시하고 있다.
- 노을이 물드는 언덕은 가조도에 있다. 푸른빛 바다의 붉은 노을이 어우러져 아름다운 풍경을 자아내는 곳이다. 운동기구, 지압 보도 등 체육 공간이 조성되어 있고 노을 풍경 사진도 전시되어 있다.

ㅇ 계룡산은 거제도 한가운데에 있다. 계룡산 정상에는 신라 시대 의상대사가 절을 지었던 의상대가 있고 능선을 따라 불이문 바위, 장군바위, 거북바위, 장기판 바위 등 기암괴석이 있다. 6·25 한국전쟁 때 통신 시설 잔해가 남아 있다. 봄이면 산철쭉이 피어 장관을 이루며 가을이면 은빛 억새가 절경을 선사한다. 계룡산에 온천이 있다. 탈모 예방과 노약자의 연골에 효능이 있으며 칼슘과 마그네슘이 풍부해 피부병에도 효과가 있다고 한다.

ㅇ 거제포로수용소유적공원은 6 · 25 한국전쟁 중 포로를 수용하기 위해 1951년부터 거제도 고현, 수월지구를 중심으로 설치되었던 포로수용소이다. 지역 내 평화 파크 하늘광장과 거제시 풍경을 한눈에 볼 수 있는 계룡산 상부를 잇는 왕복 3.54km의 거제 관광 모노레일을 운행하고 있다.

■ 거제의 이모저모

□ 거제 9경

외도 · 내도 비경, 거제해금강, 바람의 언덕과 신선대, 학동 흑진주 몽돌해변, 여차 · 홍차 해안 비경, 동백섬 지심도, 공곶이, 거가대교, 거제도 포로수용소 유적공원

□ 관광지

노을이 물드는 언덕, 명사 해수욕장, 우제봉 전망대, 김영삼 대통령 생가 · 기념관, 칠천량해전공원, 삼성중공업 조선소, 거제현관아, 문재인 대통령 생가, 구조라 해수욕장, 덕포 해변, 와현모래숲해변, 조선해양문화관, 옥포대첩기념공원, 대우조선해양, 거제 11대 명산, 거제도 섬 · 섬길

□ 축제

산방산 삼월삼짇날 축제, 대금산 진달래 축제, 거제 맹종 대나무 축제, 양지암 축제, 거제 옥포대첩 축제, 남부면 수국 축제, 바다로 세계로, 거제 예술제, 거제 몽돌해변 축제, 시민의 날 행사, 거제섬꽃축제, 거제 대구수산물 축제, 송년 불꽃 축제

□ 9품

대구, 멸치, 유자, 굴, 돌미역, 맹종죽 죽순, 표고버섯, 고로쇠 수액, 왕우럭조개

□ 9미

대구탕, 물메기탕, 굴구이, 멍게 성게 비빔밥, 도다리쑥국, 멸치 쌈밥, 생선회 · 물회, 볼락구이, 바람의 핫도그

오늘은

거제시 장목면 장목리 장서마을 - 매동마을 - 실전항 포구 - 와항 · 마을 - 사환마을 - 하청면 신동마을 - 동리마을 - 서항마을 - 해안마을 - 덕곡마을 - 계안마을 - 외안계 - 광신기계 - 금당계마을 - 석포마을(바다 양식장) - 연초면 한내마을 - 한곡마을 - 중촌마을 - 오비마을 - 신우 마리나 - 신오 1교 - 신현 3교 - 장평동 - 사등면 모래실마을 - 사곡해수욕장 - 사곡마을 - 성내마을 - 대리마을 - 금포마을 - 항도마을 - 상사근 마을 - 성포마을 - 하사근 마을 - 지석마을(축구장 등 체육시설) - 창포마을 - 오량마을 - 신거제대교 - 통영시 용남면 견유마을 - 원평마을 - 적촌마을까지

오늘은 새벽 기온이 영상 5도이고 체감온도는 영상 3도라고 스마트폰에 찍혔다. 한낮에는 13도였다. 바람이 불어도 부드럽게 느껴졌다. 8시경부터 더위를 느껴 옷을 조정해 입었고 털모자가 싫었다. 온종일 햇볕도 좋았다.

오늘은 첫날로 욕심을 내는 날이다. 거제를 벗어나려고 애를 쓴 하루였다. 조금 무리함을 느끼며 조마조마 한 날이다. 어제 0.7만여 보에 5km와 오늘 5.1만여 보에 38km를 걸었다.

구 누계 : 369.2만 보. 2,783km.
신 누계 : 375.0만 보. 2,826km.

통영 쪽에서 본 신거제대교

우리 국토 해안선 걸어서 돌기

(52-2회, 2019.2.24. 일요일), (재방문, 2024.7.20.)

우리 국토 해안선을 따라 걷는 92일째

오늘도 언제나처럼 새벽 3시 반쯤부터 잠이 깨어 다시 청하는데도 소용이 없고 정신이 점점 말똥말똥해진다. 이런저런 상상과 어리석은 생각의 기와집을 몇 채 짓고 부수다가 4시 반에 일어나 짐을 정리한다. 아침에 할 일을 하고 5시 반에 아침을 먹고 6시 10분 전에 나와 택시를 타고 어제 마감한 용남면의 적촌 버스 정류소에 7분 만에 도착해서 연결한다.

배낭을 메고 주위를 한 바퀴 둘러보니 하늘의 하현달이 어제 아침보다 더 잘려나가 반달이 되었다. 잎 없는 가로수와 달을 포함 카메라와 핸드폰으로 훔치고 전진한다. 꼬불꼬불한 길을 오르고 내리고 반복하며 걷고 또 걸었다. 낮이 길어짐을 실감한다. 어느덧 여명이 나를 부른다. 고속도로가 보이는 언덕을 내려가니 용남면이 끝나고, 광도면이며 통영의 신시가지인 죽림마을에 들어서니 날이 완전히 밝아졌고 건너편 산의 잔영이 바닷물에 비추어진 모습이 예쁘다.

물 빠진 바다 모습이 서해와 다르다. 서해는 갯벌이 끝이 없이 보이는데 여기는 수십m 밖에 물이 보인다. 죽림마을 앞 바닷가에 만들어진 죽림 산책로가 아주 잘 가꾸어져 있어서 걸어보고 싶은 마음을 갖게 하도록 할 것 같다. 그 시간에 많은 주민이 나와서 길을 걷는다. 100m마다 거리를 표시해서 흥미를 돋우고 있다. 빨간 우레탄(?)이 깔린 길이다. 총 거리는 1,690m다. 왕복하면 3km가 넘는다. 중간중간에 휠체어가 올라올 수 있도록 경사면 오르막을 만들어 노약자나 장애인들도 길에 나와 바다를 보며 힐링할 수 있을 것 같아서 좋아 보인다.

1,400여m 지점을 지나는데 바다 건너 용남면 산 위쪽으로 해가 뜬다. 7시 25분쯤이다. 한겨울에 8시쯤에 보았던 해를 30여 분 일찍 본다. 카메라와 핸드폰으로 20여 분을 서서 찍었다. 오늘은 미세먼지나 안개도 없고 바닷물도 조용해서 환경이 좋은 편이다. 수평선 위에 오메가는 아니어도 기분 좋게 하는 사진 촬영이다. 그동안 좋은 소식들을 보내 준 톡 친구들에게 즉석에서 20여 군데 날리는데 10여 분을 더 써서 그 자리에 서서 30여 분의 시간을 썼다. 그 시간 보충을 위해 다시 열심히 걷는다.

덕포마을을 지나고 손덕마을을 지나는데 농부 할배가 지게를 지고 나온다. 인사를 하고 그 바로 앞이 마늘밭이어서 마늘의 싹들이 노랗게 마르는 이유를 물었다. 겨울 전에 나서 자란 잎이 겨울을 지나면서 마늘을 지키기 위해서 마르고 새싹이 다시 나와서 마늘을 생장시킨다며 지극히 정상적이라고 한다. 가뭄이나 물이 모자라서 그러리라고 생각했는데 오늘 또 희생과 배려를 한 몸에서도 하는 걸 식물에서 배웠다.

통영!? 하면 청정지역이고 굴을 많이 생산하는 어촌만 생각하며 알고 있었다. 안정리라는 이정표를 보며 걷는데 꽤 멀리 삐죽 나온 산 밑에 커다란 배들이 정박해 있다. 이상하다고 생각하며 의문 속에 걸으며 지도를 보니 가스공사 기지본부라는 표식의 글이 보인다. 그래도 이해가 안 된다.

가까이 가서 보니 무진장 큰 연초록색의 저장 탱크가 보인다. 여수 산업단지에서 본 석유 탱크는 비교가 안 된다. 어마어마하게 크고 수량도 많다. 우리 일상생활과 산업의 원재료이다. 우리가 잘 관리하고 잘 활용해서 국민소득 올리는 데 기여해야 할 것이다. 불조심은 필수다. 10시쯤 되는 시간 안정리 가스 기지를 지난 지점의 아침을 준다는 식당에서 순댓국으로 아점을 잘 먹고 다시 출발이다.

그렇게 걷는데 통영이 끝나고 고성의 거류면에 들어섰다. 지금까지 본 버스의 색깔이 다르다. 고성 버스들이 다닌다. 지역이 다른 실감이 난다. 멀리 큰 동네가 보인다. 거류면 소재지다. 가까워 보여도 3km 이상이다. 날이 더워 나무 밑에 있는 평상에서 배낭을 벗고 물을 찾아 마시고 겉옷도 벗어 배낭에 묶어 매달고 티셔츠만 입고 어슬렁어슬렁 걷는다. 계속 걷는 게 나의 일이 아닌가? 상원마을을 지나는데 미더덕 마을이다. 그동안 짱뚱어 마을, 매생이 마을 등 몇 개의 특산물 마을이 생각나서 읊어 보았다.

용동마을 도로변 밭에서 할미가 일복으로 완전무장을 하고 일을 하는 게 보인다. 밭을 살펴보니 시금치밭이다. 무조건 인사를 하고 시금치를 캐느냐고 물으니 캐는 게 아니라 밭을 매는 중이란다. 좋아 보이지는 않지만, 시금치가 여기저기 남아 있는데 뽑아 없애는 것이 밭을 매는 게 아닌가? 밭이 꽤 넓은데 꼬부랑 할미가 언제까지 해야 하는지 걱정이다. 이번 겨울에 날씨가 좋아 시금치가 풍년이라 가격이 별로 좋지 않았다며 더 어찌해 볼 방도가 없어서 옥수수를 심으려고 준비하는 중이란다. 생각해 보니 거제 북쪽과 통영시 용남면 일대가 옥수수를 심는 것을 어제 몇 군데서 본 기억이 있다. 여기저기서 농사 준비하느라 논밭이 분주하다.

나의 행색을 보더니 뭐 하는 사람이며 어디서 와서 어디로 가며 차는 어디에 두고 산에 가느냐? 등 질문이 많다. 쭉 이야기하니까 자기 아들도 서울에 사는데 이번 설에 왔다가 하루만 자고 갔다고 하며 아쉬움을 토로한다. 12시쯤인데 빨리 끝내고 자기 집에 가서 커피 한 잔 마시고 가라고 한다. 이른 점심을 들고 일하러 나온 할미에게 방해하는 것 같아서 사양하였다. 건강하게 잘 사시라는 말과 일 그만하시고 자식들에게 용돈 받아서 쓰라는 입에 붙은 말을 하고 가지고 있는 먹고 있던 과자봉지를 건네고 돌아섰다. 용동마을 할미 건강하시기를 빈다.

30분쯤 뒤에 거류면 소재지인 당동항 마을에 당도했다. 원래 생각은 여기까지 걷고 고성으로 가서 서울에 가야겠다고 생각한 곳이다. 그런데 시간이 애매하다. 당동마을 여기저기를 돌아보고 동해면 쪽으로 몇 개 마을을 더 걸어 보기로 하고 전진이다. 바닷가 마을에 정미소도 보인다. 마산 쪽으로 길을 잡아서 걷는데 진동이 28km(?) 팻말이 보인다. 희망을 품고 3개 마을인가를 지나다가 어떤 할미를 만나 고성 가는 차가 곧 오는데 다음 차는 2시간 이후에 온다는 말을 듣고 여기서 멈추기로 하고 돌아섰다.

고성의 다른 곳을 지나간 지 꽤 오랜만에 다시 와서 동쪽을 지나는데 고성 전체가 벌써 가물가물 어른거린다. 지난번에 고성의 전체 결산을 다음으로 미뤘는데 한 번 더 걸어야 통과가 완료될 것이다.

■ 통영의 이모저모

□ 통영 8경

미륵산에서 바라본 한려수도, 통영운하 야경, 소매물도에서 바라본 등대섬, 달아공원에서 바라본 석양, 제승당 앞바다, 남양산 조각공원, 사량도 옥려봉, 연화도 용머리

□ 역사 · 유적

통영 삼도 수군 통제영, 통영 세병관, 통영 충렬사, 제승당, 착량묘, 용화사, 통영시립박물관

□ 시내 관광

한려수도 조망 케이블카, 통영루지, 통영대교와 통영운하, 문화마당 · 거북선과 조선군 성, 이순신 공원, 통영 RCE 자연생태공원, 동파랑 벽화마을, 서파랑 마을, 도천 음악 마을, 달아공원, 통영수산과학관

□ 섬 · 바다

한산도, 장사도 해상공원, 연대도~만지도 도보교(출렁다리), 소매물도와 등대섬, 욕지도, 영화도, 사량도

□ 해수욕장

통영공설해수욕장, 비진도 산호빛 해변, 봉암 해수욕장, 덕동 해수욕장, 대한해수욕장

□ 문화예술(중요무형문화재)

통영오광대, 승전무, 남해안 별신굿, 나전장, 두석장, 갓일, 소목장, 염장, 통영 소반

□ 축제

통영 한산대첩 · 바다체험 축제, 욕지도 섬 문화제, 사량도 옥려봉 축제, 통영국제음악제, 윤이상 국제음악제,

□ 어촌 체험 마을

요지 유동어촌체험 마을, 한산 예곡 어촌체험 마을, 산양 연명어촌체험마을, 산양 궁항 어촌체험 마을

□ 한려해상 바다백리길

미륵도 달아길, 한산도 역사길, 비전도 상호길, 연대도 지겠길, 매몰도 해품길, 소매물도 등대길

□ 특산물 · 품

마른 멸치, 굴, 장어, 통영 굴 김, 멍게, 통영 누비, 나전칠기, 통영 동백화장품, 사량도 야콘, 욕지 섬 고구마

□ 먹을거리

충무김밥, 생선회 · 매운탕, 굴 요리, 꿀빵, 해물 탕, 복국

오늘은

통영시 용남면 원평리 적촌마을 - 삼화리 - 양 · 음촌마을 - 신리마을 - 장문마을 - 기호마을 - 충무도서관 - 광도면 죽림마을 - 덕포마을 - 노산마을 - 손덕마을 - 창포마을 - 구집마을 - 적덕마을 - 입주마을 - 애포마을 - 호암마을 - 상촌마을 - 안정마을 - 임외마을 - 무량마을 - 춘원마을 - 고성군 거류면 송곡마을 - 마동마을 - 상원마을(미더덕 마을) - 용동마을 - 당동항 · 마을 - 봉국마을 - 동해면 입암마을 - 장좌리 장항까지

오늘은 새벽 기온이 영상 3도이고 체감온도는 영상 2도다. 한낮엔 14도였다. 바람도 전혀 불지 않아 바닷물에 잔영이 잘 비치는 부드러운 날씨였다. 낮에는 땀을 꽤 많이 흘려 옷이 젖었다. 시간이 흐를수록 햇볕이 따가워 싫을 정도였다.

오늘은 끝내는 날로 속도에 신경 쓰는 날이다. 통영도 완전히 통과하고 고성군 동해면 10여km 남겨졌다. 오늘 3.7만여 보에 29km를 걸었다.

구 누계 : 375.0만 보. 2,826km.
신 누계 : 378.7만 보. 2,855km.

통영 앞바다

우리 국토 해안선 걸어서 돌기

(53-1회, 2019.3.1. 금요일), (재방문, 2024.7.20.)

우리 국토 해안선을 따라 걷는 93일째

오늘은 3·1절 100주년인 3월 1일이다. 100년 전 온 백성이 일제의 매의 눈으로 송곳 같은 감시하에 있었다. 그렇지만 오늘의 거사를 위해 목숨을 건 철통같은 보안을 유지하며 연락을 취해서 기미년 독립 만세를 부른 날이다. 거의 모든 사람이 걸어 다니는 게 다반사였다. 나도 오늘은 거룩한 조상들이 걸었던 길을, 또 전달할 독립선언서와 태극기를 가지고 걷는 기분으로 걷는다. 집집이 태극기가 게양된 것을 보니 가슴이 뭉클함을 가슴에 안고 선조들을 생각하며 노고에 감사드리며 현재의 우리는 확실한 독립을 한 것인가? 되새기며 그 중요성을 다시 한번 생각한다.

오늘은 금요일이다. 평소보다 하루가 빠르다. 연휴라고 금요일 내려오는 차편이 거의 매진이라 하루 앞당겨 목요일 경남 고성으로 내려왔다. 벌써 서서히 행락철이 시작하는 게 아닌가? 은근히 걱정된다. 그동안 이동을 편하게 했는데 말이지. 거제보다 30여 분을 단축해 도착하였고 운 좋게 곧바로 군내버스를 타고 당동에 도착하니 해질 때까지 거의 2시간여의 시간이 있다고 생각하여 지난번 마감했던 곳에서 연결하여 무조건 걸었다.

그런데 잘 곳이 문제다. 1시간쯤 걷다가 숙소를 알아보니 거의

10여km 밖에 있다. 그러나 뒤로 후퇴는 없어 속보로 걷는다. 중간에 저녁도 먹고 도착하니 8시가 가깝다. 3시간 반 동안 13km를 걸은 것이다. 일정이 평소보다 하루 일찍 시작해서인지 지난번 여독이 완전히 해결되지 않은 기분이고 몸 상태가 별로였다. 아무튼, 쉬었다.

오늘도 일찍 일어나 숙소를 나와서 하늘을 본다. 또 보는 그믐의 조각달이 반갑다. 작은 조각달이지만 밝다. 색이 진하다. 인사를 하고 기온을 확인하니 영상 5도다. 바람도 별로 없다. 일단 기분 좋게 전진한다. 1시간쯤 걸으니 동진대교다. 마산 땅이다. 이정표에 진동이 제일 먼저 보인다. 걷고 또 걷는데 창포 해변에서 해님을 만나서 또 일출을 이유로 10여 분 카메라와 핸드폰으로 긴 인사를 하고 전진이다. 미세먼지가 해를 가려서 옆으로 퍼지는 것을 막아주고 안개 낀 날씨 같다.

이명마을 도롯가에 완전한 형태로 초등학교가 있는데 가까이 가보니 개인소유라고 쓰인 팻말이 붙어 있다. 출입금지란다. 바닷가에 있는 읍면지역 초등학교 시설은 많이 있는데 대부분이 폐교된 곳이다. 이대로 가도 나라가 괜찮을까? 걱정하면서 또 걸을 수밖에. 암하마을 삼거리에서 오른쪽 길로 접어드는데 율티마을이고 도로명이 미더덕로이다. 진동 입구까지 약 5km 정도 미더덕 길로 연결되며 마을마다 미더덕 양식을 주산업으로 가꾼다고 한다.

또 고성 동해면의 조선특구로라는 도로변과 동진교 건너 미더덕 길까지 20여km 어간에는 선박을 만드는 큰 공장들이 많다. 궁금해서 알아보니 선박 블록(선박 껍데기)과 선박 내부 부품들을 만드는 공장들이라고 한다. 부품에는 여러 가지가 있다. 배의 각종 서랍, 계단, 철 침대 등등을 생산하고 있다는데 나는 더는 잘 모르겠다. 큰 조선회사의 협력업체다. 아무튼, 조선업이 잘 되어서 협력업체들도 대박이 나고 주변 지방에도 모두 부자가 되기를 바라면서 발길은 계속한다.(※ 2024년도의 조선산업 호황이다.)

미더덕 길 고개를 처음 넘으니 많은 식구의 개들이 엄청나게 요란하게 짖는다. 자세히 살펴보니 컨테이너 같은 집 주위에 개집이 꽤 많이 있는데 고양이와 닭까지 여러 종류와 숫자가 꽤 많다. 나이 든 할미가 동물에게 아침밥을 주고 있다. 몇 마디 질문했는데 대답이 신통치 않아서 현상만 인지하고 발길을 돌린다.

진동 바로 못 미쳐 신기마을을 지나는데 경영학 박사학위를 받는 것을 축하하는 현수막이 2개나 붙어 있다. 고생해서 받은 학위라는 것을 잘 안다. 그 의미를 새겨보고 젊은 박사가 국가와 자기 고을과 집안을 위하는 박사가 되기를 바라면서 진동을 바라보고 전진한다.

진동에서 국밥으로 아점을 먹고 길을 나서는데 갑자기 바람이 불면서 내 머리의 모자를 가져다가 옆에 서 있는 대형승용차 밑으로 밀어버린다. 그런데 이럴 수가!? 희한하게 자동차 밑 한가운데에 있다. 옆집에 가서 막대 걸레 대를 빌려서 끄집어내어 쓰고 힘차게 전진한다.

한참을 걸으니 해안 드라마세트장이 나온다. 해양드라마세트장은 '김수로', '무사 백동수', '무신', '기황후', '대군', '미스터 션샤인' 등의 드라마 촬영장소로 활용된 바가 있다고 한다. 한류의 예술이 세계를 주름잡기가 계속되기를 바란다. 먼발치에서 주마간산 식으로 살펴보고 명주마을을 지나는데 미더덕 실물을 보았다. 미더덕을 모두 칼로 깎아낸다는 것이다. 미더덕을 바다에서 건져

씻어서 바로 먹는 것으로 알고 있는데 신기하다. 세상에 쉬운 게 없다고 생각하며 어부들의 노고에 감사한다. 그 동네 바닷가에 폐냉장고들이 옆으로 누워있다. 그 위에 여러 가지 고기들이 누워서 마르고 있다. 재활용을 잘하는 아이디어에 탄복한다.

옥계마을을 지나 해변을 따라 마산합포구 구산면의 동쪽 해안을 따라서 걸으며 '안녕 오토캠핑장'과 안녕마을을 지나 구산면사무소가 있는 수정마을에서 마감하고 숙소를 못 찾아 국립마산병원 동네까지 버스를 타고 이동하여 숙소를 구해 쉬면서 내일을 준비한다.

■ 고성의 이모저모

□ 서부권

상족암 공원, 운흥사, 고성공룡박물관, 문수암, 소을비포성지, 상리 연꽃공원, 학동마을 옛 담장

□ 남부권

남산공원, 송학동고분군, 갈모봉산림욕장, 고성박물관, 고성오광대전수관, 고성탈박물관, 엄홍길전시관

□ 중부권

연화산도립공원, 옥천사, 장산 숲

□ 동부권

당항포 관광지, 당항포 요트앤스쿨, 거북선체험관, 엑스포주제관, 당항포오토캠핑장

□ 공룡화석지

고성 덕명리 공룡과 새 발자국 화석 산지, 동해면 일원 공룡발자국 화석 산지, 계승사 백악기 퇴적구조

□ 힐링 체험 마을

참다래 정보화 마을, 콩이랑농원, 무지돌이 팜스테이 마을, 동화어촌체험 마을, 정동 목장체험, 수로요 보천 도예 창조학교, 대가 삼계 녹색 농촌체험마을, 청광새 들녘 농촌체험마을

□ 특산품

쌀, 녹용, 화훼, 멸치, 딸기, 취나물, 방울토마토, 돼지고기, 참다래, 버섯, 풋고추, 한우, 애호박, 단감, 굴, 가리비

오늘은

고성군 동해면 장좌리 장항 - 구학포마을 - 도미개마을 - 우두포마을 - 가룡마을 - 가는개마을 - 매정마을 - 하부네마을 - 법동마을 - 덕곡마을 - 양촌마을 - 전도마을 - 내신마을 - 동진교 - 창원시 마산합포구 진전면 창포리 - 이창마을 - 이명마을 - 암하마을 - 율티마을 - 선두마을 - 뒷개마을 - 장기마을 - 진동면 고현마을 - 죽전마을 - 신기마을 - 진동리 - 요장마을 - 광암마을 - 주도 입구 - 다구리 - 도만마을 - 구산면 마전마을 - 군령마을 - 작은골 마을 - 드라마세트장 - 명주마을 - 갈밭굼마을 - 미리마을 - 욱곡마을 - 내포마을 - 신촌마을 - 옥계마을 - 청평 선원(금호산) - 실배미마을 - 안녕마을 - 장문안마을 - 구산면 수정리(면사무소)까지

오늘은 새벽 기온이 영상 5도이고 체감온도는 영상 4도다. 한낮에는 15도였다. 오전 9시 이후에는 겨울 티셔츠 차림으로 걸었다. 낮에는 땀을 꽤 많이 흘려 옷이 젖었다. 봄옷으로 바꿔 입어

야 하나? 미세먼지가 오전에 심했다.

오늘은 첫날로 욕심을 내는 날인데 하루 앞당겨지고 어제저녁에 무리해서 신통치 않은 날이다. 힘이 많이 들었다. 숙소 때문에 늦게까지 걸었다. 어제 1.7만여 보와 13여km를 걸었고 오늘 5.1만여 보에 38km를 걸었다.

구 누계 : 378.7만 보. 2,855km.
신 누계 : 385.5만 보. 2,906km.

마산합포구 구산면 앞바다 양식장

우리 국토 해안선 걸어서 돌기

(53-2회, 2019.3.2. 토요일), (재방문, 2024.7.20.)

우리 국토 해안선을 따라 걷는 94일째

오늘도 마찬가지로 아침부터 부지런히 움직이면서 준비해서 어제 마친 구산면 수정마을 정류소에 택시를 이용하고 내려 출발이다. 마산 시내이기 때문에 택시 이용이 편리했다. 10분이 채 안 된 시간에 도착해 좁은 해안가 길을 찾아 북쪽으로 걷는다. 날씨가 봄이 완전히 온 기분이다. 1시간 넘게 걸어 마산 서항에 도달해 걸으면서 주위를 살펴보는데 도로 왼쪽으로 고층 아파트가 솟아 있고 오른쪽은 바다인데 바다가 전혀 보이지 않는다. 공사 중이다.

그곳이 바다를 메워서 생긴 곳인데 오래전에 바닷물이 파도를 칠 때 육지로 차올라와 인명피해를 포함해서 재산피해까지 크게 발생했다고 한다. 그래서 바다 쪽으로 더 넓게 메워서 해안 신도시를 만든다는 것이다. 이름하여 '마산 해양신도시'다. 꽤 넓은 면적의 땅이 인공 섬으로 만들어서 시가지와 공원과 시민들의 위락시설도 만든다는 설명을 보았다.

(※ 2024년 재방문 시에 공사가 준공되었다. 3·15 해양 누리공원이 조성돼 있다. 반월 중앙동, 해운동, 월영동 사이 해변을 따라 서항부두, 제1부두, 중앙 부두 공간을 공원으로 조성하여 시

민들에게 개방하였다. 마산만 바다를 배경으로 조성된 3·15 해양누리공원은 크게 레포츠 공간, 중심 공간, 문화 예술공간, 역사상징 공간으로 나누어져 있다.)

30여 분을 더 걸어가니 제 2부두라는 간판이 나오고 문이 열려 있어 들어가니 바다와 크레인 위쪽으로 해가 보여 촬영을 하는데 옆의 건물 3층에서 창문을 열고 소리를 친다. 찍지 말란다. 국가보안 시설인 모양이다. 다른 것을 찍는 게 아니라 하늘의 해를 찍는다고 하니까 약간 겸연쩍어하면서 그러느냐고 되묻는다.

조금 더 올라가며 도로 표지판을 보는데 마산 자유무역 수출이라는 글자가 보인다. 나는 감탄을 하지 않을 수 없다. 이곳이구나! 우리가 수출! 수출! 노래를 부를 때 일본 사람들이 가공공장을 지어 싼 인건비를 이용하여 물건을 만들어 수출해서 돈 벌고 조건이 좀 나빠지니까 철수를 했다나! 어쨌다나! 하는 그곳이다. 우리 선후배들이 물불 안 가리고 열심히 일했던 그곳이란 말인가. 갑자기 가슴이 미어진다. 이곳의 이야기를 많이 들었는데 그동안 한 번도 와 보지 못했는데 오늘 이 현장에 내가 와 있다.

그 시대와 이곳을 말하면, 하고 싶은 말이 많은 친구들이 다수일 것이다. 희로애락에 대해서 할 말이 많은 친구도 있을 것이다. 우리가 그렇게 살았다. 우리는 일본 사람들처럼 그렇게 하면 절대 안 된다. 타인에게 배려하며 살아도 다 못 하고 산다고 한다. 아무튼, 이런 현장을 주마간산처럼 훑고 또 나아간다.

봉암교를 건너면 옛 창원이다. 지금은 합쳐진 같은 기초지방단체지만 한때는 갈등이 심한 두 고을이었다고 듣고 보았다. 그런데 그때 왜 마산 사람들이 이름을 창원으로 양보를 했는지 궁금하다.

지금 프로야구단 NC의 야구장 이름도 양보가 되지 않아 꽤 긴 이름(창원NC파크 마산구장)의 구장으로 돼 있다고 듣고 있는데 말이지!?.

다리를 건너 우회전하는데 제 4부두라는 글자가 보인다. 부두 들어가기 전에 STX조선이라는 글자가 보인다. 부두는 울타리로 쳐져 있어 무엇을 취급하는지 모르지만, 부두 앞에 커다란 크레인이 서 있는 것으로 보아 중장비를 만들어 수출하는 것으로 보인다. 커브를 돌아가니 제 5부두라는 간판이 보인다. 여기도 마찬가지다. 중장비들을 취급하는 마산항이다. 마산항은 깊숙이 들어온 만이다. 문외한이 봐도 외항들과 달리 파도가 적고 얌전한 곳으로 양쪽에 부두를 만들어 활용하는 아주 좋은 입지로 보인다.

제 5부두 중간에서 왼쪽으로 길을 틀어 진해가는 방향을 잡는다. 공업단지 옆으로 난 도로를 따라 30분쯤 걸으니 교차로가 나온다. 우측으로 올라가는데 자동차 전용 도로라며 보행자, 자전거, 오토바이는 통행 금지란다. 난감하다. 이쪽에서 진해로 가는 길은 외길이다. 구) 도로를 찾아보아도 보이지 않는다. 진해는 아주 좋은 아름다운 바다를 가진 도시지만, 서쪽으로는 진입이 안 된다. 해군사령부와 해군사관학교 등의 군사시설이 있어서 접근할 수 있는 길 자체가 없다.

양곡동 쪽의 다른 길로 내려가 버스를 타고 장복 터널만 통과하기로 하고 이동이다. 장복 터널이 예나 지금이나 속을 태우는구나. 장복 터널과 장복산이 이쪽 지역에서는 꽤 유명한 곳이다. 험하기로. 양곡중학교 앞에서 160번 버스를 타고 약 4km의 터널과 자동차 전용 도로를 건너가서 첫 번째 정류장에서 내려 진해 벚꽃 길을 따라 걸었다.

이어서 여좌천을 따라서 주~욱 내려가 진해시가지의 서쪽 면을 따라 해군사령부 근방에서 해군회관과 진해 운동장을 통과하였다. 이어서 시외버스 정류장을 통과하고 속천(진해)항까지 걸었다. 다음 주에 만나기로 약속을 하고 항 옆 해양경찰관서에 들어가 몇 가지 알아보고 다시 시외버스터미널로 이동하였다. 서울행 시외버스를 탈 준비를 하고 하루를 정리해 본다. 오늘이 아내 생일날이다. 빨리 가서 미역국을 같이 먹고 싶은데 차가 약간 늦는다. 어찌 될는지!

전국 방방곡곡이 꽃이 피고 있는데 진해 벚꽃은 아직 아니다. 여좌천 변의 벚꽃 길을 걸으며 벚나무를 쳐다보는 나를 보고 그 동네 어떤 할미가 너무 일찍 왔다며 혀를 찬다. 남의 속도 모르고. 나도 맞장구를 쳤다. 오다 보니 너무 일찍 와서 미안하다고. 진해 벚꽃은 오늘 현재 아무 기미도 없다. 3~5주 뒤에 진해는 야단 난리가 나겠지. 그것을 피한 나는 얼마나 다행인지 모른다. 여러 대상에게 감사한다. 감사합니다.

오늘은

창원시 마산합포구 구산면 수정마을(구산면사무소) - 유산마을 - 덕동마을 - 가포동 마을 - 마산서항 - (3·15 해양누리공원) - 마산항 제 2부두 - 제 3부두 - 마산 자유무역 지구 - 팔룡천 - 봉암교 - 창원 양곡동 - 제 4부두 - 제 5부두 - 두산볼보로 - 양곡IC - 장복터널 - 진해구 진해 벚꽃길 - 여좌천 - 북원로타리 - 해군사관학교 앞 - 시외버스터미널 - 진해구 제황산동 속천항(진해항)까지 오늘도 어제와 대동소이한 날씨다. 새벽 기온이 영상 5도이고 체감온도는 영상 4도라고 한다. 한낮에는 15도였다. 아침부터 더위를 느꼈다. 티셔츠 차림으로 걸었다. 낮에는 땀을 꽤 많이 흘려 옷이 젖었다. 미세먼지는 오늘도 오전에 심했다.

오늘은 끝내고 서울에 가는 날인데 마음으로는 속도를 내고 싶은 날이다. 장기간을 생각하면 무리는 절대 금물이다. 오늘 3.3만여 보에 26km를 걸었다.

구 누계 : 385.5만 보. 2,906km.
신 누계 : 388.8만 보. 2,932km.

진해(속천)항

우리 국토 해안선 걸어서 돌기

(54회, 2019.3.9. 토요일), (재방문, 2024.7.20.)

우리 국토 해안선을 따라 걷는 95일째

오늘도 걷는다. 진해에서 연결한다. 진해! 하면 벚꽃인데 3~4주 먼저 와서 꽃은 못 보고 나목의 벚나무만 한가롭고 여유 있게 실컷 구경했다. 성수기를 피해 먼저 보고 지나가는 게 다행으로 생각한다. 올해 진해군항제는 4월 1일부터라고 한다. 3~4년 전에 군항제 때 내려와서 벚꽃 구경 온 사람들과 자동차에 밀려서 혼이 난 적이 있다. 다시는 진해에 오지 않겠다고 생각하며 떠났다. 그런데 비수기에 오니 또 다른 운치가 있다. 올해도 3~4주 뒤에 야단법석이 이뤄질 것인데 나는 미리 지나간다.

내가 아는 진해는 벚꽃이 있는 지역만 진해라고 생각하고 있었는데 이번에 걷기 하며 새로운 것을 알았다. 전에 알고 있는 진해는 10%도 안 된다는 사실이다. 알고 있는 진해 동쪽 끝에서 계속 동쪽으로 속촌 항이 2km쯤 전개된다. 꽤 넓은 항 · 포구다. 거기에서 다시 남쪽으로 동쪽으로 내려가고 건너기를 20여km까지가 진해 땅이고 다음이 부산 땅이다. 어디든 무엇이든 세밀하게 자세하게 확실하게 살펴보지 않으면 그냥 넘어가고 지나가고 보내고 마는 일들이 많다. 세상의 다른 일들도 그런 일들이 많다. 한쪽 단면만 보고 전체를 평가하는데 조심해야 한다는 사실을 공부한다. 내가 하는 일이 괜찮은 구석도 있구나? 하는 생각을 하며 걷는다.

오늘을 위해 어제 오후에 내려와서 '해가 있는 동안은 전진하자'라는 생각으로 부산 쪽으로 걸었다. 속천 해안가를 지나 진해구청이 있는 마을을 지나고, 기찻길을 지나고, 바닷가 쪽으로 길을 잡고 걷는데 왼쪽으로 엄청 넓은 공터가 있는데 울타리로 막아 놓았다. 넓이가 1000m x 500m 이상으로 생각된다. 전국 방방곡곡에 아파트를 많이 짓는 유명한 회사의 이름이 적혀 있다. 아마 아파트 부지인 모양이다. 집이 완성되면 신도시 하나는 될 듯하다. 엄청 넓다.

발길을 계속해서 행암동 포구에서 일몰을 맞아 촬영한다고 지체를 하는데 배가 고파온다. 해님을 보내드리고 발길을 재촉하며 언덕을 오르는데 예비군훈련장이다. 훈련장 입구에 주차장이 넓게 그려져 있다. 성인들 전 국민이 자동차 한 대씩 갖는 현 세태를 느낀다. 고개를 넘으니 조선공장이 있는 마을 같다. 깜깜한 밤의 시간이라 숙소를 구하고 오늘을 준비했다.

오늘도 여느 때와 다름없이 새벽을 맞아 이것저것 확인하고 준비를 하여 출발한다. 영상 3도라는 것을 확인하고 걸맞은 복장을 갖추고 힘차게 나선다. 곧장 마주치는 것이 STX조선해양이란 조선(造船)공장이다. 이 공장도 엄청나게 크다. 주변의 동네가 크지 않아 진해와 창원 등에서 출퇴근하는 사람이 많은 것 같다. 회사 마크가 찍힌 버스들이 많이 움직인다. 회사 북쪽에는 철조망이 쳐져 있는데 그 안쪽으로 굵지 않은 대나무가 심겨 있어서 운치가 있다. 조선회사 근방에 국가산업단지가 같이 있어서 작은 공장들이 많다. 이들은 옆 큰 조선회사의 협력업체일 것이다. 새벽부터 기계 돌아가는 소리가 요란하다. 이들 모두 잘 되어서 부자들이 되었으면 좋겠다.

지방도를 따라서 해안가를 계속 걷는데 명동마을이 나오는데 전형적인 시골 포구이고 앞에 조그마한 섬이 있는데 다리가 놓여 있다. 그곳이 진해 해양공원이며 해양솔라 타워가 있다는데 뭐 하는 곳인지는 정확히 모르겠다. 놀이동산인가? 오르락내리락 꼬불꼬불 걷는데 유명한 동네인 '삼포 가는 길'의 삼포가 나온다. 유명에 비해 자그마한 포구마을이다. 동네 뒤 도로변에 노래비가 세워져 있는 자그마한 공원이 있는데 시간에 맞춰서 노래도 나온다. 스피커가 설치되어 있다. 그곳에 야외 운동 시설도 설치되어 있다. 70대로 보이는 남자가 운동하고 있기에 몇 가지 질문을 하는데 대답이 신통치 않다. 잠시 후에 혼자서 훌쩍 떠나버린다. 전형적인 무뚝뚝이 경상도 실버인 모양이다. 참 싱겁기가 나와 비슷하다. 노래비의 가사와 배경을 읽어보고 전진한다.

처음 보는 예쁜 괴정마을 및 포구를 통과하고 좁은 길을 걸어서 나오니 광야가 나온다. 아마 바다를 메워서 만들어진 땅 같다. 앞에 노란색 땅에 사람들이 군데군데 보여서 살펴보니 골프장이다. 호기심이 발동해서 울타리 넘어 골퍼에게 몇 홀이냐고 물으니 36홀이란다. 골프장의 높낮이가 전혀 없는 평평한 땅에 만들어진 골프장이 재미있을 것 같다. 옛날 성남의 남성대 골프장이 생각난다. 잔디가 겨울이라 노랗게 보인다. 반 바퀴가 2km가 넘는다. 반대쪽이 입구다. 같은 이름의 리조트도 있다. 대단히 넓다.

골프장 클럽하우스를 지나서 1km쯤 동진하니 수도동마을이 나온다. 수도동 마을을 통과하자 허허벌판과 비포장도로가 나온다. 대형 덤프트럭들이 엄청나게 다닌다. 여기서부터 5km 이상이 미세먼지가 엄청나게 발생하는 지역이다.

메운 땅에 골프장을 짓고 동쪽으로는 비어 있는데 토목공사 중이다. 아마 항만공사와 배후시설 공사를 하는 것 같다. 이곳도 꽤 넓은 지역이다(※ 2024년 7월 재방문 시 아직도 공사 중인 그대로다. 부산의 신항 건설 시에 파낸 흙으로 옆 바다를 메워 225만㎡의 땅을 조성했다. 골프장 기업에서 상업시설, 휴양문화시설, 스포츠파크 등을 건설한다는데 아직 미시공 중이란다). 한참을 더 전진하니 '부산진해자유무역지역'이란다. 전부 새 건물들이 끝이 안 보일 정도로 많으며 넓다. 여기도 공사 차량이 엄청나게 다닌다.

웅천대교를 건너니 신항이다. 컨테이너가 무진장 많다. 트레일러들이 분주히 움직인다. 수출입을 담당하는 부두인 모양이다. 울타리가 높게 설치되어 있지만 높은 크레인들이 참 많이 보인다. 오늘 내 평생 보아도 다 못 볼 컨테이너, 크레인, 트레일러를 본 것 같다. 도로는 온통 먼지투성이다.

다음은 기찻길에서 화물을 싣고 내리는 것이 나로서는 참으로 신기했다. 컨테이너 화물 열차를 역에 세워 놓으면 큰 도크 같은 크레인이 앞으로 뒤로 옆으로 움직이면서 내리고 올리고 하는 것이 자동으로 처리하는 것 같아서 볼만한 구경거리로 10여 분 서서 구경하는데 신기하기도 하고 재미가 있었다. 기술에 놀라기도 한다.

신항의 끝부분까지 와서 신항 남쪽 부두에서 나오는 도로와 만나서 북쪽으로 가서 외부 도로로 나가는데 그 도로가 지방도이며 제한속도 70km로 돼 있는데 다리 하나만 건너고 옆으로 빠지는 길이 있는 줄 알고 들어갔는데 다리와 연결해서 2km 정도가 고

가도로로 돼 있는 자동차 전용 도로다. 빠져나갈 수가 없다. 그걸 모르고 들어가 아주 혼이 났다. 자동차 전용도로인 고가도로 왼쪽 갓길을 따라 2km 이상 걸어가서 가주터널 입구에서 억지로 산으로 올라붙어 도로를 통과하는 산을 넘는 영화에서나 있을 법한 일을 오늘 했다. 목숨을 건 일이다. 신항 부두 끝나는 부분까지는 인도가 양호하게 만들어져 있어서 안심하고 갔는데 그다음이 의사소통이 안 된 결과다. 자동차 전용 도로를 목숨 걸고 걷고 걸어 눈물도 흘리면서 어렵게 내려와서 녹산산업단지 남쪽에 들어오니 바닷길은 참 좋았다. 녹산산업단지도 엄청 넓다.

오늘 본 조선회사, 자유무역단지, 신항 부두, 녹산단지 등이 우리 산업의 중추들일 것이다. 모두 잘 돼서 관련자 모두가 부자 되기를 기원한다. 신항까지가 진해이고 송정천을 넘으면 부산이다. 오늘은 부산에서는 강서구 지역을 걸었다. 녹산산단과 신호항 주변 명지동 주변과 을숙도 서쪽 지역이다. 특히 명지동 지역은 부산의 신도시 같은 느낌을 받았다. 을숙도 하구 지역의 광활한 생태습지는 장관이었다. 다음에 걸으면서 볼 사하구 지역에서도 보이는 지역이다.

다음 부산의 구) 시가지를 기대하며 낙동강 하굿둑을 지나는데 가운데에 을숙도가 있고 서쪽과 동쪽에 둑과 수문이 있다. 을숙도는 공원으로 만들어져 여러 가지 보고 즐길 거리가 많다. 낙동강 하굿둑을 건너자마자 사하구의 지하철 신평역에서 오늘을 마감했다. 내일은 전국적으로 비가 온다고 한다. 남부지방은 꽤 많은 양의 비가 온다고 하여 석양까지 좀 많이 걸은 것 같다. 항상 본전 생각을 해서일까?

■ **창원(마산, 창원, 진해)의 이모저모**

□ 창원 베스트 명소

메타세쿼이아 가로수길, 창원 단감 테마공원, 창원의 집과 창원역사박물관, 창원 국제사격장, 주남저수지(주남호), 창원시립 문신미술관, 저도연륙교(스카이워크), 창동예술촌&상상길, 돝섬 해상유원지, 주기철 목사 기념관, 팔룡산 돌탑&봉암수원지, 진해 해양공원, 여좌천 로망스 다리, 진해드림파크

□ 축제

진해군항제, 마산 가고파 국화축제, 창원 K-POP 월드 페스티벌, 천주산 진달래 축제, 민속 투우대회, 창원 단감 축제, 창원 음식 문화축제

□ 힐링 둘레길

무학산 둘레길, 천주산 누리길, 숲속 나들이길, 진해 드림로드, 저도 비치로드, 원전 벌바위 둘레길

□ 음식 테마 거리! 웰빙 특산물

마산 아귀찜 거리, 장어구이 거리, 복요리 거리, 통술 거리 주남 오리 빵, 창원 단감 빵, 벚꽃 빵, 진해 거북이 빵, 홍국식초

오늘은

창원시 진해구 제황산동 속천(진해)항 - 이동마을 - 소죽도 공원 - 방조제 - 장천동·장천교 - 풍호동 - 행암동 포구 - 예비군 훈련장 - 수치마을 - 원포동 - STX조선해양 - 죽곡마을 - 명동마을 - 삼포마을 - 제적동 괴정마을 - 아라미르 골프장·리조트

- 웅천동 매립지 공사장 - 남문동 부산·진해 자유무역지역 - 웅천대교 - 연골동 한진 부산 컨테이너터미널 - 신항(글로벌 물류센터) - 부산시 강서구 부산신항 - 녹산동 송정천 녹산대교 - 송정동 녹산산업단지 - 신호동 신호항 일주 - 신호초교 - 르노삼성자동차 - 신호대교 - 명지동 신도시 - 낙동강 철새도래지 - 동리마을 - 명호교 - 명지 새동네 - 낙동강 하굿둑(서쪽 331m) - 을숙도 - 낙동강 하굿둑(동쪽 500m) - 부산 사하구 하단동 신평역까지

오늘도 새벽 기온이 영상 3도고 체감온도는 영상 2도라고 스마트폰에 찍혔다. 한낮에는 15도였다. 벌써 더위와 물을 걱정한다. 티셔츠 차림으로 걸었다. 낮에는 땀을 꽤 많이 흘려 옷이 젖었다. 미세먼지는 오늘도 우리를 불안하게 했다.

오늘은 첫날인데 내일 비가 내린다고 하여 오늘 끝내고 서울에 가기로 했다. 그래서 마음으로 속도를 냈다. 어제 1.4만여 보에 11km 오늘 5.5만여 보에 42km를 걸었다.

구 누계 : 388.8만 보. 2,932km.
신 누계 : 395.7만 보. 2,985km.

'삼포 가는 길'의 삼포마을 공원

낙동강 하굿둑 수문

우리 국토 해안선 걸어서 돌기

(55-1회, 2019.3.16. 토요일), (재방문, 2024.8.23.)

우리 국토 해안선을 따라 걷는 96일째

오늘도 걸었다. 어제저녁에 모임에 참석하고 심야버스를 타고 오늘 새벽 3시 40분에 예정보다 30분 일찍 부산 서부 터미널에 도착했다. 그런데 여수처럼 터미널 문을 걸어 잠가 버려서 진짜 낙동강 오리 알이 된 기분이었다. 바로 옆이 낙동강이다. 자동차가 너무 일찍 도착해도 문제다.

이리저리 돌면서 편의점을 발견해 물과 두유를 사서 먹으며 버티다가 지하철을 타고 6시쯤에 지난번 연결지점인 사하구 신평역에서 내려 낙동강과 연결된 바닷가 동쪽을 따라 다대포를 향해 걸었다. 낙동강 둑부터 을숙도대교까지의 해변에 상당히 큰 벚나무가 있는데 꽃망울이 올챙이 눈처럼 톡 튀어나와 있다. 곧 아름다운 하얀 꽃을 선물할 것 같다.

일출은 사하구의 도로 동쪽이 높은 지형과 아파트들 때문에 보지 못했다. 기온은 영상 3도인데 바람이 강하게 불었다. 인내를 앞세우고 다대포 입구에 도달했다. 갈대가 색깔만 바꾸어서 바람에 하늘하늘 춤을 추고 있다. 어느 실버가 바람과 추위를 무릅쓰고 무엇인가 메모를 하면서 갈대를 살피고 있는데 내가 보기에는 무슨 연구를 한 사람으로 보였다. 다대포는 1983년 12월 무장간첩 생포 사건으로 유명한 곳이어서 하나하나 살펴보면서 궁금증을 나름대로 풀었다.

다음을 연결하여 계속 걷는데 감천항의 줄기이다. 감천항은 1km 여의 좁은 폭으로 3~4km를 쑥~ 깊이 들어간 만이다. 서쪽과 북쪽 그리고 동쪽 약 30여% 정도까지 쇠와 관련된 공장들과 부두가 있다. 폐·고철들을 실어 나르는 일을 하는 지역으로 보인다. 쇠로 무엇인가를 만드는 공장과 고철을 들여오고 하역해서 실어 나르는 차들이 무진장 바쁘고 무겁게 움직인다. 우리 중공업 부문 원재료의 보급 부두이다. 쇳소리가 많이 난다.

만 북쪽 끝에는 천연가스로 발전하는 화력발전소가 보이는데 굴뚝이 8개다. 1개에 15만kW라고 한다. 규모가 전에 보았던 다른 곳의 석탄 화력발전소보다는 작았지만 가까이에서 보니 크게 보인다. 가스로 운전해서인지 굴뚝에 연기가 전혀 보이지 않는다. 사실이라면 모든 석탄 발전소를 천연가스로 바꾸면 좋겠다는 생각을 했다.

감천항만 동쪽 지역의 70% 정도의 부두는 원양 어류의 냉동·냉장창고와 가공공장들이 무진장 많다. 서울에서도 볼 수 있는 메이커들의 로고가 그려져 있는 어마어마하게 큰 창고들이 셀 수 없이 많다. 우리가 여러 곳에서 먹었던 냉동어획물들이 여기서 온다는 생각을 하며 걸었다. 감천항의 바다를 제대로 볼 수 없었지만, 문틈으로 살짝 보이는 바다에는 화물선만 보인다.

감천항 지역을 벗어나니 암남공원과 송도해변이 연결되는데 생전 처음 본 땅이고 바다이다. 참으로 아름다운 우리의 자산이다. 듣는 바에 의하면 몇 년 동안 개선작업 끝에 지금의 송도해변이 됐다고 하는데 앞으로 관리를 잘해서 후손들도 자랑하며 사용하도록 만들어야겠다고 생각한다. 바다 위로 줄 따라가는 케이블카가 멋있다. 타보고 싶은데 내 신세가 가기에 바빠서 안타깝다. 진짜 아름다운 자산이다. 자랑해도 될 듯하다. 보는 것으로 만족이다.

영도로 가는 남항대교를 오르지 않고 '올드 부산' 쪽으로 전진해서 오후 시간이지만 공동어시장과 충무시장, 자갈치시장을 보며 걸었다. 공동어시장은 업무가 끝났는지 출입문을 잠가 놓아 들어가지 못하고 뒤로 돌아서 걸으니 충무시장이 나오는데 재래시장치고는 신형 대형마트 같은 냄새가 풍기는 곳이고 남포동 자갈치시장은 왁자지껄한 옛날의 오일장에서나 볼 수 있는 풍경을 보았다. 사람이 많아 교행을 맘대로 하기가 힘들었다. 삶이 힘들고 어렵다고 생각하거나 느끼고 있는 사람들은 무조건 자갈치시장을 와서 보라고 말하고 싶다. 꼭 와서 봐야 한다. 힘찬 활력을 찾아서 갈 수 있다.

자갈치시장을 나오니 영도다리다. 길이는 길지 않지만, 힘이 넘치는 다리다. 6·25와 '굳세어라 금순아'가 생각나는 영도다리가 아닌가. 건너면 영도구다. 영도의 서쪽 바닷가를 돌아 걸었다. 남항대교 밑까지는 조밀하게 시가지가 형성된 지역이고 다리를 지나면서 산책길이라는 것을 알 수 있다. 부산시에서 '갈맷길'이라고 지정하여 운영하고 있다. 부산의 둘레길이다. 영도 서쪽 지역 반절 정도는 아주 편안한 길로 만들어져 있다. 그러나 도보 터널을 지나면 길이라 할 수 없을 정도의 바닷가 돌밭이고 한참을 가면 계단으로 만들어져 있다. 경사가 심하고 거칠기가 장난이 아니다. 무척 가파르다.

태종대 입구까지 가는데 3~4km 정도를 험한 산의 등산을 하는 것 같은 난이도였다. 몹시 힘들게 늦은 오후를 걸으며 보냈다.

산길에서 진달래꽃과 목련꽃을 보았다. 태종대 끝부분이 남해와 동해가 만나고 끝나는 지점이란다. 아주 의미 있는 곳이라 오늘 여기까지 오고 가기를 하려고 마음먹고 힘들게 걷고 마쳤다.

어제 심야버스를 이용해서 이동했는데 온종일 무척 힘들었다. 먹는 것과 잠자는 것 아주 중요하다. 오늘은 잠자기에 실패한 날이었다.

오늘은

부산 사하구 하단동 신평역 - 을숙도대교 동쪽 아래 - 장림동 장림포구 - 고니공원 - 기계단지 - 홍티교 - 다대동 다대포 생태체험장 - 다대포해수욕장 - 다대포항 - 대선조선 - 두송대선터널 - 구평공단 - 구평동 마을 - 감천항 7.6.5부두 - 감천동 부산 천연가스화력발전소 - 감천항 4부두 - 서구 암남동(감천항 3 · 2 · 1부두) - 모지포 마을 - 암남동 암남공원 - 송도 오션파크 - 송도 해변 - 부산공동어시장 - 충무동 시장 - 자갈치시장 - 영도다리 - 영도구 서쪽 해변(갈맷길) - 중리마을 - 감지해변 - 동삼동 태종대까지

오늘 새벽 기온이 영상 3도이고 체감온도는 영상 2도라고 핸드폰에 찍혔다. 한낮에는 13도였다. 추운 날인데 날씨가 맑고 햇빛이 좋아서 낮에는 더웠다. 바람이 계속 오후까지 세게 불었다. 모자가 10번도 더 날아갔다.

오늘은 첫날인데 심야에 도착한 것이 몸 상태에 영향을 미쳐 힘들었다. 영도의 산악행군도 힘들었다. 오늘 5.5만여 보에 41km를 걸었다. 누계 400만 보와 3,000km를 돌파한 날이다.

구 누계 : 395.7만 보. 2,985km.
신 누계 : 401.2만 보. 3,026km.

부산 어항

부산 영도대교 풍경

우리 국토 해안선 걸어서 돌기

(55-2회, 2019.3.17. 일요일), (재방문, 2024.8.23.)

우리 국토 해안선을 따라 걷는 97일째

우리나라 한 바퀴 걷기 시작한 이후 처음으로 늦잠을 잤다. 어제 11시에 잠자기 시작해서 아침에 눈을 뜨니 5시 반이다. 어제 심야 고속버스부터 영향을 받아 과연 힘든 하루였나보다. 절차대로 이것저것 준비해서 밖에 나오니 6시 10분쯤이다. 영도 동쪽 해변 길을 찾아 북쪽으로 전진한다.

조금 걸으니 하리마을 포구가 나와서 둘러보는데 멀리 하늘이 주홍색이 보인다. 조금 높은 도로를 오르는 동안 해가 지구에 올라와 버린다. 부랴부랴 촬영을 시작 15분쯤 이리저리 움직이면서 핸드폰과 카메라의 숙제를 하고 한 컷을 정리해서 카톡 친구들에게 날렸다.

부산대교를 향해 계속 걸었다. 영도구 동삼동에 부산 해양고교와 부산 해양대를 비롯하여 우리나라 해양과 수산에 관련 기관들이 줄지어 들어 서 있다. 뭐 하는 곳인지는 모르겠으나 '한국 해양 00', '한국 수산 00'이란 간판들을 무진장 많이 봤다. 국가와 민족을 위하는 일을 잘해 주기를 바라면서 전진한다.

지난번 남해에서 삼천포로 가는 것처럼 중간에 남구 감만동으로 연결된 다리가 있어서 주민들에게 물어보니 부산항대교이며 사람은 통행이 안 된다고 한다. 미련 없이 다리 밑을 통과하고 지도상에 표시가 없는 공간을 살펴보니 국가산업단지이며 기업은 한진중공업이다. 배를 만드는 공장인데 문이 잠겨 있다. 일요일이라 쉬는 건가? 궁금증을 해결하지 못하고 서진하는데 중소 조선회사들이 몇 개 더 있다.(※ 재방문 시 확인한 바는 지금은 HJ중공업 조선회사다. 장소는 1937년 설립된 대한민국 조선산업 1번지라고 한다. 현재는 활발하게 작업 중이다). 청학동이란 동네를 통과하면서 지리산을 생각하며 부산대교에 올라 오른쪽을 쳐다보니 남쪽은 금방 지나온 영도 쪽 공장들에 있는 배들이 보이고 북쪽은 부산항의 여러 시설이 보인다. 다리를 건너자마자 왼쪽에 롯데백화점과 롯데몰이 크게 자리 잡고 있다.

다리에서 내려서 부산항을 따라서 걷는다. 큰 항구일수록 가까이에서는 그 속이 보이지 않는다. 모두 울타리를 단단하게 쳐져 있어서 접근 자체가 안 된다. 연안여객터미널을 지나 2부두, 중앙부두를 지나 북항에 도달하니 개발공사가 진행되고 있다. 큰 집도 짓고 부두도 현대식으로 하는 공사라고 한다. 꽤 긴 공사장의 높은 가림막을 끼고 걸었다.(※ 아직 공사 중이며 2027년에 완공 예정이라 한다.)

조금 더 동진하니 국제여객터미널이 나와서 호기심이 생겨 들어가 보았다. 일본으로만 가는 국제여객선이란다. 주 목적지는 후쿠오카와 대마도다. 공항이나 버스터미널처럼 붐비지 않아 직원들도 별로 안 보여 물어보니 정해진 출항 시간이 가까워져야 사람들이 모인다고 한다. 3층에 식당이 있어서 밥 주느냐고 물으니 여기는 모두 1인 별 식사를 준비해 주어서 아무 상관이 없다고 한다. 돼지국밥을 일반 식당 가격으로 맛있게 먹고 제 5부두를 거쳐서 계속 걸었다.

신선대 부두 입구에서 감만동 쪽으로 가는데 갑자기 인도가 없어져 버린다. 그런 길을 보무도 당당하게 우암동까지 1.5km 이상을 걸었다. 길옆에 있는 기찻길을 이용하기도 했다. 감만 부두와 신선대부두까지는 바다는 구경도 할 수 없고 신선대와 백운포 공원도 모두 내륙이고 경사가 심한 산길을 오른다. 언덕 위 교차로에서 둘러보는데 오른쪽 계곡 아래 잘 정비된 동네와 방파제가 길게 생긴 바다가 보인다. 미 해군 기지라는 조그마한 간판에 사진 촬영 금지라는 팻말로 확인할 수가 있었다. 회전식 로터리가 있는데 성모병원 입구이고 우회전하면 오륙도 가는 길이다. 오륙도 쪽으로 전진이다.

오륙도에 도착해서 두리번거리며 살펴보니 '해파랑길'이라는 글이 보인다. 오륙도를 대충대충 살펴보고 관광안내소에 들러 해파랑길 설명을 들었다. 지금 당장 걸음을 시행해야 하는 길이다. 평지는 기존 마을 길을 이용하지만 길이 없었던 산악 길 등은 부산은 오솔길을 만들어 사람이 걸을 수 있도록 만들어졌다고 한다. 해파랑길 전체가 나누어 표시된 지도 한 장 얻어 들고 길을 찾는다. 주변에 관광객으로 보이는 사람들이 많다.

해파랑길 시작점을 찾아보고 걷기 시작했다. 처음부터 경사가 심하다. 오륙도 관광지 길을 지나 산악지에 들어가니 완전히 서울 북한산 정상 등산하는 기분이다. 해발 225m의 산이 이렇게 높은지 처음 알았다. 그러나 가야만 한다. 나의 운명이다. 방법이 없다. 5km 정도의 이기대를 통과하는 산악행군을 마치고 '동생말'이라는 동네에 도착해서 공기압축기로 신발을 털고 광안리 해변을 찾아간다. 오륙도에서 여기까지 경치가 좋지만, 사람을 녹이는 험한 곳이다. 광안대교 입구에서 어느 지점을 통과하니 광안해변로 일부가 광안리 해수욕장 입구까지 먼지 하나 없는 페인트를 칠한 포장으로 돼 있다. 아주 예쁜 길이다.

아주 멋있는 길을 걷고 걸어 뒤로 하니 광안리 해수욕장이다. 나는 말로만 들었던 곳이다. 어제 송도와 같이 참 아름답고 멋진 해수욕장이다. 하와이 와이키키, 이탈리아 나폴리, 남프랑스의 니스 등 몇 군데 내가 가 본 외국의 어느 곳에 뒤지지 않은 입지와 시설들이라고 생각하며 극찬하고 싶은 우리의 자산이다. 이런 곳을 이제야 본 내가 부끄러울 따름이다. 잘 가꾸어 보존해서 유산으로 물려줘야 할 것이라고 다짐한다. 부산의 매력을 머리에 새기게 하는 지형 조건들이 참 좋다. 처음 본 일부를 포함한 부산은 매력의 도시다.

오늘 해운대까지 생각하고 나름대로 열심히 걸었다. 그러나 광안리에 들어서기 전 이미 4만 보를 넘어섰고 집에 가는 날이어서 서둘러서 광안리에서 마치려고 했는데 지하철역을 찾다가 민락동 민락역까지 와 버렸다. 나는 걷다가 다음 날과 내일을 생각하는 버릇과 교통편을 생각해서다. 무의식적으로 그렇게 된 것인가? 민락 수변 공원도 참으로 예쁘고 아름답다.

집에 가는데 기차를 탈까? 버스를 탈까? 생각하다가 막내에게 기차 예매를 부탁했는데 다른 날과 달리 특실 표를 보내왔다. 알아보니 다른 표는 없단다. 그 차를 타고 오란다. 너무 비싸다. 고속버스를 내가 알아보는데 7시 전 시간은 모두 팔리고 없다. 부산역에 도착해서 표를 알아봤더니 다른 표는 없단다. 행락이 시작된 것인가? 이동하는 사람이 많으면 우리는 힘이 든다. 서울 올라가는 차는 예약이 힘들다. 어디까지 걷고 어디에서 차를 타야 할지를 장담할 수가 없기 때문이다. 어떻게 할 수가 없어 기차 특실 차를 타고 간다. 그런데 엉덩이가 가시방석(?) 같다. 한편 자식 때문에 고급 사람이 된 기분으로 호강을 했다. 앞으로는 대범해야 할 것 같다.

■ 부산의 이모저모(1/2)

□ 해수욕장 · 강

광안리 · 다대포 · 송도 · 송정 · 일광 · 임랑 · 해운대 해수욕장, 대천천, 장성폭포, 장안사계곡

□ 섬 · 대교

가덕도 신항만, 거가대교, 광안대교, 기장 대변항, 남항대교, 광안대교, 동백섬, 몰운대, 부산대교, 부산항대교, 송도, 오륙도, 신선대, 영도대교, 을숙도, 이기대, 청사포, 황학대

□ 산 · 사찰

국정사, 금정산, 마하사, 미륵산, 반송삼절사, 백양산, 범어사, 봉래산, 삼광사, 석불사 · 병풍암, 선암사, 송학산, 안적사, 옥련선원, 운수사, 장산, 장안사, 해동용궁사, 황령산

□ 공원유적지

APEC 나루 공원, UN 기념관, UN 조각공원, 구덕문화공원, 구포교통공원, 금강공원, 대신공원, 대연수목전시원, 민락수변공원, 민주공원, 부산 시민공원, 삼락생태공원, 송림공원, 수영사적공원, 암남공원, 에덴공원, 온천천시민공원, 용두산공원, 을숙도 조각공원, 자성대공원, 죽도 공원, 태종대 유적지, 평화공원, 화목 수목원

□ 전시 · 문화 시설

누리마루 APEC 하우스, 벡스코 · 광장, 사직구장

□ 영화의 전당

BIFF 거리 극장들, 만물의 거리, 시청자미디어센터, 영화의 도시 부산, 영화의 전당(두레라움 광장, 소극장, 시네마테크, 야외극장, 중극장, 하늘연극장)

□ 문화마을 · 거리

40계단문화관광테마거리, 감천문화마을, 달맞이고개, 동래온천 카페거리, 보수동책방골목, 상해 거리(차이나타운 특구). 송도해안 볼래길, 요산 문학로, 절영해안산책로, 해운대 영화의 거리, 해파랑길(1~4코스)

오늘은

부산시 영도구 동삼동 태종대 - 하리선착장 - 동삼동 - 부산해양대 - 해양연구단지 - 영도 신 방파제 - 부영 부두 - 청학동 - 부산항대교 남단 - 한진중공업 - 봉래동 - 부산대교 - 중구 남포동 - 부산항만공사 - 중앙동 연안여객선 터미널 - 제 2부두 - 중앙 부두 - 동구 초량동 북항 - 부산역 후문 - 국제여객터미널 - 좌천동 제 5부두 - 신선대부두 입구 - 남구 우암동 - 우암초교 - 감만동 - 신선대부두 - 부산성모병원 입구 - 오륙도(해파랑길 시작점) - 이기대 공원 - 농 바위 - 어울마당 - 동생 말 - 섶자리 - 용호동마을 - 수영구 남천동 - 광안리 해변 - 만락 수변공원 - 민락교까지

오늘은 새벽 기온이 영상 6도고 체감온도는 영상 5도라고 핸드

폰에서 알린다. 한낮엔 16도였다. 아침은 쌀쌀했다. 날씨가 맑고 햇빛이 좋아서 낮에는 더웠다. 오후에는 땀을 꽤 많이 흘려 옷이 젖었다. 오전엔 바람이 살랑살랑 불었다. 3, 4월에 바람이 많이 분다는 주민들의 증언이 맞다.

오늘은 둘째 날이다. 집에 가는 날로 서두르는 날이다. 해파랑길의 1코스 때문에 힘들었다. 오늘 5.0만여 보에 38km를 걸었다.

구 누계 : 401.2만 보. 3,026km.
신 누계 : 406.2만 보. 3,064km.

오륙도 풍경

우리 국토 해안선 걸어서 돌기

(56-1회, 2019.3.23. 토요일), (재방문, 2024.8.24.)

우리 국토 해안선을 따라 걷는 98일째

새벽 3시부터 눈이 떠진다. 정상이 돌아왔다. 지난주에는 심야 고속버스를 이용한 덕택(?)으로 늦잠을 잤는데 오늘은 새벽에 눈 떠진 것을 보니 제자리를 찾았다. 내 절차대로 준비하여 5시 50분에 밖에 나오니 기온이 쌀랑하다. 바로 달맞이 길을 오른다. 수십 년 전에 자동차로 지나갔던 기억이 있어서 가뿐하게 생각하고 오르려는데 1분, 2분 시간이 지날수록 힘이 든다. 급경사는 아니지만 25분쯤을 걸으니 등에 땀이 난다. 아주 지루하다. 그러나 주위 환경이 대단하다.

한 주일 만에 다시 걷기 위해 어제 오후에 부산에 내려왔다. 시내를 구경하고 지난주에 끝난 지점에서 연결을 위하여 민락교를 찾았다. 다리를 건너서 오른쪽에 바다를 끼고 계속 걸으면서 부산 갈맷길을 찾아서 해운대 쪽으로 간다. 경치 좋은 위치에 자동차운전학원이 있어 나에겐 얄밉게 보인다. 한 블록을 더 가니 수영만 요트경기장이 있다. 그러나 보이지는 않는다. 다시 돌아서니 해운대 영화 거리가 나온다. 바다를 연한 거리에서 수많은 영화를 촬영했다고 한다. 영화 포스트들이 길거리 표지에 붙어 있다.

운촌 선착장을 지나니 조용필이 목 놓아 부른 동백섬이다. 한 바퀴 도는데 1km쯤 되는 거리다. 잘 닦아진 길과 여러 가지 수목이 조화를 이뤄 부산시민들의 힐~링이 되는 지역이다. 공원 끝부분에 뉴스에서 보았던 누리마루APEC하우스가 자리하고 조금 더 가면 등대가 있다. 다음은 해운대 석각 전망대가 있다. 최치원 선생이 바위에 '海雲臺'라는 글씨를 썼다는데 지금도 선명하게 남아 있다. 출렁다리를 건너 조금 더 걸으니 웨스틴조선 부산이 나오고 여기부터 동북쪽으로 해운대 해수욕장이 길게 누워있다. 우리나라 제일의 해수욕장이 아닌가? 해변 끝에는 101층 아파트(?)가 한창 공사 중이다. 밑에서 목을 들어 하늘을 쳐다보니 끝이 안 보인다. 준공되면 누가 살지 궁금하다.(※ 2019년 11월 30일에 준공되어 부산시장 나리도 여기에 산다고 한다.)

처음 출발한 민락교에서부터 해운대 달맞이 언덕까지 고층 건물들이 수도 없이 많고 많다. 참으로 부산이 대단한 도시다. 그리고 부산에서 본 송도해변, 광안리 해변, 영화의 거리, 해운대해변까지는 내가 본 세계 어느 해변 도시에 못지않은 아름답고 규모가 큰 해변이라고 생각한다. 우리의 자산이다. 서울에서 부산 가는 기차가 어제 온종일 매진이었는데 이제 이해가 된다. 우리 세대는 까막눈으로 살아왔다. 불쌍한 세대의 한 사람이 나다. 그러나 우리 세대가 오늘의 부산을 만들었다고 생각하니 자부심이 생긴다. 그리고 세상에 감사한다. 달맞이 고개 아래에서 방을 구하고 오늘 본 게임을 준비한다.

어제저녁 달맞이 언덕에서 쉬고 좋은 아침에 일어나 청사포를 향해 전진한다. 달맞이고개를 30여 년 만에 오르는데 기절초풍나게 변해 있다. 세월이 그냥 지난 게 아니구나 생각하니 눈물이

날 지경이다. 하기야 우리를 이렇게 힘없게 진을 빼간 것, 또한 세월이다. 어젯밤 TV에서는 거리의 만찬이라는 프로가 방송되었다. 판사 출신 모 씨도 나와서 얘기한다. 내용은 속으로 삭이고 걸어가면서 음식을 많이 먹은 기억을 하기도 했다. 일요일에 아침밥을 굶고 어느 동네를 지나면서 중국집 간판을 보고 자장면 생각이 나서 찾아갔는데 쉬는 날이다. 어이가 없고 더 허기가 진 적도 있었다.

청사포에 도달하여 주위를 둘러보고 북으로 가는 길을 찾아서 전진하는데 해가 뜰 시간이 지난 것 같은데 해가 안 보인다. 나 있는 곳은 맑은데 먼바다 동쪽 하늘이 구름에 가려 있다. 진회색이다. 구름 사이로 가끔 해가 보이는데 진한 회색 물감에 빨간색 물감이 군데군데 섞인 모양이다. 일출 사진은 포기하고 전진이다. 청사포 앞바다의 파도가 무척 거세다. 이렇게 엄청나게 큰 파도 소리를 들어 본 적이 없다.

주민에게 들은 길을 찾고 있는데 내 뒤에서 젊은 사람 2명이 다가와서 인사를 나누고 이런저런 이야기를 나누는데 어젯밤에 서울의 어느 산악회에서 관광버스를 타고 무박 2일로 부산에 내려와 동백섬에 내려서 해파랑길을 따라 대변항까지 걷고 그곳에서 버스를 타고 서울로 올라간다고 한다. 어울려서 송정해변까지 동행했다.

원래 청사포에서 송정해변으로 바닷가에서 바로 가는 길이 없었는데 기찻길이 옮겨가면서 그 철길을 도보 산책로로 만들어서 시민들에게 제공하고 있다. 송정해변에도 파도가 크다. 송정해변은 파도타기인지 서핑인지가 유명하다고 같이 가는 서울 젊은이가 말한다. 상당히 추운 날씨인데 모래밭과 물속에 검정 옷을 입은 사람들이 많다. 파도를 잘 타는 사람들도 있고 서투른 사람도 많다. 준비운동을 열심히 하는 팀도 있다. 서울 젊은이는 밥 먹으러 갔다.

서핑을 구경하고 길을 계속 재촉해서 다음에 만나는 곳이 해동 용궁사란 절이다. 암석이 많은 곳에 절집을 지었고 방생하는 장소도 지정된 것이 특이했다. 절을 바로 지나 걸음을 계속하는데 힐튼호텔이 바닷가에 있다. 호텔 앞의 바닷가에 산책로가 개방되어 아무나 걸을 수 있게 돼 있다. 의아하게 생각하며 오랑대를 지나서 대변항에 도달했다. 기장미역과 생멸치를 구경하고 맛보는 것을 다음으로 미룬다.

죽성성당이란 전시장을 지나 두호마을 황학대란 곳에서 길이 바닷가로 있지 않고 기장군청 쪽의 내륙으로 들어간다. 의아하다고 생각하며 걷는데 오른쪽에 철조망이 보인다. 그때 기장읍에 산다는 젊은이 두 사람이 반대쪽에서 온다. 물어보았다. 이유가 뭔지. 그런데 철조망 넘어 수백만 평의 땅이 신앙촌과 관련되는 종교단체의 땅이란다. 기장군과 부산시 등에서 바닷가의 길을 연결하려고 노력했으나 할 수가 없어서 중간에 끊겼다고 한다. 기장지방에서도 원성이 자자하다는 이야기를 듣고 말을 거둬들였다. 호텔 앞은 개방되어 다니는데 종교단체 앞은 못 다닌다는 현실이 안타깝다. 1~2km만 연결하면 일광해변으로 바로 갈 수 있는데 아쉽다.

우여곡절 끝에 기장읍 쪽으로 돌아서 통과하고 일광 해변에서 12시가 넘은 시간에 한식 뷔페 집에서 아점을 먹고 해안가의 좁은 길을 걸었다. 그때 거친 파도를 동영상으로 촬영해서 나에게 보여준 거제에서 해파랑길을 걸으러 온 김영진 씨와 인사를 나누고 SNS 친구가 되었다. 계속 좋은 정보를 주고받았으면 좋겠다(※ 지금은 소식이 끊겼다). 일광 해변을 지나 이천리로 올라가니 한국유리 공장이 있다. 공장이 무척 넓고 크다.

계속 길을 걷는다. 동백마을, 신평마을, 칠암마을, 문중마을, 문동마을이 도시 마을처럼 이어지는데 외부에서 온 자동차들로 붐빈다. 외형을 대충 보아도 엄청 부자마을로 생각된다. 경제적으로 모두 더 부자가 되었으면 좋겠다. 이어 임랑 해변에서 해파랑길 제3코스를 마치고 제4코스를 시작해 나아가는데 고리원자력발전소가 보인다. 전진해서 고리를 지나는데 울산광역시라는 이정표가 보이고 서생면 신리 지역에 신 고리원자력발전소 5, 6호기 공사가 진행되고 있다. 원형 돔이 보이는 게 공사가 많이 진행된 것으로 생각한다.

이것으로 부산을 결산하고 이제는 울산이다. 부산의 아름다움에 감탄하고 즐거운 걸음이었다. 부산의 관광과 휴양과 레저의 대도시로 계속 발전되고 국민 정서 순화에 이바지하는 부산이 되기를 기원한다. 울산 초입 간절곶에서 마감하고 내일에 맡긴다. 진하에서 하룻밤을 보낸다.

■ 부산의 이모저모(2/2)

□ 체험시설

SEA LIFE 부산아쿠아리움, 낙동강하구 에코센터, 낙동강하류 · 습지 · 갯벌체험 · 을숙도자연학교, 다대포 꿈의 낙조분수, 롯데백화점 아쿠아 몰 아쿠아 틱 쇼, 부산요트경기장, 송도 해상케이블카, 부산역 멀티음악분수, 아미산 전망대, 해운대온천, 태종대온천

□ 부산의 음식

동래파전, 생선회, 흑염소 불고기와 산성 막걸리, 꼼장어 구이, 해물탕, 아귀찜, 재첩국, 낙지볶음, 밀면, 돼지국밥, 복요리, 붕어찜, 멸치회 · 무침, 미역 · 다시마, 대게

□ 기장의 8경

달음산, 죽도, 일광 해변, 장안사계곡, 홍연폭포, 소학대, 시랑대, 임랑 해변

□ 기장의 축제

대변항 기장 멸치 축제, 임랑 썸머뮤직 페스티벌, 차성 문화제, 기장 미역 다시마 축제, 기장 갯마을 축제, 기장 붕장어 축제, 철마 한우 불고기 축제

□ 기장의 등대

연화리 서암항 젖병 등대 · 닭벼슬 등대, 일광면 칠암항 야구 등대 · 갈매기등대 · 붕장어 등대, 대변항 월드컵 기념 등대 · 장승 등대, 죽성리 월전마을 월전항 방파제 등대, 임랑항 물고기 등대

오늘은

부산 수영구 민락동 민락수변공원 수영교 - 수영 2교 - 해운대구 우동 수영만 요트경기장 - 해운대 영화의 거리 - 운촌 선착장 - 동백섬공원 - 누리마루APEC하우스 - 중동 해운대 해수욕장 - 미포 선착장 - 달맞이 길 - 청사포 - 다릿돌전망대(폐기찻길) - 구덕포 - 송정해수욕장 - 죽도 공원 - 기장군 기장읍 공수마을 - 시량리 해동용궁사 - 동암마을 - 힐튼호텔 - 오랑대 - 연화리 마을 - 서암항 - 대변항 - 월전마을 - 두호마을 – 죽성마을 · 죽성

성당 – 기장읍·군청 – 일광면 삼성리(일광 해변) - 이천리(한국 유리 부산공장) - 이동마을 - 온정마을 - 동백리 동백선착장 - 신평마을 - 칠암마을 - 문중마을 - 문동마을 - 장안읍 임랑 해변 - 월내마을 - 고리 발전소 - 신리 입구(고리 원전 5, 6호기) - 울산시 울주군 서생면 신암리(면 소재지)까지

오늘은 새벽 기온이 영상 4도이고 체감온도는 영상 3도라고 핸드폰에서 알린다. 한낮에는 13도였다. 바람이 온종일 강했고 바다의 파도가 새벽부터 밤까지 거칠었다. 새벽엔 흐렸으나 시간이 갈수록 날씨가 맑고 햇빛이 좋았고 낮에는 더웠다. 3~4월에 바람이 많이 분다는 증언이 실증되었다.

오늘은 출동해서 첫날이다. 여유를 부릴 수 있는 날이다. 그러나 달맞이고개는 힘들었다. 어제 1.3만여 보에 10km를 오늘 5.1만여 보에 39km를 걸었다.

구 누계 : 406.2만 보. 3,064km.
신 누계 : 412.6만 보. 3,113km.

해운대해변

죽성성당과 등대

우리 국토 해안선 걸어서 돌기

(56-2회, 2019.3.24. 일요일), (재방문, 2024.8.24.)

우리 국토 해안선을 따라 걷는 99일째

오늘도 걸어야지. 더군다나 돈 들여 나와서 동가식서가숙하면서 내 생각대로 하는 이 일의 본전은 어디이며 무엇인가? 밑지지 않으려면 성실한 실천을 해야 한다는 생각에 잠을 설치고는 한다. 오늘이 시작한 지 99일째다. 100이라는 숫자의 의미를 알 것도 같다. 오늘은 뒤로 가서 다시 걸어야 한다. 어제 서생면 사무소 소재지에서 마감하고 숙소가 없어서 시내버스를 이용 '진하'에서 하룻밤 숙식을 해결하고 눈 뜬 시간이 새벽 4시 반이다. 알맞은 시간이다.

이것저것 준비하고 택시를 전화로 불러 타고 연결지점으로 간다. 5시 20분쯤이다. 채 10분이 안 돼 도착한다. 기술의 발달로 혜택을 본다고 생각하며 기사에게 감사를 표하고 길을 재촉한다. 간절곶까지 4km 미만이다. 어두운 새벽에 이것저것 따질 것 없이 무조건 내달리듯이 간절곶행이다.

6시 조금 지난 시간에 등대에 도착해서 주위를 살핀다. 그곳이 간절곶 일출을 맞는 장소로 보인다. 사람이 하나둘 모여든다. 날씨는 맑게 보이고 영상 1도에 바람이 심하게 분다. 앞에 보이는 바다는 어제와 같이 파도 소리가 요란하다. 내가 모르는 무슨 화

(?)나는 일이 있나 보다.

그런데 등대 앞 아래쪽에 넓은 잔디밭과 어디서 본 듯한 돌 비석이 서 있다. 가까이 가서 살펴보니 포루투칼 신트라시의 땅끝에서 대서양을 바라보는 표지석과 닮았다. 카보 다 호카(Cabo da Roca. '호카곶'의 원어 명칭)라고 새겨져 있다는 게 신기했다. 2018년 1월 1일 완공했다고 한다. 돌탑 위에 십자가는 없다. 유라시아 대륙의 끝과 끝에 있는 해가 제일 일찍 뜨는 동네와 제일 늦게 지는 동네 두 곳에 상징을 부여했는지 모르겠다. 포르투갈 호카곶에도 간절곶의 표지석을 세웠는지 궁금하다. 5년 전에 가서 본 호카곶에는 간절곶 돌비석은 없었다. 커다란 우체통도 있다. 등대는 잠겨 있어서 들어가 보지 못했다. 9시 이후 출입이 가능하다.

(※ 2024년에 확인한 바에 의하면 울주군은 2017년 12월 신트라시에서 교육 및 경제교류 등을 포함해 간절곶과 호카곶 상징조형물의 상호 설치를 허용하는 우호협력 MOU 즉 양해각서를 체결했다. 신트라시도 아시아 동쪽 끝에서 해가 가장 일찍 뜨는 간절곶의 상징성을 인정해 호카곶에 '간절곶'이라는 한글로 새긴 부채꼴 모양의 표지석 조형물을 설치하기로 했다. 대서양을 바라보고 서 있는 호카곶의 상징물이 유명한 것은 방위를 나타내는 십자가탑 모양과 돌탑 표지석에 새긴 포르투갈 시인 루이스 바스 드 카몽이스(Luis Vaz de Camoes)의 '여기, 땅이 끝나고 바다가 시작되는 곳(Aqui, onde a terra se acaba e o mar comeca)'이라는 글귀 때문이라고 한다. 그러나 2024년 현재 포루투칼 신트라시 땅끝에 간절곶 한글 표지석을 세우지 않았다고 한다.)

일출을 기다리는데 일출 시각 6시 20분이 지나도 해님이 소식이 없다. 어제와 마찬가지로 오늘도 멀리 수평선에 구름이 방해를 하고 있다. 10여 분 이상 지연돼서 구름을 뚫고 일출이 시작이다. 신비롭게 생각하며 의미를 부여하고 뒤편에 서서 몇 컷 성심껏 촬영했다. 셔터를 누르는 오른손이 무척 시리다. 10여 분을 기다리다 다시 북으로 출발이다. 찍은 사진은 한 컷을 골라 정리 후 나에게 정보를 보내 준 카톡 친구 몇 분에게 8시가 넘은 시간에 날렸다.

간절곶에 여러 가지 시설들이 많다. 광장도 있고, 영화를 촬영했다는 예쁜 집도 있고, 아름답게 치장한 카페도 있고, 잔디와 나무들이 속삭이는 공원도 있다. 나에겐 모두가 그림의 떡이다. 공원 가운데를 통해 속도를 내서 일출 구경으로 보낸 40여 분의 시간을 의식하며 해파랑길의 표지를 찾아가며 걷는다. 4km 정도를 해송밭과 지방공원과 출렁다리와 바닷가를 오르내리면서 걸어서 진하 해변을 통과한다. 진해와 헛갈리게 지명이 재미있다. 진하 북쪽 끝에 다리가 명선교다. 멋있게 지은 다리를 건너면 온산읍 강양마을이다.

온산은 대부분 공단이라 할 정도로 공단과 공장들이 많다. 강양항에서 오른쪽 산길을 30분 정도 걸어 돌아가니까 공장들이 보인다. 조선 부분품들을 만들어 원청 업체에 납품한다는 행인의 이야기를 들었다. 여기서부터 공단과 공장들이 꼬리를 물고 이어진다. 오전 9시가 안 된 시각부터 오후 3시까지 공장들만 바라보고 걷다가 오늘을 마쳤다. 그동안 민가는 한 채도 보지 못했다. 공단과 공단 사이 외황강에 처용암도 있다는 안내를 보고 찾았으나 찾아가기가 몹시 힘들었다. 어렵게 위험하게 찾았다. 안내가 부실하다. 입구가 자동차전용도로 바로 아래에 있다.

온산공단 끝부분 언덕에서 갑자기 인도가 없어지고 자동차 전용도로로 바뀌고 낭패다. 핸드폰 지도를 확대해서 살펴보니 우측에 샛길이 있고 좀 내려가면 왼쪽에 또 길이 있는데 그길로 가면 멀리 있는 길을 갈 수가 있도록 표시가 되는데 연결 부분이 없다. 참 희한한 길이다. 일단 우측으로 내려가서 가다가 다시 왼쪽 길에 들어가는 길이 없어서 야지 횡단을 결정하고 들어가는데 길섶이다.

폭이 10여m쯤 되는데 작년에 나고 자라고 겨울에 마른 풀이라 안심하고 걷는데 아뿔싸! 들어갈수록 도둑놈 풀(?)이라는 도꼬마리가 엄청나게 많은데 그 가시가 벌써 바지에 붙어 버렸다. 기왕 시작한 건데! 라는 생각으로 전진했다. 건너가서 아래 춤을 바라보니 한심하다. 바지 색깔이 바뀌어 보일 정도로 가득, 잔뜩, 원없이 많이 붙었다. 대도시의 변두리에서 하늘 쳐다보며 신세타령하며 떼어내는데 10여 분 이상 걸렸다. 신발도 양말도 벗고 털어내며 대청소를 했다.

공단은 우봉리 공단, 온산공단, 울산 남구 선암동 공단, 남화동 공단, 울산신항, 울산화력발전소, 용잠동 공단, 석유화학 공단 등 어마어마한 공장들을 좌우에 두고 6시간을 걸었다. 해파랑길은 진하 해변에서 내륙으로 인도되어 덕하역과 울산시청 뒤와 태화강 전망대로 연결해서 방어진항으로 이어지게 설계되어 있다. 아마도 울산공단을 피하도록 한 것 같다. 나의 취지는 바닷가에 가까이 걷는 것이기에 해파랑길과 다르게 행동했고 그게 맞다. 물론 공단이 속한 부두는 시설과 울타리가 있어서 바다는 구경도 못하지만 바다와 가장 가까이 대하는 게 맞다고 생각한다. 공단에도 봄이 활짝 찾아와서 초봄 꽃들이 만발했다.

작년 우리나라 수출이 6,000억 달러를 넘겨서 했다는 사실을 생각하면 거대한 공장들을 이해할 것 같다. 굴뚝의 연기와 비행기 소리 같은 굉음도 보고 들으며 걸었다. 공장 앞의 주차장에 끝이 안 보일 정도로 많은 일 하러 온 사람들의 차들이 보인다. 규모를 짐작할 수 있다. 도로를 넘나드는 공장의 각양각색의 복잡한 실핏줄 같은 파이프라인들을 보면서 근로자들의 노고를 알 것 같다. 정말 수고하는 경영진과 기술자들의 아름다운 도전을 본다. 또 그들의 가족을 위하고 나아가 국가와 민족을 위해 일하는 노고를 우리는 잊지 말아야 한다고 생각하며 발걸음을 옮겼다. 덕분에 아침밥과 점심을 먹을 곳이 없어서 굶었다. 공단지역에서 일하는 사람들은 회사의 구내식당을 이용할 것이지만 나는 들어갈 방법이 없다. 대부분 국가보안 시설로 지정돼 있다.

돈이 있어도 아무것도 할 수가 없다. 애매한 단팥빵만 축내면서 말이지. 오후 3시 넘어서 시내에 들어와서 겨우 한 끼니를 때웠다. 아주 지루한 하루였다. 더 피곤하게 느껴지는 오늘이다. 공단이 끝나는 장생포역과 태화강역 사이에서 마감한다. 오늘도 울산역에서 수서 가는 SRT 기차를 이용하는데 너무 늦은 시각의 차다. 차표가 모두 매진이다. 기차역이 울산 시내에서 너무 멀리 있어서 그 뒤에 다른 조치를 할 수가 없다. 기다리는 수밖에 대책이 없다.

한 번 두 번 빠른 기차를 타고 다니다가 버릇되는 것 아닌지 모르겠다. 그러나 앞으로 기차 없는 동네가 많다. 그리고 행락철이 되면 우리 같은 사람은 힘이 든다. 인내도 필요하다. 또 다음 주를 생각하며 오늘의 아쉬움을 뒤로 한다.

■ 울산시 울주군의 이모저모

□ 자연과 여행

반구대 암각화, 천전리 각석, 파래소폭포, 작괘천, 간절곶 일출, 대운산 내원암, 신불산 억새평원, 외고산 옹기마을, 자수정 동굴 나라, 가지산 자드락 숲, 홍류폭포, 간월산 자연휴양림,

□ 역사 · 문화

울주천주교 순례길, 청송사지, 윤흥사지, 망해사지, 은현리 적석총, 검단리 유적, 서생포왜성, 목도 상록수림, 언양향교, 간월사지, 석남사, 언양읍성, 박재상 유적, 두서면 은행나무, 천전리공룡발자국화석

□ 축제

세계 산악영화제, 언양 한우 불고기, 대운산 철쭉제, 울산옹기 축제, 달맞이 축제, 간절곶 해맞이 축제

□ 체험

진하 해변, 간절곶 파크, 해양레포츠, 보삼 영화마을, 농촌체험, 낙농체험, 등억 온천, 옹기마을, 자수정 동굴 나라

□ 특산물

서생 미역, 유정란, 가지산 고로쇠약수, 문흥동천 오가피, 사포나리아 알로에, 천마, 상황버섯, 울주 부추, 울주 미나리, 우렁이 새악시 쌀

오늘은

울산시 울주군 서생면 신암리(서생면 소재지) - 나사리 마을 - 대송리(평동마을) - 간절곶 - 송정마을 - 솔개마을 - 대 바위 -

진하 해변 - 회야강(명선교) - 온산읍 강양마을 - 우봉리(공단) - 온산국가산업단지 - 개운교 - 처용암 - 남구 황성동 울산신항 - 황암마을 - 울산화력발전소 - 남화동 산업공단 - 고사동 용잠공단 - SKC앞 - 선암동 석유화학 공단 - 구 장생포역 - 상산동 태화강역까지

오늘은 새벽 기온이 영상 1도이고 체감온도는 0도라고 핸드폰에서 알린다. 손이 아주 시렸다. 한낮에는 10도였다. 걷는 내내 바람이 강했으나 공단 안에서는 조금 잠잠했다. 밤새 비가 조금 내렸고 새벽엔 약간 흐렸으나 시간이 갈수록 날씨가 맑고 햇빛이 좋아서 낮에는 더웠다. 3, 4월에 바람이 많이 분다고 했는데 진짜다.

오늘은 마감하고 서울 가는 날이다. 기차표를 예약해 주어서 여유를 부려본다. 오늘 4.5만여 보에 34km를 걸었다.

구 누계 : 412.6만 보. 3,113km.
신 누계 : 417.1만 보. 3,147km.

간절곶의 일출 풍경

진하 해변

우리 국토 해안선 걸어서 돌기

(57-1회, 2019.3.30. 토요일), (재방문, 2024.8.24.)

우리 국토 해안선을 따라 걷는 100일째

오늘은 대한민국 해안선 걸어서 돌기를 시작한 지 100일째다. 어떤 의미가 있는지는 잘 모르겠다. 처음엔 무리한 도전이라고 얘기한 친구들과 우려하는 지인들, 하지 말라고 말리는 가족도 있었다. 그러나 하루하루 시간이 흐를수록 재미를 느끼며 지금까지 왔다. 내가 쓴 이야기를 보고 용기와 격려를 해 주는 이들이 있어서 힘을 내기도 한다. 과연 끝을 맺을 수 있을까! 겁이 나는 날도 있었다. 그렇지만 때가 되면 준비하고 나온다.

서울에서 부산 · 울산은 멀다. 오늘 걷기를 위해 어제 오전에 서울 강남 경부선 터미널에서 출발해서 4시간 반 후에 도착했다. 울산을 대표하는 태화강과 태화강 변에 있는 십리대숲을 둘러봤다. 대숲 건너편에 있는 태화강 전망대에 올라가 서쪽에서 동쪽 울산항으로 흐르는 태화강을 바라보니 물이 생각보다 많이 흐르고 있다. 건너편에 있는 대숲은 검은 초록색의 대나무들이 빽빽하게 밭을 이루고 있다. 강과 대나무가 조화를 이루고 있는 모습이 참 아름답다. 총 거리가 십 리인지는 정확히 모르겠으나 꽤 길게 조성된 대밭이 깨끗하다. 앞으로 100리 대숲 길을 만들어 국가 정원으로 가꿀 계획이라는 관계자의 설명을 들었다.

대밭을 벗어나 태화교를 지나니 강변의 평평한 밭의 잔디가 약간 그린 색을 띠고 있다. 그 잔디밭에서 남녀 노인들이 무엇인가를 하고 있는데 게이트볼인지 골프인지 궁금해서 가까이 가서 간판을 보니 '파크 골프'라는 운동이란다. 남자와 여자가 동반으로 즐기고 있는데 부부들이 많다고 한다. 빨랫줄 같은 줄을 치고 배낭을 걸어 놓은 게 참 재미있다. 다음 학성교를 지나는데 언덕에는 벚꽃이 만발해 있고 강 둔치 복판에는 유채꽃이 노랑꽃을 선사하고 있다. 또 옆길에는 자전거들이 여유롭게 달리고 있다. 참으로 평화롭고 편안한 모습을 보고 즐기며 걸었다.

명촌교에서 남쪽 도심을 통과하여 지난주에 마친 장승포역 쪽으로 버스로 이동한다. 그 자리에 가서 장생포항 쪽으로 걷는데 또 공단이다. 1시간쯤 우측으로 돌아 들어가니까 민가가 나온다. 장생포초등학교와 장생포항과 고래박물관과 고래 문화마을과 울산대교 아래까지 30여 분을 걸어 북쪽으로 올라가니 또 공단이다. 여기서부터 다시 1시간 반 정도 공단과 울산항의 부두를 돌아서 태화강역에 도착해서 쉴 곳을 찾았다.

태화강역 근방에서 쉬고 오늘 아침에도 나의 정상적인 일과(?)를 위하여 5시쯤 눈을 떴다. 그런데 밖이 소란하다. 창문을 열고 살펴보니 비가 내린다. 일기예보가 정확하다. 이럴 때는 틀려도 좋으련만. 방법이 없다. 쉬자. TV를 보면서 늑장을 부리면서 서서히 준비한다. 다섯 번인가 창문을 열어보면서 애가 탄다.

가늘어진 비를 확인하고 평소보다 2시간쯤 늦게 7시 40분에 출발이다. 비는 안개비로 바뀌어 시야가 자욱하다. 태화강역을 지나 명천교를 건너니까 오른쪽이 철길이면서 억세 군락지가 넓게 펼쳐져 있다. 동쪽으로 걷기 위해 내려서는데 국토 종주 동해안 자전거 길이라는 표지판이 있고 길이 쭉 펼쳐져 있어 그 길을 따라 전진이다. 왼쪽에는 왕복 6차선의 도로가 나 있는데 도로 이름이 아산로다. 정주영 회장의 아호다. 도로 건너편에는 현대자동차 공장이다.

특이하다. 대부분 바닷가에 공단이 있으면 공장이 바다까지 포함해서 사용하고 있어서 사람이 다니지 못했는데 현대자동차는 울타리를 들여서 만들고 태화강과 울산항 바다를 연해서 도로를 만들고 인도와 자전거 길까지 만들어져 있어 시민들이 즐길 거리를 만들었다. 현대의 배려가 엿보인다. 나는 고맙고, 감사하게 생각한다.

한참 긴장을 하며 걷는데 하늘의 구름 사이로 해가 지나간다. 날씨가 좋아지고 있다. 바로 앞에는 울산대교 북쪽인데 도로 양쪽에 자동차들이 무진장 주차돼 있다. 태화강과 연결된 바다에는 '글로비스'라는 이름을 단 배 2척이 정박해 있다. 수출하는 차를 선적하기 위해 있는 공간이다. 가까이 보니 '투산'과 '엑센트'라는 차들이 질서 정연하게 서 있고 배 안으로는 차가 들어가고 있다. 수출용 자동차가 배로 실려지는 모습을 처음 본다. 일정한 거리 간격과 일정한 시간 간격으로 자동차가 배 안으로 이동하는 것이 신기하다.

다음 울산대교 주변의 산 정상이 울산대교 전망대인데 가 보지 못했다. 다음 KCC라는 회사의 공장이 넓게 자리 잡고 있다. 다음은 현대미포조선이 위용을 자랑한다. 한 시간 이상을 걸어도 끝나지 않고 계속 연결되어 방어진동 서쪽과 남쪽의 땅이 모두 현대미포조선 공장이다. 방어진동 조선회사를 연한 북쪽에 외국인 아파트가 있는데 외형이 깨끗하고 특이한 것은 울타리가 시멘트벽인데 무늬가 호박돌과 조약돌이 박혀있고 전통 문양으로 된 기와가 덥혀있다. 운치가 있어 좋았다.

방어진 동쪽에 화암항과 상진항을 지나 방어진 등대 방파제를 돌아서니 방어진항이다. 물고기와 생선들을 구경하고 방어진 방파제를 지나니 소리 체험관이 제법 큰 건물에 자리 잡고 있다. 여러 가지 소리를 듣고 이해하는 것이라는데 나는 생략하고 대왕암공원을 향해 길을 재촉했다. 조금 걸어가니 오토캠핑장이다. 다음이 대왕암공원이다. 기암괴석의 진수를 보았다. 둘러보았다. 문무왕 비와 관련된 전설과 풍광이 아주 좋고 산책로에 15,000여 그루의 커다란 해송이 빽빽하게 들어서 있는 풍광은 장관이다.

대왕암공원을 돌아서 북쪽에 다다르니 일산해변이다. 참으로 아름답고 좋은 해수욕장이다. 큰 도시에 이런 아름다운 해변이 있다는 것은 그곳에 사는 사람들은 큰 복을 받은 사람들이다. 부산이나 울산 사람들은 행복한 사람들이다. 부럽다. 잘 가꾸고 보존해서 우리 국민 모두 즐기는 장소가 되도록 관리를 더 잘했으면 좋겠다.

일산해변을 지나고 돌아서니 그 유명한 현대중공업이다. 세계 1위의 조선회사다. 4km 이상을 오른쪽에 담벼락만 쳐다보며 걸어야 한다. 중간쯤 가다가 버스를 타면 공장이 보일까 싶어 버스를 2km쯤 타보았으나 내부는 보이지 않고 도크와 크레인만 보인다. 조선업이 크게 활황이 돼서 우리나라 부자 되는 데 큰 힘이 됐으면 좋겠다(※ 2019년 당시에는 조선 경기가 좋지 않았다).

현대공고 앞에서 내려서 해파랑길을 따라서 주전해변까지 걸었다. 주전해변은 검은 몽돌이 굉장히 넓게 펼쳐져 있다. 동구를 지나고 북구에서는 해파랑길과 달리 '강동누리 길'을 따라서 철저하게 바닷가 위주로 걸었다. 동해는 앞이 뻥 뚫려 시원하다. 바다를 쳐다보면 앞에 걸린 것이 없다. 서해와 남해에서는 섬이나 들쭉날쭉한 육지가 보였으나 동해에는 그런 게 없다.

울산의 공단을 전부 돌아본 나로서는 대한민국이 작은 나라가 아니라는 것을 느꼈다. 덩치가 아니라 규모를 말한다. 내륙에도 공장은 무진장 많다. 그러나 우리나라 공업화를 시작했던 원조가 울산이다. 우리나라 제조 산업의 메카다. 여기에서 돈을 벌어서 우리가 잘 먹고 잘산다. 이것으로 울산을 정리하고 시원하게 바다를 보면서 북구 정자항 못미처 판지에서 오늘을 마감했다.

■ 울산의 이모저모

□ 공원 · 휴양지

대왕암공원, 태화강 동굴피아, 울산체육공원, 심화 예술인촌, 화동못 수변공원, 태화강 국가 정원, 울산대공원, 선암호수공원, 황방공원, 학성공원, 공룡 발자국 공원, 편백 산림공원

□ 문화유적

개운포성지, 관문성, 남목마성, 달천철장, 신흥사, 동축사, 백양사, 경상좌도 병영성, 울산 동헌, 울산향교, 주전봉수대, 태화루

□ 해변 · 강

강동 주전 몽돌해변, 배내골, 일산해수욕장, 태화강

□ 둘레길

강동 사랑길, 솔마루길, 성안 옛길, 해안누리길, 해파랑길, 옥류천 이야기길, 대왕암 솔밭길, 염포산 하늘길, 입화산 참살이 숲길, 중구 둘레길 · 누리길, 해파랑길(5~9구간)

□ 특산품

옛간 참기름, 아기 고래, 소월당 배 빵, 고래 빵, 단디 만주

□ 울산의 맛

고래 고기, 간국, 느름떡, 털게 수제비, 황어 쑥국, 오징어 선젓, 다슬기탕, 유지렁

오늘은

울산 시내 구경 태화강 전망대 - 십리대숲 - 태화교 - 태화 파크 골프장 - 학성교 - 명촌교까지 태화강 둔치 6km

울산광역시 남구 장생포역 - 공단 효성 - 현대모비스 - 장생포항 - 고래박물관 - 고래 문화마을 - 울산대교 밑 - 양죽마을 - 후성 - 삼양사 - 현대글로비스 - 울산항 6, 5, 3·4, 2, 1부두 - 태화강역까지(11km) - 명촌대교 – 염포부두·항(현대차 선적항) - 동구 울산대교 북단 밑 - 현대미포조선 - 방어진 시가지 한 바퀴(꽃바위 마을) - 방어진항 - 소리 체험장 - 대왕암공원 - 일산해변 - 현대중공업 - 전하시장 - 주전마을 항·몽돌해변 - 북구 강동면 구암마을 - 당사항 - 우가마을 - 제전항 - 구유동 판지항까지

오늘은 새벽 기온이 영상 6도이다. 한낮은 16도였다. 비가 아침까지 내려 걱정을 했다. 10시 이후 날씨가 맑아져서 오후 내내 좋은 일기였다. 바람과 바다도 잠잠했다. 토요일이라고 숙소 구하기가 힘들었다. 열 군데 이상 들락날락했다. 앞으로 고민이다.

오늘은 마음껏 힘을 내서 걷는 날이다. 그런데 비가 내려 늦게 출발해서 감을 좋게 가지려고 노력했다. 만회를 위해 늦게까지 걸었다. 어제 1.4만여 보에 11km와 오늘 5.0만여 보에 38km를 걸었다.

구 누계 : 417.1만 보. 3,147km.
신 누계 : 423.5만 보. 3,196km.

대왕암 전경

울산 일산해변

우리 국토 해안선 걸어서 돌기

(57-2회, 2019.3.31. 일요일), (재방문, 2024.8.24.)

우리 국토 해안선을 따라 걷는 101일째

다시 시작한다. 1일 차다. 100은 빼고. 어김없이 5시 전에 일어났다. 절차를 진행하고 6시 10분 전에 나와서 정자항 쪽으로 걷는다. 바람이 엄청나게 세게 분다. 춥다. 손이 시릴 정도다. 바람 외의 날씨는 쾌청하다. 정자항은 어선들이 많이 있다. 물고기들의 집산지인 모양이다. 상점 간판은 '대게'라는 글씨가 무척 많다. 아마 여기부터 포항, 영덕, 울진으로 연결된 대개 벨트(?)인 모양이다.

북쪽으로 연결된 해파랑길을 찾아 걷는다. 정자항을 돌아나가니까 정자해수욕장이다. 일출 시각이 6시 15분쯤이기에 정자해변에서 카메라를 들고 대기하고 있는데 일출의 기미가 없다. 수평선 먼 쪽을 바라보니 구름이 크고 짙게 끼어있다. 높은 산이 서 있고 그 위로 햇빛이 보이는 형상을 하고 있다. 다음 해변에서 바라보니 해가 뜨기 직전으로 보인다. 대기하면서 찍을 장소를 정하고 찍기 시작했다. 수평선과 구름을 산처럼 생각하게 하는 환경이 되어 버렸다.

해는 떠올랐는데 구름은 그대로 버티고 있다. 수평선 위에 바로 뜬 해를 보기란 정말 어려워 1년에 몇 번 못 본다는 이야기를 해변에 사는 주민에게서 들은 적이 있다. 일주일에 아침을 두 번씩 맞이하는데도 아직 제대로 된 일출을 보지 못했다. 세상은 모든 게 혼자서 못 한다는데, 거룩한 태양도 자신 마음대로 못하는 것 같다.

일출 감상은 그렇게 끝내고 계속 걸어서 북쪽으로 가는데 목이 허전함을 느꼈다. 목도리를 살피는데 아뿔싸! 겨울부터 계속 두르고 다닌 편하고도 편한 목도리가 없다. 초록색 면수건만 목에 감겨 있다. 배낭을 뒤져봐도 없다. 아침에 급하게 나오면서 벽에 걸어 둔 것을 못 보고 나온 것이 분명하다. 손수건형 머플러를 꺼내서 속에 두르고 면수건을 겉에 둘러매고 다시 출발이다. 12시 이후에 전화로 확인하니 모텔 방에 있단다. 수신자 부담 택배로 보내 주도록 부탁했다.

계속해서 걷는데 주상절리라는 간판을 보고 길옆에 있는 강동화암 주상절리를 보았는데 특별함을 발견하지 못하고 북진이다. 다음은 신명마을인데 대단히 큰 마을이다. 해변을 끼고 1.5km 이상의 마을이다. 주민에게 물어보니 우리나라에서 가장 큰 마을(?)이라고 자랑한다. 평온한 어촌마을이다. 다음 신명마을과 연결하여 마을이 있는데 지경마을이다.

여기는 경상북도 경주시다. 이런저런 표식을 알 수 없다. 지경마을을 열심히 통과하는데 왼쪽으로 높은 곳에 도로가 있고 나는 마을 안길을 따라서 걷는데 갑자기 길이 없어지고 해파랑길 리본도 없다. 해파랑길 리본은 노랑과 주홍색이 한 쌍씩 매달려 있다. 백사장과 자갈들이 혼재된 땅이 보이고 왼쪽엔 코오롱이란 글자가 보이는데 꽤 큰 건물이 있고 낚시꾼 2명이 계속 들어가기에 사람이 걷는 길 정도는 있겠지! 하고 따라 들어가서 그 사람들을 만났을 때는 막다른 갯바위에 서 있고 더 갈 수가 없다. 위에는 군 초소가 있다.

초소 밑에는 수 길 낭떠러지다. 되돌아가는 방법 외에는 없다. 한 발자국이라도 되돌아가는 것을 가장 싫어하는 우리 직업(?)상 최악의 상황이다. 아마도 400m는 될 것으로 판단된다. 울상으로 큰마음을 먹고 백 행군으로 큰 도로에 올라와서 계속 북진이다. 큰 소나무들이 꽤 많은 관성 해변이 나온다. 해파랑길 리본도 찾아서 걷는데 해변이 사유지로 출입자에게는 관리비로 1만 원씩을 받는다는 현수막이 있다. 사유지라고 표시된 해변은 처음 본다.

다음에 부딪히는 마을은 수렴마을이다. 이곳 시골 경주는 도시 복합지역으로 경주에 통합되기 전에는 월성군이다. 수렴마을도 넓은 해수욕장 같은 해변이다. 그런데 1983년 8월 5일 새벽에 무장간첩이 침투하다가 아군에 발각돼 사살했다는 전적비가 해변 한가운데에 세워져 있다. 그리고 1990년까지 해변에 철책이 처져 있었다고 한다. 여기만 그런 게 아니고 우리나라 해변 대다수 지역이 철책으로 갇힌 것을 우리는 잘 안다. 얼마나 답답하게 살았을꼬? 우리는 평화롭게 살아야 한다고 생각한다. 개인이나 집안이나 조직이나 단체나 국가를 막론하고 싸움은 될 수만 있으면 하지 말아야 한다. 지금의 남북 관계도 어떤 수단과 방법을 써서라도 사람 죽이는 싸움은 절대 하지 말아야 한다.

해변 옆에 보리가 새파랗게 자라고 있다. 참으로 오랜만에 경상도 지역에서 잘 자라는 겉보리를 본다. 엄청 사랑스럽다. 보리가 익으면 가시 부스러기가 귀찮고 부담스러워도 정답다. 주상절리 전망대에서 부챗살 주상절리를 보고 전망대는 올라가지 못

했다. 현재 시각이 9시인데 9시 반에 문을 연다고 한다. 30분을 기다리지 못하고 전진이다. 나아해변이고 이어 해변 북쪽이 '월성원자력발전소'이다. 발전소에는 커다란 탱크 같은 돔이 6개가 보인다. 바닷가에 길이 없다. '석탈해왕탄감유허비'를 발전소 울타리 안에서 보고 발전소 울타리를 따라 도로에 올라가서 북쪽으로 가는데 해파랑길 안내지도에는 3~4km를 차량 이용하라는 표시가 있다.

이유인즉 터널을 통과하는데 사람이 도보는 곤란해서 차량을 이용하라는 이유를 나중에 알았다. 인터넷 지도를 보니 그 길 왼쪽으로 조그마한 길이 있는 것으로 확인돼서 희망을 품고 도보로 걸었다. 터널 입구에 도달해서 살피니 본도로는 왕복 2차선이고 왼쪽의 길 표시된 것은 본 도로와 터널이 생기기 전의 구도로의 터널 같은데 폐쇄해 버렸다. 낭패다. 양남면 소재지에서 택시나 버스를 알아보고 이용할걸. 후회막급이다. 포항의 주선생이 아침에 정보를 주면서 자기는 겁 없이 걸어서 통과하면서 혼났다는 식의 힌트를 소화하고 이해하여 나에게 적용하기로 했다.

터널 왼쪽으로 들어가 턱이 내 무릎보다 약간 높고 위에 폭 50cm 정도의 배수로 뚜껑이 덮여있는 갓길(?)을 올라서 걸었다. 그런데 200여m마다 턱을 내려와 다시 올라야 하고 또 얼마나 시끄러운지!? 무슨 지옥이 이렇게 생겼을까!? 생각하며 봉길터널 2,430m를 걸어냈다. 자동차가 양쪽으로 교행해서 공기는 정체되어 매캐하고 소리는 귀청을 때린다. 사람이 할 짓이 아니라고 생각하며 걸었다.

터널을 건너 만난 해변이 봉길 해변인데 오른쪽은 원자력발전소 청정 누리 공원이 있다. 공원을 나와 교차로에서 11시 방향으로 보이는 해변의 바다 가운데 섬 같은 바위가 있는데 이곳이 문무대왕릉(대왕암)이다. 해변 모래 자갈 위에서 3~4개 무리가 팀별로 꽤 많은 인원이 모여 집단으로 모였다. 제사를 지낸다고 한다. 해변의 민박집 여러 곳에서도 제사 지내는 목소리와 악기 두드리는 소리가 들린다. 자세한 것은 알아보지 못했다. 후에 경주시에 물어봐야겠다. (※ 주변 횟집이 굿당이 많은데 그곳에서 하는 개인굿이라고 한다.)

봉길 해변의 어느 분식집에서 김밥과 만두 국으로 아점을 해결했다. 식사 후에 '감은사지'를 둘러보고 이견대에서 대왕릉을 내려다보고 주선생의 옛 고향 집을 찾아 소나무를 찾는 댓글 미션을 해결했다. 포항의 주선생은 참으로 좋은 동내에서 어린 시절을 자랐다고 생각한다. 풍광이 신선들이나 사는 곳이었다. 해변 바위 위 그 소나무가 오래오래 싱싱하게 자라서 주선생의 소망이 이루어질 수 있기를 바란다.

해파랑길을 따라 계속 북진하다가 울산에서 해파랑길을 걷기 위해 이곳에 와서 걷기를 하는 어느 부부와 이야기를 주고받으며 걷다가 감포항 조금 못 미친 전촌에서 마감했다. 신경주역을 가기 위해 1시간여를 기다리다가 버스를 타고 경주 시내를 들어가는데 차가 막혀서 혼이 났다. 경주 보문단지 주변이 벚꽃 천지가 되어 나들이객이 엄청나게 많아서 차들이 제자리걸음이다. 경주 시내도 마찬가지다. 다음 주를 위해 집으로 쉬러 가는 길도 만만치 않다. 서울 가는 기차가 밤 9시다. 전부 매진이고 차표가 없다. 나는 행락철이 싫다. 그러나 잊고 다음을 기다린다.

■ 경주의 이모저모

□ 세계문화유산(유형)

불국사 · 석굴암, 양동마을, 옥산서원, 남산지구, 월성지구, 대릉원지구, 황룡사지구, 산성지구

□ 권역별 관광지

보문관광단지, 경주 시내권, 불국사 권, 동해안권, 남산 권, 서부 북부권

□ 경주 여행코스

경주박물관⇒ 월정교⇒ 첨성대⇒ 대릉원⇒ 동궁과 월지⇒ 월성 발굴 현장⇒ 황리단길, 해파랑길(10~12구간)

□ 체험

의복체험, 전통문화체험, 탬플스테이, 고택체험, 농촌교육장 · 체험 마을, 이색체험, 동 · 식물체험

□ 축제

벚꽃축제, 신라 도자기축제, 보문호반 힐링 걷기, 신라문화제, 신라 소리 에밀레 축제, 충담제, 해룡 일출 축제

□ 경주 문화재 현황 : 경주(전국)

국보 : 34개(342개), 보물 : 93(2191), 사적 : 77(513), 천연기념물 : 5(461), 국가무형문화재 : 4(146), 국가 민속문화재 : 15(300), 국가지정문화재(계) : 228(1,953), 등록문화재 : (2,843)

※ 보고 즐길 거리가 너무 많고 복잡해서 나열이 곤란하여 통계만 적었다.

오늘은

울산시 북구 구유동 판지항 - 정자동 정자항 · 해수욕장 - 산음마을 - 산하동 산하 해변 - 강동 화암 주상절리 - 신명마을 - 경북 경주시 양남면 지경마을 - 관성 해변 - 수렴마을 - 읍천리(주상절리 전망대) - 죽전마을 - 월성원자력발전소 - 나산마을 - 봉길터널(2,430m) - 양북면 봉길리(대왕암) - 대본마을 3, 2, 1리 - 나정 마을 2, 1리 - 감포읍 전촌1리까지

오늘은 새벽이 4도인데 체감온도가 2도라고 핸드폰에서 알린다. 바람이 굉장히 세차게 불어서 손이 시릴 정도다. 한낮에는 15도가 넘었다. 날씨가 맑고 햇빛이 좋아서 낮에는 더웠다. 3~4월에 바람이 많다고 하는데 사실이다.

오늘은 마감하고 서울 가는 날이다. 마음이 급하다. 그렇지만 막내가 기차표를 예약해 주어서 여유를 부려본다. 역에서 지루하게 기다리며 핸드폰 정리로 시간을 보낸다. 오늘 4.2만여 보에 32km를 걸었다.

구 누계 : 423.5만 보. 3,196km.
신 누계 : 427.7만 보. 3,228km.

월성 원자력 발전소 앞바다

문무대왕릉

우리 국토 해안선 걸어서 돌기

(58-1회, 2019.4.5. 금요일), (재방문, 2024.8.24.)

우리 국토 해안선을 따라 걷는 102일째

일기예보에 일요일에 전국적으로 비가 내린다고 한다. 그래서 일정을 조정해서 하루 앞당겨 목요일 오후에 경주에 내려왔다. 4시간여를 달려 오후 7시쯤 경주고속버스터미널에 내렸다. 즉시 시외버스터미널로 이동하여 감포행 버스로 갈아타고 1시간 20분을 달려서 전촌 해변에서 내려 감포항으로 걸었다.

서울에서 경주 전촌 해변이 정말 멀다. 경주 땅인데 경주 고속버스터미널에서 전촌 해변까지 오는 것도 쉬운 일이 아니다. 35km 이상 떨어져 있어서 이동하는데 걱정은 물론 저녁때라 심리적으로 힘들었다. 경주 고속버스터미널에서 감포항 가는 자동차를 어디서 타야 하는지도 모르고 여기서 묻고 저기에 질문하고 동분서주하다가 40분을 기다려서 시내버스를 만나고 탈 수 있었다. 밤이 무섭다.

전촌에서 깜깜한 밤에 가로등과 항구의 불빛에 의존해서 30분을 걸어서 감포항에 도착해 저녁을 먹고 10시가 넘어서 숙소를 구해 내일을 준비한다. 전촌에서 감포까지는 3km 이상이다. 밤에 걷는 길이 아름답다. 앞이 보이고 잘 아는 이 고장 사람이라면 더 재미가 있을 것인데 나는 미지의 세계다. 먹고 자는 것을 찾아야 한다. 다행히 쉽게 해결이 되어 고맙다. 감포여 고맙다.

자연의 힘에 우리 인간의 힘은, 새 발의 피다. 이 걸음을 하면서 자연의 힘을 잘 안다. 때문에, 일요일에 온다는 비를 피하고자 하루를 앞당겨 내려왔다. 비를 몇 번 맞고 걸은 적이 있었다. 비를 맞고 걸으면 여러 가지가 사람을 힘들게 한다. 자칫 발바닥에 물집이라도 생기면 큰일이다. 비 맞고 그 물집 상처를 몇 번 당하기도 했다. 비가 고맙다는 것은 알지만 내 걷는 날에는 아주 좋지 않은 일들이 생겨 반드시 피하며 다닌다.

차를 타고 내려오는데 창밖에서 봄 냄새를 풍긴다. 여기저기 보이는 꽃들은 만개해서 보는 사람들에게 희망을 주고 힘을 솟아나게 만든다. 그런데 그 꽃들은 매년 그때가 되면 아무 말 없이 핀다. 사람들에게는 기쁨과 힘과 희망을 준다. 경주시에서 시내버스를 타고 감포 쪽으로 가는데 보문단지의 밤 벚꽃은 보기 좋았다. 지난 일요일은 서울로 가기 위해서 낮에 차를 타고 통과하면서 낮 벚꽃을 보았고, 어제는 반대로 밤에 서울에서 내려와 감포 쪽으로 가는 차창에서 보는 불빛을 받는 밤 벚꽃은 참으로 아름다웠다. 그 나무 아래에서 걸어보지 못한 것이 안타깝다. 다음을 약속하면서 바닷가 걷는 일을 하기 위해 한 가지만 하기로 하고 빨리 감포에 가기를 원하면서 앞을 주시하고 걸었다.

방에 들어가 TV를 켜니까 고성 산불에 대한 뉴스특보가 나온다. 강원도에 대형 산불이란다. 또 큰일이다. 조기 진화와 인명 피해가 없기를 빌었다. 강원도 산불은 매년 봄에 꽃 피듯이 반복해서 발생하는데 막을 수는 없을까? 한 번 나면 바람이 강풍인데 이것도 자연현상이란다. 서풍이 백두대간 동쪽으로 넘어갈 때 고온과 만나면서 바람 속도가 엄청나게 빨라지는 '양간현상' 이라고 한다. 봄에는 불씨를 아예 없애는 것이 중요한데 그게 그렇게 어려운 모양이다. 강원도 산불 피해복구가 빨리 이뤄지기를 기원한다.

오늘 아침에도 새벽 일찍 일어나 감포항을 한 바퀴 둘러보고, 북진이다. 감포항은 내 생각보다 컸다. 6시 전후에 통과하는데 수협 건물 안에서 경매를 하고 있다. 잠시 호기심을 가지고 지켜보았는데 재미있다. 이곳에는 골뱅이도 경매를 취급하는데 나는 골뱅이를 처음 보면서 엄청 많이 봤다. 오늘도 일출은 보지 못했다. 하늘에 구름이 끼어서 7시가 넘은 시간에 중천에 뜬 해를 보았다.

이어서 오류마을과 연동마을을 지나니 포항이 나온다. 포항시 남구 장기면 두원마을이다. 바로 보이는 것이 과메기와 해병대라는 글자다. 과메기 하면 포항이고, 포항에는 해병사단이 있다. 과메기는 덕장이라는 시설이고 해병대는 경고문에 보인다. 두원마을을 지나고 계원마을 언덕에 오르니 정자와 벤치가 있다. 바다 전망이 좋은 곳인데 바로 전에 나를 추월해 갔던 자전거부대 중 실버 부부가 쉬고 있다. 인사를 나누었다. 인천에 사는 사람들인데 자전거를 고속버스에 싣고 부산으로 내려와 해파랑길을 따라 어제와 오늘 내일까지 울진까지 달리고 내일 오후에 버스를 이용하여 인천으로 복귀한다고 한다. 재미있게 즐기고 무사귀환을 바란다.

숨을 고르고 도착한 곳이 양포항이다. 이곳은 문어 집산지다. 문어 관련 문구와 시설들이 많다. 신창마을과 영암마을을 통과하고 대진마을 안길을 따라 걷는데 할미들 네 사람이 미역을 건조를 위해 손질하고 있어서 인사를 주고받으며 얘기를 나누었다. 한 할미가 생미역 줄기와 미역귀를 먹으라며 한 줌을 손에 쥐여준다. 무조건 먹었더니 맛이 좋았다. 마른 미역귀는 먹어 봤으나 덜 마른 미역귀는 처음 먹는데 맛이 그만이다. 포항 호미곶에 도착할 때까지 미역을 건조하기 위해 가지런히 정리하는 할미들을 많이 봤다.

오늘 걸은 감포에서 호미곶까지 갯바위들이 많은 동네인데 갯바위에 미역이 붙어사는데 그것을 따서 말린다고 한다. 해녀도 미역을 따고. 영암마을의 일출암을 지날 때 주민과 이야기하며 지나쳤는데 후에 공부하니 육당 최남선의 조선 10경이라는 찬사를 보낸 곳이다. 매사에 집중하고 허투루 지나면 안 되겠다는 생각이다. (※재방문 시에 보았다.)

구룡포읍에 들어서서 모포항을 지나서 언덕을 올라가는데 도로변 휴게소가 나와서 들어가 늦은 아침과 이른 점심 즉 아점을 먹고 전진을 해서 장길리 복합낚시공원을 구경하고 걷고 걸어서 구룡포항에 도착했다. 말로는 많이 들어본 항구다. 엄청나게 큰 항구다. 대개와 오징어를 잡는다는 배들이 셀 수 없이 많이 정박해 있다. 바다에 바람이 심하고 파도가 세서 조업을 못 나가고 모든 배가 항구에 정박해 있다는 주민의 이야기를 듣고 배가 많은 이유를 알 수 있었다. 이 배들이 모두 고기를 잡아 오면 얼마나 많을까? 쓸데없는 생각을 하며 구룡포항을 돌아 구룡포 해수욕장으로 전진한다.

그리고 구룡포읍에 들어서면서 눈에 많이 들어 온 것이 작은 쇠파이프로 만들어진 평행봉 같은 설치물인데 동네 빈 땅과 집 옥상 등 조금이라도 공간이 있으면 모두 설치물이 놓여 있다. 과메기를 말리는 기구들이다. 과메기의 고장이 구룡포라고 한다. 구룡포 해수욕장을 지날 때 헬기들이 북쪽으로 가면서 굉음을 내고 또 북에서 남으로 내려오는 헬기들도 여러 대를 목격했다. 아마 산불 현장에 오가는 헬기라는 생각을 한다.

한참을 북으로 걷는데 한반도 동쪽 '땅끝마을'이라는 표식을 보았다. 한반도 동쪽 땅끝마을이 포항시 구룡포읍 석병리에 있다. 육지에서 축양장이 있고 그 끝에 표지석이 서 있다. 해안가 축양장 옆 도로축대공사를 하느라고 현장이 아수라장이라 찾지 못해 놓치고 먼발치에서 보았다. 300여m 북쪽 정자에서 보니까 잘 보였다. 그 정자 자리가 진짜 땅끝처럼 보이기도 한다(※ 재방문 확인 시 2019년 말에 도로공사 준공되었다. 땅끝 표지석은 출입금지 차단기가 설치돼 있어 들어가지 못한다.).

호미곶면에 들어서서 살피니 걸음을 꽤 많이 걸은 것 같은데 호미곶의 호랑이 꼬리 꼭지가 얼마 남지 않았음을 알고 오늘 이곳에서 숙박하기로 하고 속도를 내는데 석양이라고 해님이 신호를 보낸다. 젖 먹는 힘까지 내서 걸어서 오후 6시를 넘겨 도착해서 등대와 상생의 손을 둘러보고 또 여기저기를 살펴보고 숙소를 구하고 오늘을 정리한다.

※ 2024년 8월 24일 재방문 시 '한국전쟁문학회' 대구 · 경북 지회장이고 '편백문학회' 회장인 최상화 님이 동참해 같이 답사해 주셨다. 점심을 사주시고 호미곶과 포항 시내를 구경시켜주고, 편백문학회원 교육 일이라며 편백문학관이 있는 '애플리'에 가서 회원들과 상봉하고 저녁까지 주셔서 호강한 포항 방문이었다. 최회장님과 회원님들 감사합니다.

오늘은

경북 경주시 감포읍 전촌리 해변 - 감포해수욕장 - 감포항 - 척사마을 - 오류리 - 고아라 해변 - 모곡마을 - 연동마을 - 포항시 남구 장기면 두원마을 - 계원 2리 - 양포항 - 신창어촌체험마을 - 영암 1·2·3리 - 대진마을 - 모포마을 - 성동리 마을 - 구룡포읍 구평리 - 장길리 마을 - 하정 1·2·3리 - 병포리 - 구룡포항 - 구룡포 해변 - 구룡포리(주상절리) - 삼정마을·항 - 두일포 마을 - 석병 1·2리(한반도 동쪽 땅끝마을) - 호미곶면 다무포 고래마을 - 강사 1·2리 - 대보 1리 - 호미곶 등대 및 광장까지

오늘 날씨는 아침엔 잠시 맑았는데 곧 구름이 끼어서 해를 7시 넘어서 보았다. 낮에 바람이 세차게 불었다. 한낮에는 15도가 넘었다. 날씨가 맑고 햇빛이 좋아서 낮에는 더웠다.

오늘 많이 걸었다. 걸음을 걷기 시작한 이후 오늘 신기록을 수립했다. 호미곶에 마음이 꽂혀 무리한 것 같다. 내일이 걱정이다. 어제 0.5만여 보에 4km와 오늘 6.1만여 보에 49km를 걸었다.

구 누계 : 427.7만 보. 3,228km.
신 누계 : 434.3만 보. 3,281km.

구룡포항

동쪽 땅끝 표지석

우리 국토 해안선 걸어서 돌기

(58-2회, 2019.4.6. 토요일), (재방문, 2024.8.24.)

우리 국토 해안선을 따라 걷는 103일째

456? 오늘 아침 일어난 시간이다. 즉 4시 56분에 눈을 뜬 시간이다. 오늘 일출 시각을 확인하니 6시 03분이다. 발의 냉찜질 20분 포함한 아침 행사를 내 절차대로 진행하고 배낭을 짊어지고 출동한다. 5시 50분에 해맞이 광장을 지나서 호미곶 '상생의 손' 구조물 앞에 6시 5분 전쯤에 도착했다. 20여 명의 인파가 벌써 나와서 이리저리 움직이면서 수평선을 바라보고 있다. 나도 대열에 합류해서 초조하게 바라보니 어제의 일출 시각에 본 수평선의 모습과 별반 다르지 않다. 큰 소리로 오늘도 틀렸구나! 라고 외치고 시계를 확인하는 찰나에 함성이 들린다. 비록 밑 부분이 찢어진 종이처럼 뒤틀렸지만 호미곶 해가 서서히 올라온다.

조금 지나니까 완전한 해가 보이고 또한 구름이 완전히 걷히고 있다. 다만 미세먼지나 황사 때문에 맑은 하늘은 아니라고 이구동성으로 얘기한다. '상생의 손'의 손가락 사이에 해를 넣어보려고 이리저리 왔다 갔다 하며 15분 동안 카메라와 핸드폰을 번갈아 가며 열심히 담아 보았다. 6시 20분이 되니 손가락 위쪽으로 해가 솟구친다. 더 의미가 없어서 과감하게 발길을 돌려 호미곶 반도 가장 끝부분으로 걸어 이동했다.

너무 이른 시간이라 볼 수 없는 등대박물관, 새천년 기념관이라는 곳에 바다 화석과 수석이 수천 점이 전시된 화·수석 박물관은 어제 봐서 뒤로하고 내 본연의 바닷가 걷기에 돌입한다. 대보2리 마을을 지나서 대보항에 다다르니 오늘도 경매하는 소리가 들린다. 약 20여 명이 이상한(?) 톤으로 이야기하는 사람의 구령에 따라 이동하면서 경매를 진행하고 있다. 포항 근방에는 돌문어가 유명하다는데 내가 본 시간에는 문어는 없었다. 20여 분 전에 이미 끝났다고 한다.

왼쪽으로 해송이 많은 곳을 지나는데 이육사 선생의 청포도 시비가 서 있다. 이육사 선생이 포항시 동해면 출신이란다. 어제부터 눈에 들었던 독수리 바위도 바로 바닷가에 서 있다. 호미 반도에는 해파랑길 말고도 '호미 반도 둘레길'이라는 길을 표시해 놓았는데 철저하게 바닷가에 만들어져 있다. 산길을 이용하고 해안가 모래 자갈밭을 이용하고 항상 물이 있는 곳은 데크를 깔아 다리 길로 연결해서 내가 하는 걷기를 가장 잘할 수 있게 돼 있다. 감사한 일이다. 어제부터 철저하게 그 길을 이용하고 있다. 오늘도 역시다.

다음 구룡소라는 용이 9마리가 살고 승천했다는 곳을 들어가는데 산길이다. 산길을 몇백m 지난 다음에는 데크 길이 점잖게 연결되고 물길이 끝나니까 모래 자갈길이 연결되고 하면서 1.2km를 30여 분에 걸을 만치 험한 길이다. 포장도로를 오랜만(?)에 만났다.

조그마한 포구가 나오는데 발산2마을이다. 실버 부부가 배에서 그물을 내리면서 정리를 하고 있기에 인사를 나누었다. 나의 몰골을 보고 사진을 찍으려면 자기 하는 일을 찍어서 SNS에 올려야지 사진 찍어서 뭐 하냐고 시비(?)를 건다. 고기가 잘 잡히며, 많이 잡았는지 물어보니 신세타령이 이어진다. 고기가 잘 잡히지도 않고, 잡힌 것도 가격이 너무 헐해서 팔 곳도, 팔 것도 없다고 한다. 50년 동안 어부를 했단다. 그런데 자식이 3남매인데 대학교육도 못 가르쳐서 평생의 한이고 돈도 벌지 못했다고 한다. 고기를 잡아도 다시 차를 타고 포항 죽도 시장에 직접 나가 팔아야 한다고 한다.

그 동네는 포항시에 통합되기 전에는 영일군이었다. 육상 교통이 불편해서 힘든 세월을 살아왔다고 하면서도 그물 손질을 열심히 한다. 그 마을 어촌계장인 73세의 김OO 씨와 30여 분을 이야기하면서 위로를 하기에 바빴다. 아무튼, 김 어촌계장님이 원하는 대로 세상이 잘되기를 기원한다.

다시 길을 재촉하여 장군바위를 지나서 햇빛을 등에 지고 앉아서 간식을 들면서 아침에 찍었던 일출 사진 2컷을 정리해서 성원을 보내 준 카톡 친구들 10여 곳에 날리고 쉬고 있는데 배낭 진 남자 2명이 지나가면서 아는 체를 한다. 같이 이야기를 나누면서 1km 정도를 같이 걸었다. 흥환 해변에서 해파랑길 스탬프 도장을 찍고는 한 코스를 너무 일찍 와서 그곳에서 좀 쉬었다 가겠다며 뒤로 남는다. 나는 또 혼자서 바람처럼 다음 코스인 하선대를 향해서 속도를 낸다. 구룡소 구간과 김 어촌계장과의 인사가 너무 길어서 시간이 꽤 많이 썼다. 만회해야 한다.

11시쯤에 하선대를 들어가면서 휴대전화를 확인하는데 부재중 전화가 있다. 포항에 살며 나와 같은 걷기를 반대쪽으로 걷는 주경태 선생이다. 내가 전화를 하려는 찰나에 전화가 온다. 지금 이쪽으로 오고 있으며 나는 계획대로 계속 걸어서 가란다. 맞춰서 찾아오겠다는 것이다. 어제 쓴 102번째 이야기를 SNS에서 읽고 댓글도 주고받았는데 오늘 이 시간에 여기에 온다는 것이다. 전화를 끊고 계속 전진이다. 하선대와 선바우길이 참 아름답고 걷기 편하게 데크 길을 잘 만들어져 있다.

바닷가 바위들의 비경을 바다 쪽에서 걸으며 구경하고 입암마을 끝에 있는 조그마한 포구를 지나는데 주선생이 전화가 다시 와서 만났다. 처음 전남 고흥군 녹동항 동쪽 풍남리 길거리에서 잠깐 만난 이후에 SNS에서 소식을 주고받다가 다시 만나 얼굴을 보니 감개가 무량하다. 오늘 부부가 같이 나와서 그동안 바닷가를 걸으면서 보기만 했던 회를 사 주셔서 배가 터지기 직전까지 먹었다. 참으로 감사하다. 부인도 걸음을 같이 하다가 발을 다쳐서 지금은 쉬고 주선생 혼자만 걸음을 한다는데 빨리 낳아서 합류하기를 바란다.

회를 먹고 힘을 내서 '연오랑세오녀' 테마파크와 임곡마을을 통과하고 도고 해변에 들어가는 솔밭을 지나 백사장을 걸었다. 고개를 들어 앞을 보니 왼쪽은 귀신 잡는 해병대부대이고 전방은 산업의 쌀을 생산하는 포스코가 무진장 크게 자리 잡고 있다. 포스코는 20여 년 전에 산업 시찰 명목으로 버스를 타고 정문으로 들어가서 설명을 듣고 내부의 위용을 보았다. 오늘은 외부의 위용을 보고 느끼고 생각하며 울타리와 차단벽 나무들을 스치며 형산강 다리까지 포스코 관련 지역의 한 면인 5km 이상을 깜깜하게 걸었다.

형산강에 다리가 하나나 마찬가지인데 교각 라인은 3개이다. 사람과 자전거가 다니는 '구 형산강교'이고 그 서쪽에 '형산 큰 다리', 또 그 서쪽에 '포스코 대교'가 놓여 있다. 나는 '구 형산강교'를 건넜다. 그리고 다리를 건너 고속버스 터미널까지 걸어서 이동하고, 고속버스가 서울까지 실어다 주었다. 어제오늘 꽤 힘든 여정이었다. 휴식을 하루 덜 하고 앞당겨서 진행했고 어제는 최고 기록의 걸음으로 많이 걸었다. 내일 비가 온다고 하니 잘 쉬고 다음 주를 기대해 본다.

오늘은

포항시 남구 호미곶면 대보리 등대 및 광장 - 대보 2리 - 대보항 - 구만1리 - 호미 반도 끝 - 구만2리 - 동구만 - 낭떠러지 데크길 - 대동배 2 · 1리 - 구룡소 - 동해면 발산2 · 1리 - 흥환 해변 - 마산리 - 하선대 - 선바우길 - 입암마을 - 연오랑세오녀 테마공원 - 청룡회관 - 임곡마을 - 도구 해변 – 일월동 – 청림동(청림동사무소) - 냉천교 - 포스코 3문 - 제철동사무소 - 괴동동 포스코 본사 앞 - 해도동 형산강교까지

오늘 날씨는 아침에 맑은데 낮엔 구름이 있었으나 곧 맑고 바람도 파도도 잔잔했다. 완벽한 일출 현상은 아니었으나 그런대로 괜찮은 일출을 보았고 기분도 좋았다. 이젠 한낮은 덥다. 복장을 봄옷으로 바꿔야겠다.

오늘은 끝내고 집에 가는 날이다. 그래서 부지런히 움직인 날이다. 어제의 과한 걸음으로 걱정을 했다. 특히 자갈길을 걸을 때는 신경을 무척 쓰고 조심했다. 한 걸음 잘 못 걸으면 물집을 포함한 상처가 나기 쉽다. 오늘 4.1만여 보에 32km를 걸었다.

구 누계 : 434.3만 보. 3,281km.
신 누계 : 438.4만 보. 3,313km.

호미곶 앞바다와 등대

호미곶 일출

우리 국토 해안선 걸어서 돌기

(59-1회, 2019.4.13. 토요일), (재방문, 2024.8.25.)

우리 국토 해안선을 따라 걷는 104일째

또 걷는다. 주말을 맞아 해안선 따라 걷는 일을 하기 위해 어제 금요일 오후에 버스로 이동했다. 버스에서 본 산하는 푸른 기운을 풍기면서 새 옷을 입을 준비를 하고 있다. 당분간 날이 갈수록 진한 색깔을 우리에게 선물하면서 자연이 시키는 대로 진행할 것이다. 산골에 깊숙이 띄엄띄엄 산발해 있는 각종 꽃나무가 만발해서 하얀 점, 붉은 점들이 찍혀 자연의 신비감을 심어준다.

포항에 도착해서 형산강 다리에서 연결해서 자투리 시간을 이용하여 걸었다. 파란 물은 이제는 친구들처럼 반갑다. 동해와 형산강물이 합쳐진 검푸른 물이 여유롭게 들고 나는 모습이 옛날 선인들의 말을 남기고 한없이 흘러가는 것 같다. 형산강 건너에는 수많은 굴뚝이 서 있는 포스코가 위용을 자랑하며 산업의 쌀이라는 철을 생산해서 각종 산업에 식량을 제공하는 공장의 공장이다. 보기만 해도 배가 부른다. 포스코가 자랑스럽다. 포스코가 있는 포항은 행복한 도시라고 생각한다. 이런 도시가 울산, 부산, 여수 등이 있다. 앞으로도 이런 도시들이 더 많았으면 좋겠다.

포스코의 건너편 강둑을 따라서 북쪽으로 주~욱 올라간다. 포항 운하관을 지나 송도해수욕장을 포함한 송정동을 한 바퀴 돌아 동빈큰다리를 건너서 조금 내려가니 그 유명한 죽도시장이다. 도로 쪽보다 옆으로 더욱더 깊숙이 퍼져 자리 잡은 대단히 큰 시장이다. 이 시장에서 파는 해물들이 어디서 조달될까? 생각했는데 시장 앞 도로 건너에 바다가 있다. 조금 북쪽으로는 포항항이 있다. 배들이 무척 많다. 저녁에 주로 조업을 나가 새벽에 들어와서 고기들을 내려놓으면 죽도시장에서 시민들에게 전달되어 식탁에 오른다고 한다. 엄청나게 큰 고기 항구와 죽도시장을 구경 잘했다.

포항 고기 항을 벗어나니 여객선 터미널이 나온다. 울릉도 가는 배도 있는 모양이다. 저녁때라 운항할 배가 없는지 한산하다. 뒤로하고 전진하는데 영일대 해수욕장이다. 길고 넓다. 북쪽 부분에 바다에 누각이 있다. 다리로 연결해서 시민 누구나 시원한 바닷바람도 쐴 수 있는 전망대 같은 역할을 한다. 계속 길을 따라 북진을 한다. 해수욕장을 지나니 한호 공원이 있고 그 뒤쪽으로 포항시 북구가 자리하고 있다. 북구 서북쪽으로 지난번 포항 지진의 진앙이고 피해가 제일 큰 흥해읍이다. 지금 포항은 청와대 청원에 서명하자는 현수막이 많이 걸려 있다. 포항 출발지에서 13km쯤 걷고 숙소를 구하고 쉬면서 오늘을 대비했다.

오늘 새벽에 일어나 일출 시각을 확인하니 5시 53분이란다. 한겨울에 비하면 2시간이 빨라졌다. 아침 해를 보려면 5시 반에는 나가야 한다. 더구나 숙소 위치가 고약한 곳에서는 좋은 위치에 나갈 수 있는 것까지 고려해서 일찍 나가야 한다. 출동해서 20여 분 걸으니 흥해읍 죽천리 해변이 나오는데 일출 시간이 되어 가는데 오늘도 수평선 멀리는 구름인지 안개인지가 끼어있어 맑게 보이지 않는다.

눈을 부릅뜨고 주시하는데 구름 속에 해의 형태가 비교적 크게 보이고 2분쯤 뒤에 절반쯤 구름을 차고 일어서며 해가 붉게 나온다. 혼자서 신나게 10여 분 동안 역시 카메라와 핸드폰을 번갈아 가며 찍어 나간다. 50여 컷을 찍고 확인하고, 찍고 확인하고 재미가 쏠쏠하다. 내 실력을 내가 알기에 적당하면 걷기 시작한다. 일출 사진을 정리해서 나에게 카톡을 보내 주신 카톡 친구들에게 보내려 했으나 너무 일찍 잠을 깨웠다는 몇몇 친구들의 원성(?) 때문에 2시간쯤 뒤에 30여 친구들에게 보냈고 답신을 20여 개 받았다.

죽천리 해변의 일출을 뒤로하고 전진한다. 우목리의 언덕을 넘으니 신항이다. 영일만항이라는 간판이 보인다. 바다 멀리는 지난번에 본 호미곶의 실루엣이 뱀처럼 길게 누워있다. 호미곶이 대양의 거친 파도를 막아주어 영일만은 조용한 바다가 되어 또다시 거대한 포항 영일만 부두를 건설하고 있다. 포항국제컨테이너터미널이 들어서고 있다. 또 하나의 우리나라의 수출입 물동량을 처리할 커다란 항구를 만들고 있다.

용한1리를 지나니 또 '영일만 2 일반산업단지'가 앞을 막는다. 거대한 공장들이 소리도 크게 가동 중이고 옆에서는 공단을 확장하는 토목공사의 망치소리가 요란하다. 공단을 돌아서 북으로 전진하니 칠포 해변이 두 군데에 넓게 펼쳐져서 열심히 일한 경북도민과 대구시민들을 맞아서 정서 순화에 이바지하는 동네다. 만나서 얘기하는 사람들 대부분이 여행을 온 대구와 경북도민이 10중 8·9다. 아울러서 오도리 해변도 훌륭한 해변이다.

사방기념공원을 멀리 보고 '이가리' 항을 거쳐서 전진하니 무척 큰 월포 해변이 펼쳐져 있다. 아직 때가 일러 사람들은 많지 않지만, 점점 많은 사람이 모여들 것이다. 방어리 해변을 거쳐 포항의 마지막 해변은 화진 해변이다. 화진 해변에서는 대구의 어느 동사무소의 관변단체들의 야유회가 진행 중이었다. 가무가 흥겹게 치러지고 있다.

동해안은 해파랑길과 국토 종주 동해안 자전거길이 주~욱 조성돼 있다. 같이 가기도 하고 따로 가기도 한다. 그리고 우리가 알기로는 부산부터 동해안이 7번 국도로 이어지는 도로로 알고 있는데 부산(기장군 일광)에서 포항까지는 31번 국도가 동해안에 존재하고 포항에서부터 북쪽으로 7번 국도가 동해안을 책임지고 있다는 것을 알았다.

지경리라는 마을이 포항의 맨 끝에 있다. 폭 10여m의 하천을 사이에 두고 지경리를 건너면 영덕군 남정면 부경리가 자리한다. 2km쯤 북쪽으로 더 이동하면 장사 해변이 나온다. 해파랑길 50개 코스 770km 중 18개 코스 310여km를 걸었다. 포항을 결산하고 장사 해변에서 오늘을 마감하고 포항을 지도상으로 다시 읽어보고 있다. 포항은 '훌륭한 우리의 대표 지방 도시'라고 자랑하고 싶다.

영덕군 남정면 장사리 해변에 6·25 전적비와 관련 시설이 있다. 알아본 바에 의하면 장사 상륙작전(長沙上陸作戰), 장사동 상륙작전(長沙洞上陸作戰) 또는 장사동 전투(長沙洞戰鬪)라고 하는 전투가 있었다. 1950년 9월 15일부터 9월 19일까지 경상북도 영덕군 남정면 장사리(1988년 이전은 장사동)에서 벌어진 상륙작전을 포함한 전투다.

당시 장사 상륙작전의 작전 계획서인 '작전명령 제174호'에 따르면 인천상륙작전에 맞추어 9월 15일부터 시작하는 유엔군의 낙동강 전선 돌파 공격을 위해 북한군의 보급로 차단을 통한 후방 교란이 공식적인 주목적이었으며 간접적으로나마 인천상륙작전을 위한 북한군의 주의 분산을 위한 목적도 있었다고 평가되기도 한다.

9월 14일 부산항을 출발한 이후, 9월 15일 06:00에 상륙작전이 개시되었다. 학도병과 이들을 지휘하는 육군 장교들로 구성된 총 772명의 독립 '제1 유격대대'가 LST 문산호를 타고 장사리 해안에 상륙하여 국도 제7호선을 봉쇄하고 북한군의 보급로 차단에 성공하고 철수한 작전이다.

이 상륙작전은 인천상륙작전의 양동작전으로 실시되어 양동작전으로서 성공하였다. 원래는 제8군의 임무였으나, 유엔군의 상륙지점 교란을 위해 인민군 복장을 하고 특수 작전을 해야 하는 사정상 북한군과 외모가 비슷한 남한 출신 학생들인 학도병에게 작전명령 174를 맡긴 것이다.

부대는 3일간의 물자만 보급받아 9월 14일 2시부터 장사리 해안에 상륙하여 교란할 때 다 쓰고 철수할 예정이었다. 그러나 때마침 불어온 태풍 '케지아'로 인해 LST 문산호가 좌초되는 바람에 작전 계획은 뒤틀려버렸다. 발이 묶은 제1 독립유격대대는 물자가 부족한 상황에서도 7번 국도 차단 임무를 계속 수행하였다.

인천상륙작전이 성공한 뒤, 1950년 9월 19일에 유엔군 정찰기에 포착되었고, 해안선을 따라 항행하던 미국 제7함대 태스크포스 77 소속 'USS 헬레나 CA-75'(영어판)가 이끄는 포격임무대(bombardment Task Force)의 엄호를 받으며, LST 조치원호를 타고 철수하였다. 39명 정도가 마지막 철수 과정을 엄호하면서 남겨졌다고 알려져 있는데 그들의 생사는 알 수 없다고 한다.

작전의 결과로 독립 제1 유격대대의 139명이 전사하고 92명이 상처를 입은 것으로 추정되고 있으며, 철수한 독립 제1 유격대대는 휴식을 취하고 인원을 보충받아 정비한 뒤, 전선에 복귀하였다. LST 문산호는 좌초된 채로 버려졌다. 시간이 지나 1997년 3월 6일에 발견되어 인양되었다. (※ 2019년 9월 25일 개봉한 독립영화 『장사리 : 잊혀진 영웅들』은 인천상륙작전 하루 전날, 경북 영덕군 남정면 장사리에서 벌어진 '그들만의 상륙작전'을 다뤘다. 114만여 명이 관람했다고 한다.

■ 포항의 이모저모

□ 포항 12경

호미곶 일출, 내연산 12폭포 비경, 운제산 오어사 사계, 호미 반도 둘레길, 영일대&포스코 야경, 포항 운하, 경북 수목원 사계, 연오랑세오녀 테마공원, 철길 숲&불의 정원, 죽장 하옥계곡 사계, 장기읍성&유배문화 체험촌, 구룡포 일본인 가옥 거리

□ 추천 여행지

도전'해'보는 여행, 포항이랑 '썸'타는 여행, 미래를 현실로! 과학여행, 호랑이 기운 듬뿍! 파도 소리 여행, 자연을 느껴봐! 힐링 여행, 뜬다! 떠 오른다! 구룡포 여행, 역사에 한 발자국 여행, 포항의 맛 · 미각 톡톡 여행, 일상 속 특별함! 포항축제 여행, 포항 구석구석 여행, 추천 여행코스

□ 문화유산

보경사, 오어사, 장기읍성, 법광사지, 용계정과 덕동 숲, 오

감주 나무 군락지, 달전리 주상절리, 북송리 북천수, 뇌성산, 모포줄, 오덕리 근대한옥, 구) 삼화 제철소 고로, 칠포리 암각화군, 상달암, 남성재, 흥해향교, 연일향교, 천곡사, 죽와정, 죽성재

□ 해수욕장

구룡포 해수욕장, 도구해수욕장, 삼정 해수욕장, 영일대 해수욕장, 월포해수욕장, 칠포해수욕장, 화진 해수욕장, 흥환간이해수욕장, 해파랑길(13~18구간)

□ 특산물

구룡포 과메기 · 대게, 포항물회, 호미곶 돌문어, 포항 개복치회, 영일만 검은돌장어, 경상도 강정, 보리 피자, 약전 참기름, 영지차, 포항 과메기 비누, 생 성게 알 · 알젓, 성게 알 통조림, 냉동 성게 알

오늘은

포항시 남구 송내동 형산강교(형산 큰다리, 포스코 대교, 구) 형산교) - 해도동 - 포항 운하관 - 송도해변 - 동빈큰다리 - 북구 죽도동(죽도시장) - 포항항 - 포항여객선터미널 - 영일 해변 - 환호공원 - 환여동 - 포항대학교 - 여남동 - 흥해읍 죽천 2 · 1리 - 우목리 - 포항신항(영일만항) - 포항 국제컨테이너터미널 - 용한 1리 - 영일만 2 일반산업단지 - 칠포 2리 · 1리 - 오도리 마을 - 청하면 청진 3 · 2 · 1리 - 이가리 마을 - 용두1리 - 월포 해변 - 방어리 - 송라면 조사리 - 방석 2 · 1리 - 화진1 · 2리 - 화진 해변 - 지경리 - 영덕군 남정면 부경 2 · 1리 - 장사리 해변까지

오늘 날씨는 아침에 맑은데 먼바다는 구름이 있었으나 일출 후 5분쯤 뒤에 구름도 걷히고 바람도 파도도 잔잔했다. 좋은 편의 일출은 아니었으나 보통의 일출은 됐다. 한낮은 더웠다. 걷는 중에 식수가 많이 필요하다.

오늘도 첫날의 여유를 부리며 욕심을 냈다. 지난번에 많이 걷고 어제도 생각보다 많이 걸었다. 1차 목표 영덕 땅에 들어오면서 마감했다. 어제 1.8만여 보에 13km와 오늘 5.0만여 보에 39km를 걸었다.

구 누계 : 438.4만 보. 3,313km.
신 누계 : 445.2만 보. 3,365km.

장사항 장사 상륙작전 군함과 전적 기념물

우리 국토 해안선 걸어서 돌기

(59-2회, 2019.4.14. 일요일), (재방문, 2024.8.25.)

우리 국토 해안선을 따라 걷는 105일째

오늘은 비가 오신다는 예보를 듣고 보아 알고 있어서 긴장되는 새벽이다. 어제 날씨 앱을 확인하니 비 확률이 오전 9시에 60%, 정오에 60%, 오후 3시에 30%다. 애매한 시간 계획이다. 이유가 없다. 무조건 빨리 출발해서 오전에 마치고 서울 가야 한다. 새벽 4시 10분에 눈을 뜨고 이런저런 준비와 먹고 싸는 것까지 마치고 밖에 나오니 5시 5분 전이다. 주위는 칠흑이다. 가로등 불빛에 의존해서 인도를 찾아서 안전하게 걷는다. 지난겨울의 새벽 추위는 어디 가고 후덥지근한 기분을 주는 기온이다. 9시부터 비가 오는 것을 전제로 열심히 걸었다.

어제 영덕 땅에 들어오니 관광객을 위해서 '블루~로드'라는 이름과 함께 자전거 길을 파란색 라인으로 그려서 인도하고 있다. 고속도로와 서울의 버스 전용 차선처럼 그려져 있어서 파란색만 찾으면 국토 종주 동해안 자전거길이다. 멀리 길을 잃어버릴 수 없는 괜찮은 길 표식으로 영덕을 걸을 때는 애용을 해야겠다.

오늘 새벽 깜깜한 길에서도 가로등 밑에서 확인하고 걸었다. 해파랑길은 자전거 길과 더 바닷가의 오솔길이나 제주의 올레길 같은 동네 안길 등을 이용해 표시돼 있다. 국도보다 자전거 길이 중복으로 길고 해파랑길은 자전거 길과 동네 안길과 오솔길 등을 왔다 갔다 해서 더 길다. 깜깜할 때는 자전거 길을 따라서 걸었다. 장사 해변 북쪽 끝 다리를 건너 부흥 마을에서 위험한 해파랑길을 생략하고 자전거 길을 따라서 원척마을을 향해서 걸었다.

30여 분이 지나니 여명이 달려와 주위의 분간이 가능해진다. 해파랑길을 찾아서 들었다. 파도 소리를 들으며 바닷가를 지난 모습이 싱그럽다. 하늘은 구름이 잔뜩 끼어있다. 구계마을을 통과하는데 일출 예정 시간보다 10여 분이 지난 6시가 지났는데도 동해안 수평선 어디에도 오늘의 해가 보이지 않는다. 동네 주민들이 나와서 미역을 손질하고 있다. 오늘 해는 잊으란다. 지난밤에 바람이 꽤 심하게 불어서 미역이 많이 말랐다며 미역 건조에는 도움이 되는 바람이란다.

조그마한 남호 해변을 통과하고 삼사마을 앞에 해상 산책길에서 실버 한 사람을 만나 인사를 나눴다. 포항에 사는 데 여러 곳에 사는 자식들이 모여서 하는 가족 행사에 따라와서 참여하고 자다가 아침 산책을 나왔다며 7남매 자식들의 가족들이 몽땅 왔는데 50여 명이라고 한다. 자식들 때문에 재미있는 노후를 보낸다고 한다. 계속 재미있고 건강한 삶이 되기를 바란다는 인사를 나누고 전진한다.

계속해서 바닷가 쪽 가드레일이 쳐진 도로를 걷는데 할매들이 가드레일을 잡고 먼바다를 바라보고 있어서 놀러 오셨냐고 물어보니 그 동네 주민들이란다. 그동안 걷다가 만난 이들에게 뭘 좀 물어보면 대개가 여행 온 사람들이 많고 주민들은 만나기가 어려웠다. 그래서 아침 일찍 나와서 산책을 하거나 바다를 구경하는 사람에게 무엇을 물어보면 여기 사람이 아니고 외지인인 경우가 많아서 웃곤 했다.

그래서 오랜만에 만난 주민들에게 공기 좋고 산도 바다도 좋아 여기 사시는 분들은 늙지 않아 좋겠다고 이야기를 했다. 할미들이 말하길 아프지 않아야 안 늙는데 아프다고 한다. 세 사람 모두 허리도 아프고 무릎도 아파서 많이 늙었다고 한다. 그래서 내가 앞에 보이는 바다에서 일을 많이 해서 아픈 것 아니냐고 말하니까 꼭 맞는 말을 한다고 한다. 생각해 보니 바다에서 진짜 일을 많이 했다고 한다. 특히 자식들 가르치려고 미역 일을 열심히 했다고 한다. 자식들은 부모에게 잘하느냐고 물어보니 잘한다고 하면서 피식 웃는다.

할미들이 앞으로 건강하게 잘 사시라고 작별 인사를 하고 하늘을 보면서 발길을 재촉해서 맞이하는 동네는 강구항이다. 강구항 입구 바닷가에서는 파도가 모래밭에 도달하면서 가져다 놓은 미역을 갈퀴나 갈고리로 줍는 사람들을 보았다. 기장부터 북쪽으로 수백 리까지 미역을 채취하는 사람들을 볼 수 있고 길가에서는 할미들이 미역을 팔고 있다.

서울에서 강구항 간판을 단 식당들을 여러 곳에서 보아서 궁금했는데 지금 강구항에 내가 와 있다. 오포마을을 지나 다리를 건너니 강구마을에서 무진장 많은 대게와 횟집들을 보고 지나며 어물 시장에서 대게와 여러 가지 생선들을 구경하고 비 예보와 흐린 날씨 때문에 식사할 겨를도 없고 7시 반쯤의 이른 시간이기에 밥 주는 식당도 없어서 눈으로 먹고 계속 전진이다. 대게는 4마리에 10만 원이고 홍게는 1마리에 1만 원 정도라는데 나는 게에 관해서는 관심이 별로라서 비싼지 싼지를 잘 모르겠다. 왼쪽으로 돌아 다음 행선지를 찾아가는데 해파랑 공원이라고 넓은 땅에 주차장과 잔디밭이 잘 정비되어 있다. 공원 안에서 직접 바닷가는 볼 수 없도록 출입을 통제하고 있다.

강구항을 벗어나 금진리를 통과하는데 하늘에 구름 사이로 해님이 살짝 얼굴을 보여주고 아는 체를 한다. 그리고 다시 들어가 버린다. 날씨는 여전히 흐리다. 부지런히 길을 걸어 하저마을 펜션 옆에 있는 편의점에 들러 먹을 것을 찾는데 라면, 도시락 등 요기꺼리가 없단다. 과자 한 봉지와 우유 팩을 하나 사서 대용식을 늘리고 나왔다.

오른쪽으로 꺾어서 계속 걷는데 하저 삼거리 부근 블록 울타리 위로 집안이 들여다보이는 집이 있다. 담 옆에 그 집 창문턱이 있는데 그곳에서 조그마한 수석들을 정리하고 있는 할미가 보인다. 인사를 나누고 지금 뭐 하시냐고 물으니 수십 년 전에 수석을 모았다며 정리하는데 집 밖에다 하고 있단다. 창문틀과 그 아래 뜰에 무진장 진열되어 있고 또 내가 서 있는 도로와 그 집 담벼락 사이에도 커다란 수석들이 수십 개가 널브러져 있다. 들면 들 수 있는 정도의 크기들이다. 왜 그러느냐고 물으니 도롯가에 있는 것은 다른 사람들이 보라는 것이란다. 누가 가져가면 할 수 없단다. 실제로 몇 개를 누군가가 가져갔단다. 재미있는 할미다.

그리고 나의 꼴(?)을 보고 묻는다. 쭉 이야기하니 자기 자식도 2명이 서울에 있다며 집에 들어와 밥 먹고 가란다. 들어가서 요기를 하고 싶었으나 하늘을 보니 밥 생각도 없어지고 조금 전 편의점에서 우유와 과자를 먹었기에 사양을 하고 이야기만 더 나누었다. 영감은 80세, 자기는 79세이고 서울에 있는 둘째는 영관장교로 직업군인을 하다가 지금은 국방부에 근무하고 있고, 막내는 금융결재원에 근무하고 있으며 서초동과 분당에 사는데 명절에는 꼭 온다고 한다.

장남은 제주도에 살고 있으며 옛날 체신청 관련 기관에서 근무하는데 1년에 1~2개월을 제주에 가서 지내고 서울에는 1년에 1~2회 간다며 서울 사람을 만나니 반갑단다. 다시 밥 먹고 가란다. 정중히 사양했더니 나중에 가족이랑 내려와서 놀다 가라고 한다. 자기 집 2층을 제공하겠다며 꼭 다시 오라고 한다. 혈육에 이어진 지연이 중요함을 다시 느끼게 한다. 젊어서 일을 열심히 해서 3형제를 모두 대학까지 마쳐서 사회에 내보낸 한국의 부모의 상을 다시 보았다.(※ 재방문 시 시간이 돼서 찾아갔다. 내외분은 건강하며 수석은 그대로 진열돼 있다. 찾아와서 반갑다며 밥 먹고 놀다 가라고 5년 전과 똑같은 말을 한 전복술 할배 내외분 감사합니다.)

오라고 하는 데는 없는데도 바쁜 사람이 나 아닌가? 하저해수욕장을 통과하니 영덕읍 대부마을이다. 다행히 비가 내리지 않아 1차 목표인 오보마을까지는 갈 수 있을 것 같아서 재촉하는데 창포마을에 '해동용휴사'란 절이 왼쪽에 있는데 대규모 공사 중이다. 차단기를 세우고 출입을 통제하고 있다. 기록하고 들어가려 했으나 안내자도 나도 정보가 너무 없고 일기도 알 수 없어 그냥 통과했다. 걸으면서 인터넷으로 검색했다. 옛날부터 있던 절이다. 모두 걷어내고 리모델링인 중창 공사를 한다고 한다. (※ 재방문 시 확인했는데 지금도 공사 중이다. 사람 출입은 가능하다.)

고개를 올라가는데 자전거 2대가 나를 추월해 간다. 조금 올라가다가 힘이 드는지 내려서 끌고 걸어간다. 내가 추월해서 인사를 나누는데 인천에서 왔는데 삼척까지 자전거를 타고, 삼척에서 버스를 이용해서 인천에 간다고 하는 중년의 부부다. 지난번 울산과

포항의 경계 부근에서도 만난 부부도 인천 사람이었는데. 인천이 자전거가 유행인가 보다.

가는 길목에 창포말 등대와 영덕 해맞이공원을 구경하는데 여러 가지 키가 작은 꽃들이 만발해 기분을 업시킨다. 고개를 내려가니 대탄 마을이고 조금 더 가니 오늘 마음속으로 정한 목표지점 오보마을이다. 주민에게 영덕 가는 차 시간을 물어보니 10분쯤 뒤에 있고 또 1시간 반쯤 뒤에 있다고 한다. 그 시간이 11시다. 욕심이 생겨 다음 차를 타기로 하고 다음 마을인 노물리를 향해 도로가 아닌 해파랑길을 따라 들어갔다.

노물리를 통과하고 다음 마을을 향해 해파랑길을 계속하여 걷는데 이게 사람을 혼나게 하는 길일 줄이야!? 군 해안초소들이 있고 마을도 없는 낭떠러지와 자갈길과 데크 길과 밀림 같은 키 작은 소나무밭을 통과하는 길이 사람을 힘들게 했다. 오르고 내리고 2km쯤의 길을 통과하는데 50여 분이 소요됐다. 축산면 경정마을에서 끝냈다. 첫날이라면 아기자기하게 재미있을 것 같은 코스인데 오늘은 서울 가야 하는 끝나는 날이다.

지금부터는 지방 소도시에서 서울 가는 차를 타려면 군내버스를 타고 고속버스 출발하는 터미널 가는 차 때문에 힘들게 한다. 창원부터 포항까지는 전혀 걱정이 없었다. 앞으로는 힘도 들고 신경을 써야 한다. 오늘 이용한 군내버스 노선은 하루에 5번 다닌다. 좋은 시절 다 갔다. 노물리에서 경정마을까지 참 힘들게 걷고 큰길에 나와서 40여 분을 기다려 버스를 타고 영덕에 도착해 서울 가는 차를 탔다. 새벽부터 힘든 하루였다. 고속도로도 차가 막혀 제 속도를 못 내고 자주 멈춘다.

오늘은

영덕군 남정면 장사리 해변 - 부흥1리 - 원척마을 - 구계마을 - 남호마을 - 강구면 삼사마을 - 호정곶 마을 - 오포마을 - 강구항(강구리) - 강구항(해파랑 공원) - 금진2·1리 마을 - 하저마을 - 영덕읍 대부마을 - 창포마을(해동용휴사) - 국립 청소년 해양센터 - 창포말 등대 - 영덕 해맞이공원 - 대탄마을 - 오보마을 - 노물리 마을 - 석리마을 - 축산면 축산리 경정마을까지

오늘 날씨 때문에 조마조마했다. 아침부터 후덥지근했다. 낮은 더웠다. 걸으며 물을 많이 마셨다.

오늘도 끝나는 날의 초조함과 비를 걱정하며 보냈다. 욕심내다가 험한 길을 만나 힘든 하루였다. 동네 버스 기다리며 마감했다. 오늘 3.9만여 보에 29km를 걸었다.

구 누계 : 445.2만 보. 3,365km.

신 누계 : 449.1만 보. 3,394km.

강구항

영덕 해맞이공원의 창포말 등대

우리 국토 해안선 걸어서 돌기

(60-1회, 2019.4.20. 토요일), (재방문, 2024.8.25.)

우리 국토 해안선을 따라 걷는 106일째

오늘도 걷는다. 때가 되면 걸어야 한다. 지난번 몸살로 고생을 좀 했는데 다행히 나아졌다. 100%는 아니지만. 목에 가래가 해결이 완전히 안 된 것 같다. 그래서 어젯밤에 영덕에 내려왔다. 영덕이 원거리 사람들이 나들이하기에 교통이 좀 불편하다. 동서울터미널에서 출발한 버스는 안동에 들러 15분 정도 정차하고 손님을 내려주고 또 싣고 영덕으로 왔다. 중간에 들리는 것이 꽤 지루하게 느껴진다. 4시간 반이 걸렸다.

차창 밖의 자연은 일주일 전과 비교하면 엄청난 속도로 빨리 달리고 있다. 지난번엔 푸르름이 약간 보이는 정도였는데 어제는 모든 식물의 잎이 육안으로 보일 정도로 자랐다. 완전한 신록이다. 2019년 봄을 이렇게 어물어물 보내고 있다. 누가 뭐라고 하건 말건 하늘이 시샘하건 말건 봄과 자연의 기운은 흐르고 있다.

영덕 버스터미널에 내려서 지난번 그 자리(?)에 가기 위해 군내버스를 알아보는데 아차! 10여 분 전에 출발해 버렸다. 다음 차는 1시간 반 뒤에 막차가 있다. 그 시간은 밤이다. 그 자리에서 숙소가 있는 곳까지는 4~5km를 가야 한다. 앱으로 확인해보니 택시 타면 요금이 1만여 원이 나와서 택시를 타고 편하게 가는데, 갈수록 마음이 편하지 않다. 요금이 검색 때보다 무려 80%가 더 나온다. 앱보다 너무 많이 나왔다고 혼잣말을 했더니 기사가 2,000원을 더 거슬러 주고는 휑하게 가버린다. 무슨 일인지를 모르겠다. 미터기에 문제가 있는지! 아니면 길을 돌아왔는가?

아무튼, 10여 분 만에 지난번 끝낸 그 자리인 영덕군 축산면 경정 3리에서 바닷가로 내려가 바다와 인사를 나누고 해파랑길 코스를 밟아서 전진한다. 날은 흐리고 바람도 꽤 세게 분다. 그리고 지금까지의 동해안과 달리 산악지형과 계곡지형이 펼쳐지고 계곡에 마을들이 옹기종기 모여 있다. 서해와 남해에서 많이 본 우리나라 해안의 특징이다.

경정마을을 부담 없이 바닷가로 걷는데 '대게 원조 마을'이라는 표식 된 자연석 비가 자주 눈에 띈다. 경정2 마을인 차유마을의 축산 앞바다에서 잡아 올린 게가 대나무와 비슷하다고 1345년 영해 부사인 정방필이 순시 차 둘러보고 이야기한 내용을 후에 대게라고 명명하였다고 한다. 영덕대게는 12월부터 다음 해 4월까지 잡고 나머지 기간은 금어기라고 한다. 영덕은 대게 취급 식당이 엄청나게 많다.

경정마을에서 대게를 공부하고 다음 도달한 마을이 축산마을이다. 고기잡이배가 엄청 많은 것으로 보아 옛날부터 물고기가 많이 잡아들이는 항구로 보인다. 여기서 숙소를 구하여 오늘을 대비하여 준비했다.

오늘 새벽에도 4시 반쯤 일어나 출동 준비를 하고 밖에 나온 시간이 5시 반이다. 오늘 일출 시각이 5시 44분이다. 바닷물이 출렁이는 데는 5분쯤 나가야 한다. 괜찮은 장소에서 일출을 맞이해야 여러 가지 구성을 그리며 몇 컷을 찍을 수 있다. 축산항 북쪽 끝에 약간 높게 만들어진 전망대가 있어서 올라가서 동쪽 수평선을 바라보니 구름을 둘러쓰고 해가 보인다. 잠시 후에 해가 그런대로 보기 좋은 상태로 보여서 10여 분간 핸드폰과 카메라를 번갈아 가며 셔터를 누르고 북행을 한다. 발밑의 하얀 파도 물결도 카메라에 잡힌다. 일출 시간이 빨라서 일찍 일어나 행동을 하니 낮이 길다. 하루의 걸을 수 있는 시간이 많지만, 또 체력이 문제다.

축산마을 2개를 지나니 영해면 사진리가 나온다. 도롯가에서 실버 부부가 미역을 말리고 정리한다. 인사를 나누고 작황을 물으니 올해 미역 수확이 좋지 않단다. 그러나 되는대로 맞추며 산다고 한다. 나의 사정을 묻고 대답하니 반건조 된 미역귀를 먹어보라 한다. 한 개만 먹어보겠다 하며 하나를 집었다. 그런데 걸어가면서 간식을 하라며 한 움큼을 집어서 내 호주머니에 넣어준다. 호주머니가 한가득하다. 감사함의 인사를 하고 다시 출발이다. 길을 걸으면서 온종일 심심할 때 먹을 수 있었다. 맛이 좋았다. 감사할 따름이다.

한참을 걸으니 도로 공터에서 체조하는 장년 여성을 만났다. 인사를 하고 지나오는데 뒤를 따라온다. 다음 마을에 자기 집이 있단다. 이야기를 나누었다. 부산이 집인데 4년 전에 남편이 몸이 아파 친정인 이곳에 요양을 위해 왔단다. 그런데 2년 전에 병을 이기지 못하고 사망했다고 한다. 자식들은 2명인데 외국과 서울에서 살고 있단다. 부산 집에는 돌아가지 않고 형제들과 친척들이 있는 이곳에서 계속 살기로 했다고 한다. 가족이 4명이었는데 몇 년 사이에 혼자만 남았다며 세상을 한탄하지만, 미역을 채취하며 열심히 살고 있다고 한다. 부디 잘 살기를 바란다.

다음은 대진리 3개 마을을 지나는데 길거리에 오징어를 말리는 작업을 하고 있다. 다음이 대진해수욕장이다. 바다 하천의 고래불 대교를 넘으니 병곡면 덕천리이고 여기서부터 4km가 백사장으로 돼 있는 아주 넓은 사구를 연상하는 고래불 해변이다. 모래밭과 넓은 소나무밭이 형성돼 있다. 또 수산·해양 관계 연구소와 오토캠핑장이 들어서 있는 특이한 지형이다. 캠프장 앞에 해수욕장은 개방되지 않고 막혀 있다.

병곡면 소재지와 금곡리를 지나니 울진군 후포면이다. 11시다. 후포리는 방송에 자주 나와서 잘 알려진 고을이다. 금음리 4개 마을을 통과하고 신율리 2개 마을까지 백사장으로 돼 있다. 동해안에 백사장이 무척 많다는 사실이 이상하다. 오늘도 파도가 거칠게 치는데 미역을 채취하는 사람들이 많다. 거친 파도가 미역을 떼어서 파도에 휩쓸려 밖으로 나온다고 한다.

후포항에 들어가니 초입이 큰 토목공사가 진행되고 있는데 무슨 내용인지는 모르겠다. 본 항에는 배들도 무척 많고 조선회사도 자리하고 있고 후포마을에는 1리부터 6리까지 있는 대단히 큰 마을이다. TV에서 보았던 백년손님 촬영장소와 배경이 된 구축물도 잘 보았다.

다음은 평해읍 거일마을과 진산마을을 통과하니 관동팔경이라는 월송정이 빽빽한 소나무밭에 우뚝 서 있다. 월송정에 올라도 소나무가 크게 자라 바다를 막아 보이지 않는다. 조금 더 전진하니 기성면 구산리 마을과 봉산리 마을을 지나고 울진비행 교육수련장인 경비행장이 나온다. 이런 곳에 비행훈련장이 있는 것도 재미있다. 숙소를 구한 기성면 소재지에서 오늘을 마감한다.

■ 영덕의 이모저모

□ 역사 문화 탐방 · 전통마을

신돌석장군유적지와 생가, 장사 상륙작전 전승기념관, 목은 이색기념관, 괴시리 전통마을, 인량리 전통마을

□ 숲속 계곡 · 해수욕장 · 공원

옥계계곡, 옥계 산촌마을, 칠보산자연휴양림, 고래불해수욕장, 장사해수욕장, 대진해수욕장, 해맞이공원 · 캠프장, 산림생태문화체험공원, 신재생에너지전시관, 삼사해상공원

□ 축제 · 체험

영덕대게 축제, 영덕해맞이 축제, 영덕황금은어축제, 영덕물가자미 축제, 장육사 템플스테이, 영덕대게마을, 해양레포츠센터, 나라골 보리밭 농촌전통테마마을, 차유마을, 영덕청소년 해양환경체험센터

□ 길 따라 …

해파랑길, 영덕 블루로드, 강구항, 죽도산 · 전망대 · 블루로드 다리, 풍력발전단지, 해안 드라이브 코스, 역사체험코스, 문화유적탐방코스, 해파랑길(19~23구간)

□ 특산물

영덕대게, 황금 은어, 복숭아, 송이버섯, 돌미역, 영덕 청어과메기, 물가자미, 타우린계란, 영덕 옹기장

오늘은

영덕군 축산면 경정 3 · 1 · 2리 - 축산 2 · 1리 - 영해면 사진 3 · 2 · 1리 - 대진 3 · 2 · 1리 - 대진해수욕장 - 병곡면 덕천리 해수욕장 - 원홍리 오토캠핑장 - 영리 백사장 – 고래불 해변 -

병곡 2 · 1리 - 금곡천 - 금곡 1 · 2리 - 울진군 후포면 금음 4 · 3 · 2 · 1리 - 삼율 1 · 2리 - 후포리 - 후포 1 · 2 · 3 · 4 · 5 · 6리 - 평해읍 거일 2 · 1리 - 직산 2 · 1리 - 월송리 · 월송정 - 기성면 구산리 - 봉산 2 · 1리 - 정명리 - 척산 1리 - 기성면 척산리(기성면사무소)까지

오늘은 계절에 비해 추웠다. 영상 1도에 체감온도는 0(영)도였다. 그리고 바람이 시시각각 다르게 강하게 불었다. 바다의 물결 파도도 강하게 바위에 부딪혔다. 날씨는 맑았다. 낮에는 더웠다.

오늘은 첫날로 욕심을 내게 하는 날로 많이 걸은 것 같다. 숙소 구하는 일 때문에 많이 걷게 만들기도 했다. 이곳이 아니면 전후로 5km 이상 떨어져 있어서 여기에서 쉬게 한 발걸음이다. 힘든 하루였다. 어제 0.5만여 보에 4km와 오늘 5.9만여 보에 46km를 걸었다.

구 누계 : 449.1만 보. 3,394km.
신 누계 : 455.5만 보. 3,444km.

영덕 대게 원조마을 표지석

월송정

우리 국토 해안선 걸어서 돌기

(60-2회, 2019.4.21. 일요일), (재방문, 2024.8.25.)

우리 국토 해안선을 따라 걷는 107일째

오늘도 지난주 일요일처럼 복잡한 날이다. 인터넷 지도상 국도로 울진까지 25km이며 실제 내가 걷는 거리는 30여km가 넘을 것으로 생각했다. 게다가 서울 올라가는 차표 예약을 못 했다. 그리고 일요일이다. 될 수 있으면 빨리 울진으로 가서 뒷일을 보는 것이 신상에 이롭다는 걸 잘 알지 않는가? 새벽 3시가 조금 지난 시간에 눈이 떠진다. 1시간 더 자자고 사정(?)을 하고 다시 눈을 붙인다.

다시 눈을 뜨는 시간은 4시 5분이다. 피곤한데도 시간 맞춰서 눈 떠진 것을 보면 참으로 희한하다. 벌떡 일어나서 아침에 행하는 나의 일을 해결하고 아침을 먹는다. 새벽 4시 반쯤에 단팥빵 1개, 삶은 달걀 1개, 사과 반쪽, 볶음 땅콩 한 숟가락 정도를 우유와 같이 먹는데 잘 안 넘어간다. 한편으로 처량하기 짝이 없다. 안 먹으면 죽는다는 보약으로 생각하고 독립군과 6·25 선배들을 대입하며 목에 넘긴다.

해결하고 치우고 밖에 나온 시간이 5시 7분 전이다. 대문을 나서는데 논이 있는 들판이다. 사물이 분간이 안 되는 깜깜한 밤이다. 핸드폰 카카오 지도를 가동해 길을 찾아 전진이다. 기성면 소재지를 벗어나기 위해 해파랑길 지도의 길에 접어드는데 언덕이다. 언덕을 오른다. 15분쯤을 오르고 10여 분을 내려가고 또 10분쯤 오르고 5분여를 내려가는 등산 2번을 하고 앞을 보니 사동마을과 해변이 여명의 기운과 함께 시원하게 펼쳐진다. 산길을 걷는데 여러 가지 산새 소리를 들었다. 고개를 다 넘도록 자동차가 1대도 지나가지 않았다. 그래서 그런지 굵은 소리, 가는 소리, 둔탁한 소리, 청량한 소리 등의 무슨 새인지 알 수 없는 새소리를 재미있게 들었다. 그러면서 몸은 땀으로 범벅이었다. 산길을 오르고 내리는데 새벽부터 기진맥진이다. 무척 더웠다.

사동마을 3개를 지나도록 일출 시각은 지났는데 해는 뜨지 않는다. 날씨가 흐리다. 구름이 해를 막아버렸다. 또 산길을 오른다. 혹시 해가 뜰까 봐 조바심 속에 걸음을 재촉해서 산길을 오르고 내려가니 6시 5분쯤이고 망양리 마을인데 군 초소가 오른쪽에 보이고 군 3/4톤 차량이 옆에 주차되어 있고 상급자인 듯한 군인 아저씨(?)가 거수경례로 아는 체를 해서 거수경례로 답례를 하고 망양마을로 전진한다.

걸으면서 먼바다를 쳐다보는데 해님은 소식이 전혀 없다. 날은 완전히 밝아져서 아침이다. 이른 시간의 시골 어촌의 길은 무척 한가롭다. 펜션 앞의 주차된 차들도 푹 쉬고 있다. 거리를 걷는 기분은 상쾌하다. 두 번째 망양마을을 통과하는데 바로 길옆 높은 곳에 조그마한 정자가 있다. 조금 높은 곳에서 보면 앞이 보이는 것이 다를까? 또 백사장이 무진장 넓다. 동해안에 생각보다 백사장이 많고 크고 넓고 잘 관리되어 있다. 경치도 기막히게 좋은 곳이 많다.

국토종단 동해안 자전거 길을 따라 옛길을 따라가는데 마을 앞에 빨랫줄 같은 기구들이 많다. 궁금했는데 오징어를 말리는 건조대라고 한다. 울진에는 오징어라는 간판이 대게보다 더 많은 것 같다. 오징어 판매장이라는 건물을 지나니 매화면 덕신리에 망양 휴게소가 있다. 휴게소에 들어가서 국밥으로 아침을 먹었다. 7시 반쯤이다. 7시대에 아침을 먹다니 오늘은 횡재한 날이다. 어제는 후포항에서 12시 반에 아침을 먹었는데 말이지.

휴게소에서 내려가다가 7번 국도와 합쳐진 길을 주~욱 따라 걷다가 오산항 쪽으로 가는 길을 따라가니 오산리라는 마을이 1리는 오천마을, 2리는 초산마을, 3리는 무릉마을이라는 옛날의 자연부락 마을 이름이 병기되어 있었다. 해안가 모래밭에서 군락을 이루며 사는 해당화가 벌써 꽃을 선사한다. 아직 띄엄띄엄 피어있어 애처롭게 보이지만 참 예쁘다.

무릉마을에 울진 군립요양원이 있다. 요양원 입구에 마을 주민인 할미 두 사람이 얘기 중이어서 요양원에 관해서 물어보았다. 군(郡)에서 직접 운영하다가 요즘은 위탁 운영자가 운영 중인데 거기에 들어가려는 희망자는 많은데 모두 수용이 안 되어 대기자가 많다고 한다. 그러나 자기들은 거기 들어갈 생각이 전혀 없다며 웃는다. 요양원은 고을마다 동네마다 많다. 요양원은 들어가야 하는 본인한테는 인기가 없다는 것이 사실로 나타난다. 거동이 힘든 고령자들은 어이 할꼬?

계속해서 걷는다. 근남면 복진 마을이다. 오늘도 파도가 제법 큰데 미역을 건져 올리는 사람들이 많다. 기장 미역만 미역이 아니다. 울산, 경주, 포항, 영덕, 울진까지 바닷가 마을에 미역이 없는 곳이 없다. 또 낚시는 어떻고. 낚시 인구가 참으로 많다. 백사장과 갯바위가 있는 곳은 모두 낚시꾼들이 점령하여 고기도 낚고 세월도 낚고 있다. 걸으면서 혹시 만나면 고기 많이 잡았냐고 물어보면 대부분이 아니란다. 휴대용 가스레인지에 물고기 대신 돼지고기 삼겹살을 굽는 것도 많이 보았다. 쓰레기는 절대 버리지 마시기를 빈다.

오늘은 걷다가 물개 바위도 보고 또 촛대바위도 보았다. 1986년에 도로를 개설하면서 인공적으로 만든 촛대바위는 멋있다. 큰 덩어리 바위를 쪼개서 조금 남겨져 있는데 꼭대기에 소나무가 살고 있다. 이곳은 민박집이 참 많다. 펜션의 형태도 조그마한 게 많다. 북진을 거듭하다가 드디어 '망양정'을 만났다. 보았다. 관동8경이라고 한다. 망양정 주변은 펜션과 횟집들이 무진장 많다. 망양정에 가면서 의문을 가졌었는데 정자 앞에서 풀렸다. 동네 망양마을은 훨씬 남쪽에 있는데 왜 머나먼 북쪽에 같은 이름의 정자가 있을까? 의아했는데 원래 망양마을에 있었는데 이곳으로 옮겼다고 한다. 올라서 보니 바다가 잘 보였다. 처음에 지은 사람도 나처럼 걸어서 돌아다니다가 위치가 좋아서 선정했을까?

왕피천 남쪽 면을 따라 걷다가 철도 다리 공사하는 가설 교를 통해 왕피천을 건넜다. 포항에서 삼척까지 철도공사(2024년 말 준공예정)를 하고 있다. 엑스포공원을 한 바퀴 돌고 남대천 남쪽 면을 따라 걸어 올라가 울진읍에 들어가서 곧장 버스터미널에 가서 걸으며 걱정했던 차편을 알아보니 서울 가는 차편이 많다. 직통버스는 아니고 중간에 두 군데, 네 군데를 거쳐서 30분쯤 늦게 동서울터미널에 도착하는 시외버스다.

시외버스 앱에 포함 안 된 시간의 버스가 많았다. 앱에는 4회밖에 없는데 10회가 넘게 있다고 한다. 미리 알았다면 조급과 걱정을 덜면서 여유 있는 걷기가 되었을 텐데 말이지. 그래서 정보가 중요하다. 이것저것 계산 없이 결론적으로 무조건 고맙고, 감사하다. 죽변과 임원을 거쳐서 삼척에서 강릉 - 인천 영동고속도로와 중부고속도로를 탔는데 차량이 많아 차가 가다 서기를 반복한다. 도로가 막힌다. 행락철이 분명하다. 대비는 없다. 다음 주에도 무조건 고고~~

오늘은
울진군 기성면 척산리(기성면사무소) - 기성리 - 사동 3 · 2 · 1리 - 망양 2 · 1리 - 매화면 덕신 2 · 1리 - 오산 1(오천) · 2(초산) · 3(무릉)리 - 근남면 진복 2 · 1리 - 산포 3 · 2 · 4 · 1리 - 왕피천 수산교 - 수산리 - 엑스포공원 - 염전해변 - 남대천 - 울진대교 남단 - 산사천교 - 울진읍 읍내리 - 울진 버스터미널까지

오늘은 어제와는 딴판이다. 최저 기온이 15도란다. 계절에 비해 덥다. 그리고 바람도 잠잠했다. 바다의 파도도 약간 강하게 바위에 부딪혔다. 날씨는 흐렸으나 비와는 상관없고 후텁지근했다. 상당히 더웠다.

오늘은 불확실한 동네에서 부딪히는 걱정을 많이 한 날이다. 어제 좀 무리한 게 다리가 어색했는데 속도를 낼 수밖에 없는 서울가는 날이라 차표 때문에 너무 일찍 서둘러 힘들었다. 걸은 시간은 짧지만 힘든 하루였다. 오늘 3.8만여 보에 29km를 걸었다.

구 누계 : 455.5만 보. 3,444km.
신 누계 : 459.3만 보. 3,473km.

관동제일루 관동팔경인 망양정

미역 채취하는 주민들

우리 국토 해안선 걸어서 돌기

(61-1회, 2019.4.27. 토요일), (재방문, 2024.8.25.)

우리 국토 해안선을 따라 걷는 108일째

울진! 정말 멀고 지루하다. 어제 오후 동서울터미널에서 탄 버스는 동해, 삼척, 임원, 호산, 부구, 죽변 등 여섯 군데를 들려 승하차를 하고 4시간 반 만에 내려준다. 시간보다도 중간에 들리는 게 더 지루함을 준다. 어제 내려온 길의 차창 밖은 완전히 신록이다. 모든 식물은 잎을 발산하고 성장해서 바람에 날리고 있다. 비가 내리는 가운데의 식물은 더욱더 싱그럽고 생기가 넘쳐 보기가 참 좋다.

잔디밭도 초록으로 물들어 우리를 들어오라고 유혹한다. 횡성과 둔내와 평창 등 고지대는 개나리와 벚꽃이 한창이다. 대관령을 넘는데 이슬비가 내린다. 산등성이에 운해가 멋지게 신선의 기를 주고 커다란 한 폭의 동양화를 선물한다.

버스가 도착해서 내린다. 비가 그친 기분인데 잔뜩 흐리고 진한 안개가 낀 것 같이 껌껌하다. 그러나 당장 비가 내리지는 않는다. 주민에게 물어보니 온종일 조금씩 비가 내리다 그친지 20여 분 됐다며 비가 그친 것으로 본다는 사람들이 많아서 10여 분 망설이다 출발했다. 터미널을 출발해서 남대천의 월변교를 건너서 공세항을 찾아서 10여 분 걸어가는데 웬걸 비가 조그맣게 내린다. 계속 200여m를 걸으니 비가 또 그친다.

공세항에 도착하니 가느다란 비가 계속이다. 더하여 바람이 강하게 불고 바다의 파도도 매우 거칠게 밀려와서 방파제에 부딪히니 하얀 물거품을 크게 남기고 다시 돌아가는 일을 끊임없이 반복하고 있다. 소리도 엄청나게 크다. 거기에 어둠은 밀려오고 비가 내리니 갑자기 겁이 나고 무섭다. 비에 대한 대책이 전혀 없는 상태다. 좀 이른 시간이지만 부랴부랴 숙소를 알아보는데 가까운 지역에는 없다. 1.5km쯤 후방인 버스터미널 근방에 집중되어 있고 전방으로는 몇 군데 모텔, 펜션, 민박집 등이 혼재하고 있다. 주~욱, 하나씩 알아보는데 복잡하다. 비를 맞으며 걸어가면서 전화로 알아보는데 그런대로 만족할 만한 곳은 5km 전방에 있는 죽변면 봉평1리 마을에 있는 모텔이다.

비가 소강상태이기를 바라면서 계속 걸었다. 마을을 5개를 지나는 데 비가 내리다 그치기를 수없이 반복한다. 30여 분 걸으니 위의 겉옷과 배낭이 젖어 들고 있다. 우여곡절 끝에 2시간 이상을 걸어 봉평마을에 도착해서 살피니 겉옷과 배낭이 많이 젖고 신발도 꽤 젖은 상태여서 말리면서 내일을 준비한다. 바닷가 옆에 있는 집인데 파도 소리가 크게 들려 오늘 밤에 잠을 제대로 잘 수 있을지 걱정을 하며 잠자리에 들었는데 파도 소리가 너무 시끄러워 잠을 설쳤다.

새벽 2시에 깨고 또 4시에 깨고는 하였다. 그때마다 밖을 확인하는데 비가 계속 내렸다. 4시 반쯤에 일어나 준비하고 5시가 지난 시간에 드디어 비가 멈춘 것을 확인하고 혹시나 하는 기대를 하고 일출 시각 5시 33분보다 15분여 이른 시간에 밖으로 나왔다. 날씨는 맑아지고 있는데 수평선에는 먹구름이 잔뜩 끼어있다. 오늘도 수평선 위의 해님은 모시기 힘들다고 생각하고 북쪽으로 발걸음을 재촉했다.

그러나 고개는 자꾸 오른쪽으로 돌아간다. 그 찰라, 구름 속에서 빨간색이 보인다. 해변이 모두 사유지인지 집들이 들어차 있고 울타리로 막아 놓아 장애물이 많다. 해가 보이는 곳인 소나무밭에서 무조건 자리하고 셔터를 눌렀다. 또 구름으로 들어가는 해님을 붙잡을 수가 없다. 가다가 보다가 찍다가를 반복하여 10여 분이 지나니 해님이 강력한 빛을 발하고 일출 행사를 마감하였다.

1시간이 채 안 되게 걸어서 죽변항 들어가는 직전이 후정리인데 500여 년 된 향나무가 있다. 울릉도에서 파도에 떠밀려 건너와서 이 자리에 자리 잡고 살아간다는 전설의 안내가 적혀 있다. 조금 더 걸어 들어가니 죽변항이다. 면 소재지의 조그마한 마을인데 항구에 어선이 무진장 많다. 죽변은 먹을 것이 많다는 이 주변이 고향인 친구들의 얘기를 들은 적이 있는데 오늘 6시 40여 분쯤에 콩나물국밥을 날달걀을 넣고 맛있게 먹고 7시쯤 출발이다. 이번 걸음 답사를 하면서 7시 전 아침 식사는 드문 일이다.

죽변마을을 완전히 벗어나는데 또 후정리라는 표지판이 보인다. 튀어나온 땅끝이 죽변마을이고 가운데 쪽으로 후정리가 길게 자리하여 남쪽에 3리, 가운데가 2리, 북쪽이 1리로 자리하고 있다. 여기서 2km쯤 북쪽에 덕천리가 있는데 현재는 민가는 한 채도 없고 '한울 원자력발전소'가 들어서 있다. 발전소 자리에 있었던 마을을 후정 2리에 이주를 했는데 자연부락 마을 이름을 '덕천'마을이라 명명하여 살고 있다고 한다. 법적인 지번은 후정리이고 구전으로는 덕천마을이다. 옛 고향의 냄새를 잊지 않으려는 사람들의 몸부림이라 생각해 본다. 가장 북쪽에 있는 후정1리는 한국해양연구원 동해 연구기지가 넓게 잡고 있다.

조금 더 북진하니 원자력발전소가 넓게 자리하여 길은 들과 산으로 이어져서 한 바퀴를 돌면서 북면 구부리로 이어지며 울진의 북쪽을 걷는다. 나곡리에 도달하는데 나곡 4리가 태봉마을이다. 광해군의 딸 왕녀의 탄생 시 나온 태를 이곳에 봉안하여 관리했다는 것이다.

계속 전진하는데 내가 걸어온 소도로가 끝나는 막창인 듯하여 살피는데 도로 건너편에 갑자기 삼척노인회라는 간판이 보인다. 마침 장년 2명이 차 운행을 준비하고 있어서 경위를 물으니 내 앞에 가로로 있는 도로 가운데가 경북 울진군 북면 고포항과 강원도 삼척시 원덕읍 고포항의 경계란다. 원래는 조그마한 하천의 도랑인데 복개하여 도로가 되었다고 한다. 이렇게 해서 경상북도까지 내 걷기가 끝난다. 너무 싱겁다. 바로 삼척으로 가기 위해 나아가는데 바다가 보인다. 그런데 철조망이 처져 있다. 울진을 결산해 본다.

울진은 1000년 이상을 강원도 땅으로 살다가 1963년부터 경상도 땅이 되었다 한다. 일설에는 힘 있는 정치가가 권력을 발휘(?)해서 강원도의 울진 땅을 가지고 경상북도로 들어갔다는 얘기를 예전에 농담 반 진담 반으로 들은 적이 있다. 울진 남쪽엔 경상도 냄새가 풍기고 북쪽엔 강원도 풍습이 배어있다고 한다. 말소리도 그렇다.

울진은 고속도로도 없고 기차도 없는데 우리나라 동쪽 나라로 가는 비행기는 하늘에서 구경을 많이 한다고 한다. 포항에서 삼척까지 기찻길을 건설하고 있는데 완공되면 울진에도 기차역이 몇 개 생길 것으로 보인다. 비행장도 있는데 사람들이 적어 큰 비행기는 안 내리고 안 오르지만, 소형 비행기가 뜨고 내리며 비행 교육훈련장이 되어 조종사를 양성하고 있다고 한다.

울진은 백두대간이 지나고 있고 금강소나무와 금강소나무 숲길과 왕피천에 생태 탐방로와 남대천의 은어는 자랑할 만한 우리의 자산이기도 하다.

- o 울진의 명소는 불영사, 석류굴, 격암 남사고 유적지, 후포항, 죽변항, 후포등기산공원, 후포리 신석기 유적관, 덕구계곡, 신석계곡, 불영사계곡, 월송정, 망양정, 드라마 촬영세트장 등이 관광객들을 기다린다.
- o 휴식을 위한 공간으로는 백암온천, 덕구온천, 십이령 옛길 보부상 주막촌, 구수곡자연휴양림, 동고산 자연휴양림 등이 울진의 맑고 깨끗함을 자랑하고 있다.
- o 울진의 특산품은 울진 대게, 울진 붉은 대게, 울진 송이, 울진 생토미(쌀), 울진 고포 미역, 울진 왕돌 오징어, 울진 봉산 젓갈, 울진 은멸치 등인데 이번 여행에서 나는 1가지 정도 먹어 본 것 같다. 이래서 울진은 캐치프레이즈를 '숨 쉬는 땅 울진, 여유의 바다 울진'으로 하고 세상에 내놓고 사람들을 부르고 있다.

경북 울진 북면 나곡 6리인 고포항에서 강원도 삼척시 원덕읍 원천 1리 고포항으로 바뀌어 계속 걷는다. 이곳이 1968년 울진·삼척 무장공비 침투사건이 일어난 현장이다. 50년이 더 지난 후에 내가 걸었다. 현장은 지금도 해안가에 철책이 처져 있다. 당시 현황의 사진 게시판을 붙여 놓았다.

다음은 삼척 땅에 들어와 월천리를 지나고 가곡천을 통과하는데 북쪽에 솔밭이 있는데 이게 유명한 삼척 솔 섬이다. 그 뒤에는 호산 LNG 생산기지의 커다란 탱크들이 있다. 다음 원덕읍 소재지인 호산항을 통과하고 삼척화력발전소를 지나 노곡항, 비화항, 임원항, 신남항, 갈남항을 차례대로 발걸음을 찍어가며 통과했다.

임원항의 회 센터와 생선 시장을 한 바퀴 돌아보는데 팔팔한 물고기들이 입맛을 돋우는데 여건이 맞지 않아 눈으로 냄새로 즐기고 갈 길을 찾아서 나섰다. 신남 마을의 해신당 공원은 동해안 유일의 남근숭배 민속이 전해 내려오는 곳으로 전에는 도롯가에 조각물들이 전시돼 있었는데 지금은 동네 안에 들여놓고 입장료를 받고 있다. 10여 년 전에 도롯가에서 본 것을 기억하고 가름하여 통과했다.

대부분 산악의 자전거도로를 따라 강원도의 이름에 걸맞은 산을 오르고 내리고 열심히 걸어서 장호항에 닿았다. 장호항은 삼척의 나폴리라 칭하고 있다. 케이블카가 설치되어 있다. 장호항은 펜션과 민박집이 많은데 만원이다. 어렵게 민박집을 얻어 오늘을 정리하고 내일을 준비한다.

■ 울진의 이모저모

□ 자연 · 사찰 명소

통고산, 응봉산, 백암산, 왕피천 계곡, 신선 계곡, 구수곡 계곡 · 자연휴양림, 불영사, 덕구계곡, 성류굴

□ 휴양 · 온천

금강송 에코리움, 통고산자연휴양림, 백암온천, 덕구온천

□ 공원 · 시설

등기산공원, 은어 다리, 나곡 드라마 세트, 후포 벽화마을, 황금 울진 대게 공원, 엑스포공원, 죽변 드라마 세트, 망양정, 월송정

□ 레저 · 트레킹

바다목장 해상공원 낚시터, 승마, 스킨스쿠버, 요트 · 윈드서핑, 해파랑길, 왕피천 생태 탐방로 · 은어길, 금강소나무 숲길, 나곡 낚시공원, 해파랑길(23~28구간)

□ 농어촌체험

거일1리 어촌체험, 구산 어촌체험, 기성 어촌체험, 나곡1리 어촌체험, 쌍전리 녹색농촌체험, 십이령 농촌체험, 거리고 농촌마을, 굴구지 산촌체험

□ 축제

울진 대게 축제, 금강송 송이 축제, 평해 남대천 단오제, 성류 문화제, 죽변항 수산물축제

□ 특산물

울진 송이, 칠색동 미, 블루베리, 취나물, 산 더덕, 감자, 양파, 산양삼, 생 표고, 딸기, 복 수박, 잡곡, 벌꿀, 야콘, 건고추, 산 복숭아 액상 차

오늘은

울진군 울진읍 읍내리(버스터미널) - 읍남리(공세항) - 연지1리(울진항) - 연지3리(대나리) - 온양 1, 2리 - 죽변면 봉평 1, 2리 - 후정 3리 - 죽변항 - 죽변마을 - 후정 2, 1리 - 덕천리 - 북면 고목 2, 1리 - 신화 1, 2리 - 부구리 - 나곡 2, 1(곡리), 3(나실), 4(태봉마을), 6(고포항)리 - 강원도 삼척시 원덕읍 월천 1(고포항), 2, 3리 - 가곡천 - 호산(원덕읍 사무소)마을 - 옥원 마을 - 노곡 1(작진마을), 2(노곡항)리 - 비화 마을 - 임원 1, 2, 3리 - 신남 마을 - 갈남 마을 - 근덕면 장호항까지

오늘은 새벽 4시까지 비가 내렸다. 최저 기온은 5도이고 체감 온도는 3도였다. 아침엔 바람도 강하게 불었다. 바다의 파도는 온종일 높아 바닷가에 가까이하기가 무서웠다. 8시쯤부터 더위를 느끼게 하고 하늘엔 구름 한 점 없이 아주 맑았다.

오늘은 걸음걸이 첫날로 여유와 욕심을 부리는 날이다. 삼척 땅에서는 산악행군이 많았다. 해안가 길이 연결이 안 돼 자전거 종주 도로를 많이 걸었다. 어제 1.0만여 보에 8km와 오늘 5.7만여 보에 43km를 걸었다.

구 누계 : 459.3만 보. 3,473km.
신 누계 : 466.0만 보. 3,524km.

삼척의 나폴리라는 장호항 모습

우리 국토 해안선 걸어서 돌기

(61-2회, 2019.4.28. 일요일), (재방문, 2024.8.30.)

우리 국토 해안선을 따라 걷는 109일째

오늘도 걸어야 한다. 어제 좀 힘들었던 것 같다. 어젯밤 잠자리에 든 후 한 번 만인 4시 20분쯤에 눈을 뜨고 일어나 어느 때나 마찬가지로 준비를 하고 5시에 준비된(?) 아침을 들고 민박집에서 밖으로 나오니 하늘은 찌푸린 흐린 얼굴이다. 오늘 일출은 5시 32분이다. 15분 일찍 나와서 길을 찾아 걷는다. 길은 옛 7번 국도다. 자전거 길도 같다.

언덕을 오른다. 용화리다. 해상케이블카와 해양 레일바이크 역이 있다. 4월의 아침 5시 30분경의 마을은 고요하다. 움직이는 것은 아무것도 보이지 않는다. 일출 시각은 이미 지났지만, 하늘은 빨간빛 한 점 없이 회색 기운만 내린다. 발길을 재촉하는데 또 오르는 고개다. 자전거 길에는 고개 정상까지의 거리와 경사도를 바닥에 표시해서 참고토록 하는 친절한 봉사를 하고 있다. 이번엔 500m에 7%라는 글이 보인다. 새벽부터 힘을 쓰게 한다. 땀이 흐른다.

고개를 내려가는 중간에 황영조 기념공원이라는 표지판과 삼거리가 나온다. 도로 옆에 있는 게 아니고 800여m를 오른쪽으로 내려가야 한다는 표시다. 바다 쪽이다. 주도로를 벗어난 길은 내가 선호한 길이라 무조건 우측행이다. 초곡항 남동쪽 언덕에 건물 하나와 주변이 정비된 공원에 기념관도 있다. 이른 시간이라 아무도 없다. 레일바이크도 공원 가운데로 통과하는 레일이 있다. 한 바퀴 돌아 살펴보고 초곡항 길을 따라 서쪽으로 걷는데 펜션 아래층 공간에 실버 한 분이 담배를 피우고 있어 황영조에 관련한 질문을 하는데 귀가 안 좋은 실버다. 본의 아니게 큰 소리로 얘기하니까 알아듣고 대답은 하는데 아뿔사!? 옆방에 자는 사람 중 몇 사람이 깨서 나온다. 미안하기 짝이 없다. 이야기하는 곳에서 뒤쪽에 황영조 씨의 가족들이 지금 살고 있고, 초등학교는 4~5km 떨어진 용화에서 출발한 해양 레일바이크 역이 있는 궁촌에 있는 근덕초등학교 궁촌분교를 다녔다고 한다.

황영조 임무(?)를 마치고 계속 바닷가 쪽으로 나오니 초곡 해수욕장이다. 도롯가에는 황영조 마을이라는 표지판이 있다. 해수욕장을 벗어나서 도로로 나와서 걷는데 삼각대 같은 표지판에 '경축 삼척 황영조 국제마라톤대회'라는 글자가 보인다. 뭔가? 궁금증을 가지고 걸었다. 궁촌레일바이크 역에서 의문이 풀렸다. 오늘이 삼척 시내에서 황영조 마을까지 왔다 가는 마라톤 대회가 있는 날이다. 9시에 출발해서 뛴다는 현수막이 보인다. 3시간쯤 뒤에 뛰는 선수들과 삼척까지 걸었다. 풀-코스를 뛴 경험이 있는 나로서는 재미난 일이기도 했다. 아무튼, 초곡해변 문암해변 원평해변 궁촌해변을 거쳐 나왔다.

궁촌에서 해파랑길과 자전거 길을 이별하고 바닷가에 있는 공양왕 길을 따라 걸었다. 공양왕릉이 삼척에도 있다는 것을 알고 있어서 왕릉을 보겠다고 생각을 하고 있었다. 그런데 걷다가 주민을 만나 길을 묻고 이런저런 이야기를 나누며 함께 길을 걸어가다가 헤어지고 고개를 올라가며 핸드폰 인터넷 검색을 하니 마을 뒤쪽에 있는 왕릉 입구를 지나온 지 1km 이상이다. 그래서 생략하고 말았다. 이때의 내 심정을 알아주는 사람은 주경태 선생일 것이다. 아무튼, 왕릉은 보기는 생략하고 해파랑길이 아닌 공양왕길을 걸었다(※ 재방문일 2024년 8월 30일에 왕릉을 보았다.).

이후 바다에 조금이라도 가까운 길은 해안가를 걷는 나의 취지와는 맞는 방법인데 힘든 길이었다. 일종의 군사도로다. 아무것도 보이지 않는 오른쪽이 낭떠러지인 산길 4km 정도를 오르고 내리기를 5번과 수 없이 오른쪽 왼쪽을 반복하니 대진마을이 나온다. 나무만 보이고 가끔 멀리 바다가 보이기도 한다. 땀을 많이 흘렸다. 대진항과 부남해변이 있는데 내키지 않는다. 들어가면 다시 그 길로 나와야 하는 오지다. 그것을 생략하고 마을 길을 따라 부남리에 나오니 마읍천이 근덕면 소재지까지 연결되어 있다. 삼척의 오늘 걸은 지역에는 감나무가 많다. 감나무 새싹들이 청아하다.

마을을 나와 마읍천 제방을 따라 걷는데 마을 앞 변두리에 소를 대량으로 키우는 축사를 만났다. 냄새가 심하다. 여러 곳의 축사를 지나니 그 옆에 보리나 키가 큰 밀(?) 같은 초록색의 밭을 만났다. 소의 먹이가 되는 사료 풀이다. 축사냄새는 고약한데 밭의 사료 풀은 보기가 좋았다. 계속 걸어서 마읍천의 하류 근처의 근덕면 소재지에 들어가 식당을 찾아 10시 반쯤에 순댓국 한 그릇으로 아점을 해결했다. 꿀맛이다.

식사를 마치고 마읍천 둑을 따라서 내려가니 맹방 명사십리해변이 나온다. 감탄이 절로 나온다. 해변이 엄청 넓다. 대충 알아보니 4~5km쯤 되는데 편의시설은 갖춰지지 않았고 가운데쯤에 무슨 리조트가 딱 하나 있다. 모두가 은빛 백사장이고 해변을 따라 안쪽에 소나무밭이 있다. 철조망 울타리를 쳐 송림보호 지구로 지정해서 관리하고 있다.

숲 가운데에 도로를 내고 울타리를 쳐서 그 길에 사람만 다니도록 하고 있어서 나는 오늘 대우를 받은 기분으로 걸었다. 길가에는 해당화를 심어 놓고 보호한다는 글자들을 보았는데 지금 막 피기 시작한 해당화가 순하고 단아하게 보인다. 몇 컷 찍었다. 다시 나와 백사장을 마저 걷고 상맹방리에 도달하니 유채꽃을 엄청나게 심어놓고 3월 말부터 오늘까지 유채꽃 축제를 하고 있다. 관광객들이 많고 버스들도 여러 대가 와 있다. 서울을 포함한 외지에서 관광을 많이 왔다는 증거이다. 그런데 유채가 아직 만개하지 않아서 절반만의 꽃을 즐기고 아쉬움을 뒤로 하고 발길을 돌린다.

삼척 시내로 들어가는 큰길을 찾아 걷는데 황영조 마라톤에 참가한 아마추어 선수들이 골인 지점 5~6km를 남기고 마지막 힘을 쏟으며 뛰고 있다. 선수들을 격려하며 같이 걸어 신 7번 국도로 합류하고 삼척교 다리를 건너 오십천 북쪽 둑을 따라 바다와 반대 방향으로 걸어서 삼척 버스터미널에 바로 들어갔다. 이렇게 해서 어제 고포 항에서 시작한 도로명 주소 삼척로를 1번에서 4296번까지 완보하여 7번 신 국도인 동해대로로 합류한 것을 확인하기도 하였다.

오십천 북측 둔치에는 장미들이 엄청 많이 심겨 있는 장미공원이다. 장미가 피는 시기에 방문하면 꽃을 많이 만난다고 한다. 오십천 둔치를 잘 정비하고 가꾸어서 걷기를 포함한 운동과 여러 활동을 하도록 만들어져 있어서 많은 시민이 이용하고 있다.

서울행 버스가 다행히 바로 있어서 표를 샀다. 동해를 거쳐서 달리는데 인천-강릉고속도로 여주부터 밀리기 시작한다. 이천 근방부터 버스전용차로가 있어 다행히 계획된 시각보다 30여 분만 늦게 도착했다. 경부고속도로도 비전용 차들은 거북이걸음이다. 다음 주부터 5월이다. 바야흐로 행락철의 본격적인 진입이다. 잘 피해 다녀야 한다.

우리 국토 중 해안가 도보 답사 막바지다. 시작과 마지막을 조심하라고 했다. 다음은 삼척에서 강릉 쪽으로 걸어가야 한다. 다시 고고~ 라고 소리친다.

■ 삼척의 이모저모

□ 주요 관광지

해양 레일바이크, 해상케이블카, 장호 비치 캠핑장, 맹방 비치 캠핑장, 삼척 미로 정원, 대금굴, 환선굴, 해신당공원, 이사부사자공원&그림책 나라, 수로부인헌화공원, 이사부길, 죽서루, 초곡 용골 촛대바위, 해파랑길(29~32구간)

□ 공원 유원지

검봉산 자연휴양림, 봉황산산림욕장, 월천유원지, 재등 유원지, 해가사의 터, 황영조 기념공원

□ 해변

궁촌해변, 덕산해변, 상 · 하맹방해변, 문암해변, 부남해변, 삼척해변, 오분 해변, 용화해변, 임원해변, 작은 후진 해변, 장호해변, 증산해변, 한재밑 해변

□ 촬영지 여행

외출, 봄날은 간다, 태양의 남쪽, 월천 속섬(솔섬)

□ 축제 · 행사

가곡 유황온천 머드 축제, 해맞이 축제, 정월 대보름 축제,

대게축제, 맹방 유채꽃 축제, 장미 축제, 죽서루 전통성인식, 동해 왕 이사부 축제, 이승휴 재왕운기 문화제, 전국 바다낚시 대화, 황영조 마라톤 대회

□ 특산품

가시오가피, 고포 미역, 골로 너와 와인, 도계 고원 포도, 또바기 된장, 맹방 딸기, 삼척 삼배

□ 삼척의 맛

대게, 추어탕, 곰치국, 각종 회, 해물 탕, 생선찜

오늘은

삼척시 근덕면 장호리 · 항 - 용화리 - 초곡항(황영조 기념공원) - 매원 2(원평) · 1리 - 궁촌마을(공양왕길) - 해양경찰청 특공대 - 동막(대진)마을 - 부남 2 · 1리 - 마읍천 - 교가 1리 - 덕산마을 - 덕봉대교(마읍천) - 교가 2리 - 맹방 해수욕장(하맹방~상맹방) - 씨스포빌 리조트 - 한재 - 오분동 - 삼척로 - 삼척교(오십천) - 오십천 북측 둑길 - 남양동 삼척 고속버스터미널까지

오늘은 아침은 포근한 날씨였다. 온종일 해를 못 본 날이었다. 바람은 잠잠했는데 바다의 파도는 어제보단 낮았지만 높았다. 8시쯤부터 더위를 느끼게 하는 완전한 여름 날씨다.

오늘은 한 주의 걸음을 마무리하는 날이다. 부지런해야 한다. 산악행군을 많이 했다. 해안가 길이 연결이 안 돼 자전거 종주 도로와 동네 길을 많이 이용해 걸었다. 오늘 4.2만여 보에 31km를 걸었다.

구 누계 : 466.0만 보. 3,524km.
신 누계 : 470.2천 보. 3,555km.

멀리 장호항과 용호 해변

상맹방 해변의 유채꽃밭

우리 국토 해안선 걸어서 돌기

(62-1회, 2019.5.4. 토요일), (재방문, 2024.8.30.)

우리 국토 해안선을 따라 걷는 110일째

시간이 됐다. 또 걸어야 한다. 걸음을 위해 어제 오후에 삼척에 왔다. 간절기 인지, 환절기 인지 봄에서 여름으로 가는 시절이다. 차창 밖의 풍경은 완전히 신록이다. 녹색으로 단장한 산야가 엄청 깨끗하다. 우리 사람들 마음도 지금의 산처럼 청정했으면 좋겠다. 쭉 뻗은 고속도로를 달리는 고속버스를 타고 4시간 반이 넘어서 삼척에 내려준다.

도로 만드는 기술이 대단하다. 원주를 지나 강릉과 삼척까지는 험준이란 말이 어울리는 동네다. 그런데 깎고(높은 곳) 쌓고(낮은 곳) 놓고(다리) 뚫고(터널) 연결해서 도로를 만들어서 아주 편하고 빨리 짧게 갈 수 있도록 만든 고속도로다. 그런데 동해를 들르고 삼척으로 내려가는데 7번 도로가 공사 중이다. 10km도 안 되는 거리를 40분도 더 걸린다.

삼척 터미널에 도착했는데 해가 많이 남았다. 하루 중 낮이 길어지고 밤이 짧아졌다. 그냥 놀고 있을 일이 아녀서 지난번 연결 지점을 찾아 무조건 걷기 시작했다. 장미공원을 지나 삼척항을 지나는데 풍요가 보인다. 배와 생선 파는 가계와 횟집들이 늘어서서 사람들을 부른다. 나에게는 별로 해당 사항이 없어서 눈요기로 가름하고 통과한다.

삼척항부터 삼척해변까지 6km 정도가 7번 도로를 벗어난 해변길이 여러 가지 이름을 가지고 있다. 해파랑길, 새천년도로, 이사부 길 등으로 불린다. 낭떠러지 위에 길이 있다. 왼쪽은 산이고 오른쪽은 바다의 파도가 나를 부른다. 깨끗한 길이다. 아직 워밍업의 걷기지만 재미나게 걸었다. 산길이고 낭떠러지 위에 있는 길이지만, 경사도도 좋았고 풍광도 좋았다. 걷는 조건들이 좋은 지형이었다. 2시간여의 자투리 시간 동안 정하동 교동의 여러 항과 갈천동에 있는 솔 비치 호텔을 지나니 동해시다. 추암동 촛대바위가 있는 해변에 도착해서 한 바퀴 둘러보고 황태해장국을 저녁밥으로 먹고 숙소를 구하고 내일을 준비한다.

삼척을 결산해 보면 삼척에서 보고 즐길만한 자산들이 내가 평소 생각했던 것보다 다양하고 자연환경도 매우 아름답다. 삼척 관광은 노년에겐 석탄과 시멘트 등 옛날을 상기시켜 주는 것들과 농촌, 산촌체험 그리고 맛은 대게, 추어탕, 곰치국, 각종 회, 해물탕, 생선찜 등을 추천한다고 한다. 이상을 내가 확인해 본 것도 있지만 대부분 들은 것과 삼척시의 홍보 유인물에서 발견하고 다음을 약속한 것이 많다. 삼척의 모든 환경이 깨끗하다. 나는 삼척의 수많은 길 중에서 하나의 길만 보고 걷기 때문에 다른 쪽은 모르는 게 많다.

동해시 추암에서 일출 시각에 맞춰 기상하고 준비해서 길을 나섰다. 오늘 일출 시각은 5시 25분이다. 사실 추암의 촛대바위 일출은 사진을 공부한 사람들에겐 대표 일출의 몇 손가락 안에 꼽힌다. 영화나 TV 시작할 때 애국가 화면에 나오기도 한 유명한 곳이다. 어제 욕심을 부려 이곳까지 와서 숙박하고 오늘 새벽에 준비하고 나갔다. 그러나 수평선에 구름이 많아서 제 일출 시각보다 20여 분 늦게 구름을 뚫고 나온다. 그리고 10여 분간 진지(?)하게 촬영하였다. 썩 마음에 드는 것은 아니라도 주어진 환경에 맞춰서 열심히 찍었다. 1시간 반쯤 뒤에 카톡 친구들에게 날렸다.

추암 해변을 지나자 추암역과 산업공단 터 울타리에 장미꽃이 활짝 피었다. 공단을 지나니 진천이라는 강이 보인다. 건너편은 대형 시멘트공장이 있다. 진천 남쪽 안에서 꽤 많은 사람이 작업복장을 하고 배를 탄다. 물어보니 건너편 동해항 방파제 공사에 투입되는 인부들이란다. 진천 다리를 건너 동해항 쪽으로 걷는데 가로수가 우산처럼 생긴 나무들이 서 있다. 유럽에서 본 적이 있는데 동해 시내 가로수로 심겨 있다. 잘 조성되고 자라서 특이함을 주었으면 좋겠다.

동해항도 산업단지 내에 있어 우리는 들어갈 수가 없다. 담벼락을 보며 걷는데 계속해서 해군부대가 연결되어 있어서 불투명한 울타리의 지루함은 배가된다. 동해항 끝에 국제여객선 터미널이 있는데 러시아 블라디보스토크로 가는 배도 있는 것으로 알고 있다. 그리 크지 않는 한섬 해변과 하평해변에는 많은 낚시꾼이 모래밭에서 고기를 낚는 건지 세월을 낚는 건지 바다를 주시하고 있다.

다음은 옛날부터 유명한 묵호항이다. 동해시는 남쪽은 삼척의 북평읍과 북쪽은 옛날 명주군의 묵호읍이 합쳐져서 동해시가 되었다. 묵호역을 구경하고 반대쪽으로 내려와서 보니 울릉도 가는 여객선 터미널이 있다. 항이 꽤 크다. 배도 많다. 싱싱한 생선을 파는 가게들이 질서 정연하게 자리하고 있다. 시장을 한 바퀴 돌며 구경하였다. 다음은 논골담길이라는 고갯길을 힘들여 올라가서 묵호등대와 바람의 언덕을 구경하고 반대쪽으로 내려와서 계속 걸었다.

동해에도 조그마한 동네 해변과 항구들이 많다. 이어서 까막바위 항, 어당해변, 대진해변, 노봉해변을 지나니 유명한 망상해변이 나온다. 망상해변도 남쪽에서 올라가면서 제2 오토캠핑장, 해수욕장, 파크골프장, 다음이 망상컨벤션센터, 제1 오토캠핑장리조트, 해변 한옥마을이 강릉 옥계면과 연결이 된다. 그런데 망상컨벤션센터와 제1 오토캠핑장리조트, 해변 한옥마을이 지난번 화제로 모두 불타버렸다. 황량하다.

불탄 소나무 잔해와 같이 집들의 부서진 모습들이 볼 수가 없다. 유구무언이다. 아무 말이 나오지 않는다. 폐허가 된 모습을 보니 눈물만 나온다. 불이 날아다녔다는 증거들이 보인다. 발화된 강릉 옥계의 내륙인 옥계역 서쪽에서 시작해서 남동쪽으로 내려가면서 망상 북쪽 해변을 모두 불태워버렸다. 왜 불이 났는지 답답할 노릇이다. 절대로 불조심을 해야 한다. 자연을 절대 이길 수 없다. 피해자들도 용기를 갖고 대처하고 우리 국민도 마음으로부터 돕는 정신이 필요하다. (※ 화재 발생 3년 후 2022년 3월에 또다시 화재 발생했다. 2024년 방문 때는 인공시설들은 복구가 돼서 영업 중이다.)

불탄 7번 도로를 따라 북으로 전진하는데 강릉시 옥계면 도직리다. 이곳에도 불탄 흔적들이 많이 보인다. 도직해변과 옥계항과 옥계해변의 소나무 숲을 지나 금진해변을 지나서 헌화로를 지나는데 계속 소나무가 많다. 또한, 자동차들의 행렬이 무척 많다. 심곡항에 도달하니 의문이 풀렸다.

심곡항부터 정동진까지 부채 길에 들어가는 사람들이 심곡항에 많이 오는 것 같다. 심곡항에서 약 3km 북쪽의 정동진 남단의 부채길 입구까지 군 철책의 바깥 바다 쪽에 길을 만드는 파격이다. 데크와 철제로 모든 길을 인조로 만들었다. 성인 3,000원의 입장료도 받는다. 물론 65세 이상은 면제다. 중간에 여러 가지 이름이 붙은 풍경들이 있다. 재미있게 잘 걸었다. 정동진에서 숙소를 구하는데 어린이날 황금연휴의 대가를 톡톡히 치른 후에 구했다. 어제 값의 3배를 부른다. 다섯 군데를 돌아다니며 쇼핑(?)하다가 바다와 거리가 많이 떨어진 곳의 모텔을 두 배에 들었다.

삼척과 동해는 우리나라 시멘트공장이 많고 생산량도 많다. 지방별로 특산물이 생산되는 것은 당연하다. 앞의 언급한 것 외에 백두대간의 무릉계곡, 두타산, 청옥산과 천곡 황금박쥐 동굴 등이 특히 유명하다.

■ 동해의 이모저모

□ 동해시 꼭 가봐야 할 곳

추암 촛대바위, 용추폭포, 무릉반석, 망상 해변 · 한옥촌·캠핑장, 천곡천연동굴(종유석, 샘실신당, 동굴탐험 체험, 전시실), 묵호등대, 논골담길

□ 백두대간 · 무릉계곡

두타산, 청옥산, 학소대, 두타산성 12폭포, 두타산 삼화사, 쌍폭포, 용추폭포, 금란정, 무릉 건강 숲

□ 문화유산

약천 문화마을 · 약천정, 해암정, 동해향교, 북평 원님놀이, 동해 망상 농악, 동부 사택, 구) 상수시설

□ 오감 만족을 찾아서

테마가 있는 논골담길 · 바람의 언덕, 묵호등대, 묵호 횟집 명소 거리

□ 테마 · 체험 관광

낚시어선체험, 심곡 약천 메기 잡기, 강원 도예체험, 만우 농촌체험마을, 망상해변 고기 잡기 체험, 무릉 건강 숲 에코 백 만들기 체험, 해파랑길(33~34구간)

□ 축제

동해 무릉제, 묵호항 수산물축제, 함께 바다로 축제, 효행제, 유천제, 전천제, 웅녀 골 큰잔치

□ 해변

망상해변, 추암 해변, 노봉해변, 어달해변, 대진 해변, 감추 해변, 한섬 해변

□ 특산물

오징어, 활어회, 해물탕, 물회, 곰치국, 해물찜

오늘은

삼척시 남양동 삼척 고속버스터미널 - 장미공원 - 삼척교 북단 - 정상동 삼척항 - 새천년도로(이사부길) - 정하동 - 교동 광진항 - 후진항 - 삼척해변 - 갈천동(솔비치 호텔) - 동해시 추암동 촛대바위 - 구미동 공단 - 전천강(북평교) - 시멘트공장 - 동해항 - 해군부대 – 감추해변 · 감추사 - 천곡항 - 하평해변 - 묵호항역 - 발한동 - 묵호항 - 묵호등대 - 까막바위 마을 - 어달항 해변 - 대진항 - 노봉해변 - 망상역 - 망상오토캠핑장 - 망상해수욕장 - 파크골프장 - 강릉시 옥계면 도직리 해변 - 조산리 - 옥천대교

- 옥계해변 - 한국여성수련원 - 금진 1·2·3리 마을 - 강동면 심곡항(정동진~심곡항 부채길) - 정동진까지

오늘은 아침은 포근한 날씨였다. 온종일 맑은 날씨였다. 바람은 가끔 불었다. 바닷가 파도는 잠잠한 편이었다. 아침부터 더위를 느끼게 하고 물을 자주 찾는 계절이다.

오늘은 한 주의 걸음을 욕심내며 속도를 내기도 하는 날이다. 오늘 산길 행군을 많이 했다. 부채 길도 마지막에 계단이 많았다. 새로움에 관심이 많다. 어제 1.4만여 보에 10km와 오늘 5.3만여 보에 41km를 걸었다.

구 누계 : 470.2만 보. 3,555km.
신 누계 : 476.9만 보. 3,606km.

동해시 추암 촛대바위와 일출

우리 국토 해안선 걸어서 돌기

(62-2회, 2019.5.5. 일요일), (재방문, 2024.8.31.)

우리 국토 해안선을 따라 걷는 111일째

어제와 오늘 추암 촛대바위와 정동진해변에서 일출을 보고 사진을 찍기 위해 3일 전부터 계획을 세웠다. 어제도 일출 시각에 맞춰 나가서 추암의 촛대바위를 카메라에 모시고, 오늘도 정동진의 일출을 보고 카메라에 모시기 위해 일출 시각 5시 25분보다 15분 일찍 모텔을 나선다. 매년 1월 1일 신년 일출을 본다고 야단법석을 하는 곳이 아닌가? 모래시계공원을 거쳐 일출교에 나가서 기다리는데 오늘도 수평선에는 구름이 높게 드리워져 있다.

모래밭에는 사람들이 생각보다 많이 모여 있다. 예정보다 20분이나 늦게 구름 속에서 수줍은 여인의 연지처럼 희미하게 보이더니, 다시 5분쯤 뒤에 해님이 얼굴을 들이미는데 구름을 뒤집어쓰고 얇은 베일로 가리고 뒤에 있는 것처럼 희미하게 보인다. 5분여 면담을 하고 지각생이 교실로 뛰어 들어가는 것처럼 발길을 재촉해서 정동진역 쪽으로 걸었다.

내 앞의 초로의 부부가 서로를 사진을 찍어주면서 부지런히 앞으로 걸어가기에 인사를 하고 대화를 하는데 어젯밤에 청량리에서 정동진 오는 기차를 타고 무박 2일 정동진과 동해안 나들이를 나왔다고 한다. 새벽 4시 반경에 도착해 정동진 모래시계공원에 걸어와서 일출을 기다렸는데 썩 좋은 장면은 못 보고 구름 속의 늦은 일출을 보고 청량리 가는 기차를 타기 위해 다시 정동진역으로 간다고 하며 부지런히 걷는다. 모래사장에 사람들이 많은 이유를 이제 알았다. 나도 열심히 그들을 따라 정동진역으로 서둘러 걸었다.

정동진역에 도착해서 옛날 묵호에서 동해 관광 열차를 타고 정동진역에 내려 이런저런 놀이하던 일들이 생각이 난다. 역(驛)사 안에 들어가 보고 싶은데 들어갈 수가 없다. 이런저런 눈치를 살피는데 입장권이라는 승무원의 말을 듣고 무슨 얘기냐고 물으니 역사 안에 들어가 보고 싶은 사람은 입장권을 사서 들어가 보면 된다고 한다. 이해를 하고 1,000원짜리 입장권을 사서 들어가서 여기저기 살펴보는데 사람들이 꽤 많다. 이쪽저쪽 살펴보고 모래시계 소나무까지를 만나보고 역 밖으로 나와서 북쪽으로 발길을 재촉한다. 그리고 정확한 정동진의 포인트 또는 라인을 알지 못해서 궁금증을 해결하지 못하고 벗어나 버렸다. 지도상은 역 북쪽이다.

조금 걸으니 고개를 오르는 산길로 연결이 된다. 해안가에는 군사용 철책이 계속 이어지고 있다. 기찻길 옆에도 철책이다. 싱그러운 나무들을 보고 나무 냄새를 맡으며 사푼사푼 내려가는 길을 걸으니 동명해변 관광지가 나온다. 안으로 들어가서 벤치들 단지에 앉는데 자전거를 손보는 사람, 라면을 끓이는 사람, 큰소리로 대화를 나누는 사람들 등 각자의 볼일을 보고 있다. 자전거 타는 사람들의 인증도장과 큐~마크로 인증을 하는 장소다. 해파랑길을 자전거 타고 종단하는 사람들이 꽤 많다. 나처럼 걸음걸이를 하는 사람도 가끔 만나기는 하지만 자전거에 비하면 극히 소수이고 대부분 해파랑길 한두 구간을 걷는다.

그들과 격려를 주고받으며 길을 재촉한다. 꽤 급한 경사의 산길 또 하나를 넘으니 강릉통일공원이다. 이곳은 1996년 9월 18일 북한 잠수정이 침투 중 좌초된 곳이다. 북한 잠수정을 중심으로 '북한 주민 탈출 선'과 한국 해군함정인 '전북함(3,471t)' 등이 전시된 곳으로 내부를 둘러볼 수 있으며 남북한의 함정을 체험할 수 있는 곳이란다. 이른 시간이라 운영자도 관람자도 아무도 없다. 우리 국민 안보교육과 정서함양에 도움을 주는 좋은 결과를 기원하며 전진이다.

다음은 안인 항이다. 동네를 한 바퀴 돌고 자전거 길을 따라서 안인2리인 갯목 마을이라는 곳을 지나는 데 여러 가지 현수막들이 처져 있고 컨테이너에 70~80대 실버들이 5~6명이 모여 있다. 어디에서나 마찬가지처럼 인사를 하고 연유를 물어보았다. 그 주변이 물고기 양식장인데 오래전 폐쇄하고 몇 년째 비어 있단다. 그런데 다른 사업을 하려고 뜯어내려고 하는데 문제는 석면의 함량이 많은 건축자재여서 함부로 뜯어내지 못하게 하는 주민들의 주장이란다. 뜯어내는 작업을 할 때 석면이 분진으로 발생해서 주민건강에 위험을 준다는 것이다. 요구사항이 뭐냐고 물으니 여러 가지 복합적인 것이 있다고 한다. 문외한인 나로서는 아무 말이나 할 수가 없다.

건강히 잘 계시라는 인사를 하고 '군선천'의 다리를 건너면서 의문이 풀렸다. 다리 건너 영동화력발전소가 있고 또 그 옆 바다 쪽에 '안인 화력발전소 2기'를 새로 짓고 있다. 석면과 두 군데의 화력발전소 등이 있어서 동네를 다른 곳으로 이주하게 해 달라는 것이다. '이주 대책 없는 철거는 못 한다.'라는 현수막이 여러 개가 보인다. 두 쪽 모두 다 원만하게 솔로몬의 지혜와 좋은 결과가 나와서 모두 행복했으면 좋겠다. (※ 재방문 시 확인 결과, 발전소는 104만kw 2기로 2022년과 2023년에 준공됐고 동네도 깨끗이 장비됐다.)

안인화력발전소 공사장을 뒤로하고 길을 따라가며 하시동 생태탐사지역에 들어간다. 소나무와 사구 그리고 고분군을 살피고 공군부대와 비행장을 피해 좌측 내륙으로 우회해서 걷는데 들판이 매우 넓다. 벌써 모내기를 마친 논도 보았다. 월호평동과 18전투비행단 앞을 걷는데 어디서 본 듯한 메타세쿼이아 가로수가 눈길을 끈다. 잘 가꾸면 좋은 눈요깃거리가 될 것 같다.

그리고 '오리들' 마을을 지나 국토 종주 자전거 길을 따라 돌고 돌아 입암동의 산자락 길을 걸으며 땀을 흘리면서 묵묵히 농사짓는 농부들과 얘기도 나누었다. 그들의 농사가 대풍이 되기를 기원한다. 강릉 남대천의 공항 다리를 건너서 안목해변 입구에서 12시 넘어 순댓국 한 그릇으로 아점을 해결했다. 이 바람에 남항진해변에서 안목으로 들어가 강릉항과 안목해변을 연결하는 솔바람다리를 먼발치에서 눈으로 감지하고 북쪽으로 난 해변을 따라서 발길을 돌렸다.

해변에 이르러 북쪽으로 눈을 돌려 바라보니 끝없이 백사장이 펼쳐진다. 안목에서 사천해변까지 10여km 이상을 계속 솔밭과 백사장이 연결되어 있다. 동해안을 찾는 대한민국 국민의 정서 순화를 담당하는 천사처럼 보인다. 하얗게 보이는 백사장이 참으로 아름답다.

한 수 지껄여본다.

커피의 거리가 있는 안목해변의 솔밭에 들어가
백사장과 푸른 바다를 바라보면 속이 뻥 뚫리고,
강릉 송정의 솔밭에 들어가 백사장과 바다를 바라보면
낭만이 가슴에 어리고,
강문의 백사장과 조형물 옆에서 바다를 바라보면
정열과 사랑을 하지 않을 수 없는 황홀한 환희를 주고,
경포의 솔밭에 들어서서 백사장과 바다를 보면
꿈과 희망을 품고 도전을 하게 만드는
불굴의 의지를 갖게 한다.
멋진 해변들이 연속으로 이어진다.
우리의 삶이 이어진다.

솔밭 가운데로 난 길은 푹신푹신한 것이 스펀지를 밟고 있는 기분이다. 걷는 동안 기분이 좋고 피곤도 풀리는 것 같다. 참으로 아름답고 근사하다. 신선이 되어 가벼운 발걸음으로 하늘을 걷는 것 같은 기분을 준다. 솔밭들과 백사장들과 파란 바다를 사랑한다. 어린이날 황금연휴를 맞아 해변마다 벌써 사람들이 넘쳐난다. 주변 도로는 교통체증으로 몸살이다. 그래도 사람들은 좋아하는 모습이다. 어버이와 같이 나온 팀들이 많이 보인다. 나는 일종의 의무감을 가지고 걷고 있으나 잠시 잊어버리고 주위의 환경에 매료된다. 그들도 나와 같은 생각으로 와서 즐기고 있을까? 무사히 연휴를 즐기고 돌아가서 삶이 더 윤택해지는 활력소가 되기를 바란다.

우리 국토 금수강산이다. 우리 해변들! 내가 그동안 보아 온 외국의 어느 유명한 해변과 견주어도 절대 지지 않는다고 확신한다. 단, 앞으로 우리가 국토를 더 사랑하고 더럽히지 말고 잘 가꾸어야 한다. 경포해변까지의 감탄을 뒤로하고 사근진 해변을 걸을 때 서울 가는 차를 알아보면서 10여km 북쪽의 주문진을 머리에 생각하는데, 주문진에서 서울을 독점으로 다니고 동해안을 다니는 버스 회사가 파업해서 차가 한 대도 안 다닌다고 한다. 낭패다. 주문진을 생략하고 강릉을 생각하며 걷기를 마쳤다. 오늘 걸은 양도 평균은 된다.

교통편을 알아보기에 바빴다. 이리 뛰고 저리 뛰며 우여곡절 끝에 탄 고속버스가 강릉 입구부터 막힌다. 서울이 가까이 올수록 더 막힌다. 앉아 있으면 서울에 데려다주겠지! 하는 느긋한 마음과 기다리자는 생각을 하며 이 글을 쓰고 사진 편집하는 일을 열심히 했다. 예정 시간보다 1시간 반이 더 걸려서 도착한다. 어쨌든 그래도 고맙다.

■ 강릉의 이모저모

□ 바다 · 해안 · 비경

경포 호 · 대 · 해변, 정동진~심곡 바다부채길, 안목해변, 정동진 · 해변 · 해안로 · 모래시계공원, 강문해변 · 솟대 다리, 사천 · 진 해변, 송정해변, 순긋해변, 솔바람다리, 주문진해변, 등명해변, 옥계해변, 영진해변, 남한진 해변, 연곡해변, 금진해변, 하평해변, 안인해변, 소돌 아들 해변, 사근진 해변, 염전해변, 도직해변

□ 산 · 계곡

용연 계곡, 소금강, 칠성산, 제왕산, 석병산, 노추산 모정탑길, 석두봉

□ 생태수목원, 휴양림

안반데기, 강릉솔향수목원, 경포생태습지, 대관령자연휴양림, 경포 가시연 습지, 경포 생태 저류지, 임해자연휴양림, 대관령치유의 숲, 장천마을 관리휴양지

□ 길 · 트래킹

정동~심곡 바다부채길, 현화로, 대관령옛길, 안보 등산로, 노추산 모정탑길, 바우길(1-17코스), 해파랑길(35-40코스)

□ 문화관광

커피박물관, 오죽헌, 허균 · 허난설헌 기념공원, 하슬라이트월드, 선교장, 자연아 놀자, 강릉도호부 관아, 녹색 도시체험센터, 참소리 축음기 · 에디슨과학관, 임당동 성당, 용연사, 임영관 삼문, 환희컵박물관, 동양자수박물관, 금강사, 등명 낙가사, 한송정, 김동명문학관, 보현사, 구산 서낭당, 허균 시비, 통일공원, 법왕사, 소금강돌박물관, 굴산사지당간지주, 대공산성, 초당동 유적지, 대관령 산신각, 김시습기념관

□ 축제

국제 청소년예술축제, 경포 벚꽃축제, 경포 썸머 페스티벌, 강릉 커피 축제, 강릉 단오제, 풍호마을 연꽃 축제, 장덕리 복사꽃 축제, 소금강 청학제

□ 항 · 포구 · 등대

강릉항, 주문진항, 금진항, 안인항, 사천항, 심곡항, 소돌항,

옥계항, 영진항

□ 강릉 특선음식 10선

삼계 옹심이, 째복 옹심이, 크림 감자옹심이, 초당두부 밥상, 초당 두부탕수, 두부 삼합, 두부 샐러드, 바다 해물 밥상, 해물 삼선 비빔밥, 해물 뚝배기

오늘은

강릉시 강동면 정동진 해변 - 정동진역 - 까치골 - 등명해변 - 등명 낙가사 - 강릉통일공원 - 안인진항 - 안인 2리 - 군선천 다리 - 영동화력발전소 - 염전해변·안인 화력발전소 건설 현장 - 하시동리 - 풍호마을 - 월호평동 - 오리들 마을 - 섬석천교 - 입암동 - 핸들 - 학우리 - 병산동 - 강릉 남대천 - 견소동 안목해변 - 송정동 해변 - 강문동 해변 - 경포해변 - 안현동 사근진 해변까지

오늘은 아침부터 포근하고 낮엔 더운 날씨였다. 아침은 약간 흐리고 온종일 맑은 날씨였다. 바람은 가끔 불어 시원함을 주었다. 바닷가 파도는 잠잠한 편이었다. 아침부터 더위를 느껴 옷차림을 가볍게 했다.

오늘은 한 주의 걸음을 마감하며 부지런하며 속도를 내야 하는 날이다. 오늘도 산길 행군을 많이 했다. 유명한 정동진을 많이 이해했다. 4.1만여 보에 31km를 걸었다.

구 누계 : 476.9만 보. 3,606km.

신 누계 : 481.0만 보. 3,637km.

정동진 해변의 일출

강릉 강문동 해변

우리 국토 해안선 걸어서 돌기

(63-1회, 2019.5.11. 토요일), (재방문, 2024.8.31.)

우리 국토 해안선을 따라 걷는 112일째

오늘도 걷는다. 작년 깊은 겨울인 1월 하순 김포에서 오른쪽 겨드랑이에 바다를 끼고 왼쪽 어깨에 땅을 짊어지고 걷기 시작해서 오늘은 강릉에서 양양을 거쳐 여기에 서 있다. 얼핏 위도를 살펴보니 출발지 김포보다 높다. 김포에서 걸어서 우리나라 서쪽 땅끝까지 남녘으로 내려가고 다시 동쪽 끝으로 걸어서 동진하고 다시 동쪽 땅을 따라서 걸어서 북으로 올라가는 중이다.

바닷가를 따라가면서 바다도 보고, 땅도 보고, 산도 보고, 이 골목 저 골목을 누비면서 15개월 이상을 걸었다. 아직도, 그래도 집에서 나올 때는 긴장이 된다. 그러나 일단 연결지점에 들어서면 힘이 나고 새로움이 손에 쥐어지고 손에 땀이 난다. 어제 버스를 타고 강릉에 내려오는데 한여름이다. 이제는 더위에 대비해야 한다. 강릉고속버스터미널에서 시내버스를 타고 경포해변에 도착해서 지난주에 못 본 경포호수를 둘러보고 북쪽으로 발길을 돌린다. 먼저 닿는 곳이 사근진 해변이다. 다음 순긋해변, 순포해변, 사천해변, 사천진해변, 연곡해변, 영진해변, 주문진해변까지 경포해변 북쪽에서 쭉 연결된다.

이들 해변이 대단히 길게 이어진다. 안목부터의 해변들이 20여km

가 넘는 것 같다. 해변 뒤에는 솔밭이 자리하고 있다. 솔밭에는 '강릉 바우길'이 표시되어 해파랑길과 같이 중복되어 있다. 또한, 일부 해변에는 군사용 철책이 길게 처져 있다. 대학교와 해양수산부의 해양연구소가 넓게 자리하고 있다. 날씨가 한여름을 방불케 하는데 솔밭에 난 길에 들어가면 시원하다. 참 좋은 길을 걸을 수 있다. 행복감을 만끽하며 길을 걷다가 주문진읍 입구에서 숙식을 해결하고 오늘을 준비하는 어제 자투리 시간을 이용했다.

오늘도 언제나처럼 일출 시각에 맞춰서 숙소를 나와 해변에 나오니 수평선에 새빨간 하늘이 드리워져 있어 환희의 기분이다. 오늘도 구름이 방해를 했으나 2~3분 늦게 구름 속으로 윤곽이 보이더니 슬며시 차고 나오는 해님이 순하게 보인다. 5~6분간 해님과 상담을 하고 발을 재촉한다. 주문진 남쪽 지역에 있었기 때문에 주문진항에 들어가서 한 바퀴를 도는데 무진장 넓다. 너무 이른 시간이라 그런지 생선을 파는 가게들이 텅텅 비어 있다. 7시쯤부터 장사를 시작한다는데 나는 6시 전에 주문진항을 벗어나고 있다.

길을 계속 걸어 주문 1 · 2 · 7 · 5리를 지나 6리에 다다르니 '소돌(우암)마을'이라 부르고 아들바위가 있고 서낭당도 있고 해안가에 산책로가 만들어져 있는데 소돌 공원이라 한다. 아주 재미있는 마을이고 의미를 남겨주는 마을이다. 다음은 넓은 해변이 나오는데 이름하여 '주문진해변관광지'라고 한다. 아무튼, 지금까지 동해안을 걸으면서 백사장 해변을 많이 만났다. 이렇게 많을 줄이야!? 백사장이 끝나고 향호리의 솔밭이 나오는데 해안가에 군사용 철조망이 보인다. 이후에도 여러 곳에 쳐진 철책을 본다. 솔밭인 내륙의 7번 국도를 따라 걷는데 양양이라는 이정표가 나온다. 싱겁게 강릉 땅에서 양양 땅으로 진입을 한 것이다. 강릉을 마감하며 관광의 강릉을 동네별로 다시 한번 뒤돌아본다.

강릉의 주요 볼거리와 즐길 거리는

정동진 옥계권은 강릉통일공원, 임해자연휴양림, 등명 락가사, 하슬라이트피노키오미술관, 모래시계공원, 시간박물관, 정동진역 · 바다 열차, 썬크루즈리조트, 정동진-심곡 바다부채길, 헌화로, 금진항 등이고

경포대 권에는 경포대 · 경포호 · 경포해변, 선교장, 경포 가시연 습지, 강릉 석호 아쿠아리움, 참소리 축음기 · 에디슨과학박물관, 오죽헌 · 시립박물관, 허균 · 허난설헌 기념공원, 자연아 놀자, 커피 박물관 등이고

주문진에는 주문진항 · 수산시장, 환희컵박물관, 수상한 마법학교, 숲 사랑(산불방지) 홍보관이 있다.

대관령에는 보현사, 대관령자연휴양림, 대관령옛길, 대관령 · 커피박물관, 안반데기, 노추산 모정탑길, 강릉솔향수목원 등이고, 또 소금강과 양떼목장이 있다.

강릉 시내에는 강릉향교, 강릉대 도호부 관아, 강릉 화부산사, 굴산사지당간지주, 엄마 꿈 박물관, 신복사지, 아라나비 체험장, 강릉 月花거리, 강릉 커피 거리가 있으며

강릉의 주요축제는 1월 1일 해돋이 축제, 4월 초 경포호 일대 벚꽃축제, 음력 5월 5일 강릉 단오제, 10월 중 강릉 커피 축제가 있다.

강릉의 대표 먹을거리는 각종 회, 대구 머리 찜, 감자옹심이, 초당두부, 사천과줄(한과) 등이 관광객을 부르고 있다.

7시 15분쯤에 들어 온 양양군 현남면 지경리라는 마을의 솔밭을 걷는다. 마중 나온 오토캠핑장과 해수욕장을 통과하고 다음 맞

는 동네는 남애항이다. 양양 8경 중 7경에 해당하는 남애항은 동해안 최고의 미항이라 할 만큼 아름답다고 한다. 남애항 끝부분에 있는 식당에서 강원도 향토 음식이라는 '빡작장'이라는 막장 비빔밥 비슷한 메뉴와 생선구이를 곁들인 아침을 8시 반쯤 들었다. 남애초교와 남애해변을 지나고 7번 국도를 따라 걷는데 넓은 주차장에 대형버스 몇 대와 승용차들이 주차하고 있다. 언덕 넘어 '휴휴암'이라는 절이 있는데 내일 초파일을 맞아 절에 가는 사람들이라고 해서 나도 들려서 주마간산 식으로 구경하고 다시 나와서 도로를 따라 걷는다.

다음은 광진해변과 인구해변을 지나 옛날엔 섬이었는데 지금은 연결된 죽도정이 있다. 다음 동산해변을 지나는데 향기로운 냄새가 나서 찾아보니 아카시아가 하얀 꽃을 피워 향기를 풍기고 있다. 오랜만에 보고 맡는 아카시아다. 여기서부터 양양읍에 오는 도중에 자주 만나 꽃과 향기를 만끽했다. 다음 현북면 전교리에 들어오자마자 '해난 어민 위령탑'이 우뚝 서 있다. 바다에서 일하다가 사고사 한 1,050여 위의 위패가 모셔져 있다고 한다. 명복을 빌고 내 가는 길도 보살펴 달라는 참배를 하고 길을 재촉한다.

내리막을 걷는데 멀리 '38선 휴게소'라는 간판이 보인다. 서해안은 없다. 어려서 길을 오고 가다가 38선이라는 글을 보면 괜히 긴장되고 엄청나게 멀리 왔다든지, 북한과의 거리가 가깝다고 느끼며 으스스한 기분을 느낀 기억이 새롭다. 휴게소에 사람들이 많다. 길 걸음을 계속해 양양 8경 중 하나이기도 한 하륜과 조준의 '하조대'에 들렀다. 연결된 길목이 아닌 500여m를 생짜로 들어가서 둘러보고 그 길로 다시 나와야 해서 우리같이 걷는 사람들은 선호하지 않는 조건이다. 그러나 하조대에 들어가서 정자와 소나무를 만나보고 일출 사진 찍는 마음으로 몇 컷 찍고 인사를 건네고 다시 나왔다. 꼭 보고 싶다는 욕망을 오래전부터 앞세운 곳이다.

하조대해변으로 걸어가는 데 정말 더웠다. 모래밭에서 태양의 반사되는 열기가 솟아나는 것 같다. 완전한 여름이다. 하조대 해변, 중광정 해변, 수산항, 오산 해변까지 3시간 이상을 걷는데 절반 이상이 그늘이 없는 길을 걸었다. 손등이 까맣게 탔다. 얼굴도 붉게 보인다. 더위가 무섭다. 여름을 대비해야겠다. 오후 5시쯤 양양 남대천 낙산대교를 건너 낙산해변에 도착해서 숙소를 구하고 내일을 준비한다. 숙소를 찾느라 생각보다 좀 많이 걸어서 힘든 하루였다. 그러나 내일도 일찍 나서는 것이 내 할 일이다.

■ 양양의 이모저모

□ 양양 8경

양양 남대천, 설악산 대청봉, 한계령(오색령), 오색 주전골, 하조대, 죽도정, 남애항, 낙산사 의상대

□ 역사관광

오산리 선사유적 박물관, 양양향교, 양양 동해신묘지(東海神廟址), 전통가옥(김성래, 조규승, 김택준, 이두형), 만세고개

□ 전통 사찰

낙산사(홍련암, 칠층석탑, 건칠관음보살좌상, 해수 관음 공중사리탑, 홍예문, 낙산사원장, 해수관음상), 진전사지, 명주사. 선림원지, 오색석사, 영혈사, 서림 사지, 휴휴암

□ 생태환경

설악산 천연보호구역, 남대천 생태관찰로, 곤충 생태관, 내수면 생명 자원센터, 양양 양수발전소, 양양 에너지 팜

□ 축제

송이 축제, 연어 축제, 양양문화제, 해맞이 행사

□ 힐링

낙산해수욕장, 하조대해수욕장, 서림계곡, 미천골자연휴양림, 송이밸리자연휴양림, 낙산해수욕장 야영장

□ 레포츠

등산 · 트래킹(대청봉, 구룡령 옛길, 주전골), 항포구(수산항, 물치항, 남애항, 낙산항, 후진항, 기사문항), 사이클, 하늘나르기, 서핑, 스쿠버다이빙, 요트, 해파랑길(41~44구간)

□ 추천 음식

송이 요리, 생선회, 산채, 메밀국수, 뚜거리탕, 섭 국, 홍합장 칼국수, 회냉면

오늘은

강릉시 강문동 경포해변 - 사근진해변 - 안현동 순긋해변 - 사천면 순포해변 – 사천진항 · 해변 – 하평해변(강릉원주대 해양 생물 연구 교육센터) - 연곡면 동덕리 - 연곡해변 - 영진교 – 영진항 · 해변 - 주문진읍 교황리 - 주문진해변 - 주문진항 - 주문7리 - 주문5리(오리 나루) - 주문6리(소돌마을) - 향호리 - 양양군 현남면 지경리 - 원포리 - 남애1 · 2 · 3리 - 현남면 광진리(휴휴암) - 인구리(죽도정) - 시변리 - 동산리 - 북분리 - 현북면 잔교리(해난 어민 위령탑) - 기사문리 · 항 – 하조대 · 해변 – 중광정리 · 해변 - 손양면 여운포리 - 동호리 - 수산리 – 오산리 - 송전리 - 가평리 - 양양읍 조산리 남대천 낙산대교 - 강현면 전진리 낙산해변까지

오늘은 아침엔 걸을 만한 선선한 날씨였다. 온종일 맑고 바람도 없었다. 바닷가 파도는 잠잠한 편이었다. 8시쯤부터 더위를 느껴 옷차림을 가볍게 했다. 물을 많이 마셨다.

오늘은 한 주의 걸음을 시작하며 욕심을 내는 날이다. 오늘도 도로 고갯길 행군이 힘들었다. 어제 1.5만여 보 12km와 오늘 5.6만여 보에 43km를 걸었다.

구 누계 : 481.0만 보. 3,637km.
신 누계 : 488.1만 보. 3,692km.

하조대의 정자

우리 국토 해안선 걸어서 돌기

(63-2회, 2019.5.12. 일요일), (재방문, 2024.8.31.)

우리 국토 해안선을 따라 걷는 113일째

오늘은 초파일이다. 공교롭게도 큰절 옆에서 밤을 함께하고 새벽에 눈을 뜨니 3시 반쯤이다. 다시 잠을 자면 늦잠으로 이어져 낭패를 볼 수가 있다. 머리가 미약하게 아파서 준비된 약을 먹었다. 어제 갑자기 너무 더운 탓인 모양이다. 이것저것을 확인하고 어젯밤 쓴 글을 읽어보고 오탈자 몇 개를 고치고 벌떡 일어나서 나갈 준비를 한다. 염치 있게 놀려면 들어가는 길로 다시 나오더라도 절에 들어가 보기로 하고 4시 40분에 길을 나섰다.

낙산사까지 계산된 시간을 앞에 두고 발을 재촉해서 후문 쪽으로 들어가서 의상대에 도착한 시간이 일출 예상 시간보다 15분 정도 전이다. 날씨가 흐리다. 바람도 살랑살랑 분다. 새벽바람이 싫지 않은 계절이다. 의상대와 홍련암에서 일출 촬영을 하기로 마음먹고 살피는데 사람도 별로 없다. 그런데 일출 시간이 됐는데도 해님이 나타나지 않는다.

20여 분이 지나도 해 뜰 소식이 없자 딸과 같이 온 듯한 할미가 가자고 하며 돌아서서 간다. 특별히 할 일이 없으면 조금만 더 기다리기를 권하였다. 2~3분 지나니 거짓말처럼 구름 속에 그림자 같은 게 보이더니 해가 보인다. 갈려고 했던 할미가 환호성이다.

그런데 해가 힘이 없고 색이 너무 약하다. 이렇게 연약하고 미약(?)한 해 뜨는 하늘을 보기는 처음인 것 같다. 5분여 촬영을 대충 마치고 홍련암 등 낙산사 경내를 한 바퀴 돌고 7번 국도변의 정문으로 나왔다. 정문 통과는 처음이다. 도로로 나오는데 대학 동기인 서울의 '형록' 친구가 카톡을 보내왔다. 전화를 통했다.

며칠 전부터 속초 해맞이공원 근방에서 밥 한 끼를 꼭 먹어야 한다며 누구에게 부탁해 놓았다고 한다. 혼자서 다니면서 부실하게 먹는다는 나의 푸념을 글에서 보았는지, 또는 다른 누구에게 소문을 들었는지 그곳이 내가 반드시 지나야 하는 길목이니 꼭 들러서 밥을 먹어야 한다는 강요를 10여 일 전부터 해 왔다. 생각해 보면 꼭 삼촌이나 형님 같은 행동이 아닌가? 사실 오늘이 초파일이 아니고 평상의 일요일이었다면 7시 전에 그곳을 통과해서 지나칠 수도 있는 시간인데 낙산사에서부터 시간을 많이 쓴 탓에 7시 반쯤 설악해변과 후진항, 정암해변, 물치항을 지나 속초 해맞이공원에 도착해서 일러준 집에 들렀다. 식당을 운영하신 분도 아니고 건어물을 판매하신 분으로 밥하고는 관련이 별로 없는 분이고 연세도 7세나 많으신 형록 친구의 처남 되시는 분이었다.

나는 생전 처음 보는 분이다. 내가 시간이 없는 사람임을 알고 가계사무실에서 두 내외가 식사하는 자리에 끼워주는 것이라고 말은 하지만 나를 위한 특별한 준비임이 틀림없다. 내가 걷는 일을 하면서 아침에 진수성찬을 들게 되었다는 사실을 무엇으로 설명을 할 수 없이 고마웠다. 생선구이와 멍게 젓갈, 머위 나물은 맛이 기가 막히게 좋았다. 부인은 일요일이라 성당 새벽 미사에 참석하고 부랴부랴 돌아와서 맛있는 밥상을 차려주신 정성을 잊지 못할 것이다. 점심때나 저녁 시간이면 유명한 식당에서 맛있는 음식을 대접하려 생각하였다며 시간 때문에 안타까워하는 내외분이다. 그러나 이 이상의 큰 대접은 없다고 생각한다. 걸어가면서 요기하라고 싸주신 쑥떡은 기가 막히게 맛있었다. 꼭 어머니가 길 떠나는 자식에게 뭔가를 챙겨주시는 분위기다. 식사하면서 풍기는 훌륭한 인품을 볼 때 형록이 친구 결혼을 참 잘했다는 결론에 이른다. 친구야 고맙고 형님 내외분 건강하시기를 빕니다.(※ 재방문 시 다시 만나 인사를 드렸다.)

생각지도 않은 훌륭한 식사를 마치고 다시 걸었다. 대포항에 들른다. 자동차로 다니면서 잠깐 보아온 대포항이 아니다. 몇 년 만에 다시 와 걸으면서 본 대포항이 기절초풍하게 변했다. 동그랗게 만들어진 항은 정말 아름답다. 주차장도 엄청 넓게 확장되어 있다. 대포동과 조양동에 자리 잡은 속초해변은 깨끗했고 펜션 촌은 유럽의 어떤 도시처럼 따닥따닥 붙어 있는 것이 질서가 정연하다. 청초호를 입구에서 바라보는데 장관이다. 무척 크고 넓다는 것을 실감한다.

설악대교를 엘리베이터를 타고 올라 건너고 다시 엘리베이터를 타고 내리니 아바이 마을이다. 큰 도로 앞에는 상업 술이 보이고 뒷골목에는 옛날 방송에서 보았던 모습이 보이는데 이른 시간이라 그런지 젊은이들이 많다. 아바이 마을 방파제를 따라가면 '국제 크루즈항'이 있다. 다시 금강대교를 건너서 걸어가니 관광유람선 선착장과 러시아와 일본으로 가는 것을 주로 취급하는 '국제여객터미널'과 동명항과 영금정과 해맞이 영금정이 손짓한다. 국제여객터미널은 문이 잠가져 있다.

동명항을 돌아 속초등대전망대에 올라가서 바다를 바라보니 속이 시원하다. 다음 영랑호 동쪽 길고 긴 해안을 지나니 장사항이다. 속초의 북단 마지막이다. 장사항을 한 바퀴 돌고 골목을 나와 큰길을 찾는데 울타리 넘어 보이는 집에 장정 3명과 할미가 집안 정리를 한다. 마당에 잔디를 심고 텃밭에 무엇을 심고 청소를 하는 것 같기도 하고 분주하다. 집 한쪽에 그을음이 보인다. 지난번 고성 화재의 속초와 경계지역 쪽 마을이다.

휴일을 맞아 서울에 사는 아들이 잔디를 사 와서 심고 불난 창고를 뜯어 정리한 후 새로 지을 거라고 한다. 길을 계속하여 걷는데 무슨 말을 해야 할까? 고성군 토성면 용천리와 봉포리 등 5~6개 마을이 쑥대밭으로 변했다. 산과 들판 해변 건물의 종류를 가리지 않고 태워버렸다. 영동 극동방송국도 탔다. 무지막지하게 태워버렸다. 우리는 이유 여하를 막론하고 불조심해야 한다. 그 현장은 말로 표현할 수 없는 처참한 모습이다. 다시는 형언할 수 없는 이런 모습을 보지 않고 살고 싶다. 눈물이 앞에 선다(※ 재방문 시 보니 정리가 많이 됐다. 방송국도 정상을 찾았고 나무들은 푸르다.).

불난 현장을 포함한 고성군 토성면 용천리 해변, 봉포리 해변, 천진리, 청간리 · 청간정, 아야진 6 · 5 · 4 · 3 · 2 · 1리 해변을 통과하는데 참으로 아름다운 고을들이다. 고성소방서 앞에서 오늘을 마무리하였다. 이렇게 해서 해안선이 있는 지자체에서 받은 관광 지도가 한 장만 남았다. 속초에서 고속버스로 서울 오는데 무척 밀린다. 그러나 어쩌랴. 기다리는 수밖에. 그래도 나는 운전하는 수고는 없지 않은가.

■ 속초의 이모저모

□ 관광지

설악산, 신흥사, 설악해맞이공원, 척산족욕공원, 청초호 호수, 바다 향기로, 설악산 벚꽃 터널, 속초 해안로, 공룡능선, 권금성, 달마봉, 청대산, 조도섬, 보광사, 범바위, 설악동 소나무, 비룡폭포, 육담폭포, 등대해변 · 해수욕장, 속초해변 · 해수욕장, 외옹치 해변 · 해수욕장, 청호해변, 산호사랑나무, 인어 여인상, 영랑호, 청초호, 그린라군 호텔온천, 척산온천 · 휴양촌, 한화리조트 워터 파크

□ 볼거리

누들 거리, 대포항 전망대 · 회센터 · 수산시장, 동명항, 속초먹거리촌, 설악산 케이블카, 소호 거리, 속초시장, 아바이마을, 엑스포타워, 영금정 정자 전망대 · 해돋이 정자

□ 체험

등산학교, 여가 캠핑장, 낚시, 뉴욕 캬라반, 밤하늘 글램핑, 영랑호 화랑도체험, 상도문 돌담마을, 속초 스쿠버센터, 엑스포 유람선, 장사어촌계, 하모니 유람선, 해파랑길(45구간)

□ 축제 · 행사

속초해맞이 축제, 속초 봄빛 축제 청초 누리, 설악 전국트라이애슬론, 실향민 역사문화 축제, 장사항 오징어 맨손 잡기, 썸머 비치 페스티벌, 수제 맥주 축제, 속초 빛 축제 청초 환희, 속초국화전

□ 속초의 맛

닭강정, 붉은 대게, 곰치국, 생선구이, 아바이 순대, 오징어순대, 함흥 냉면 · 막국수, 순두부, 물회

오늘은

양양군 양양읍 조산리 낙산해변 - 강현면 전진리 낙산해변 - 낙산사 한 바퀴 - 설악해변(전진2리) - 용호리 후진항 - 정암해변 - 물치리 - 물치항 – 쌍천 · 교 – 속초시 대포동 해맞이공원 - 대포항 - 외옹치 - 조양동 - 속초해변 - 청호동 - 청초호 - 설악대교 - 청호동 아바이 마을 - 금강대교 – 동명동 · 항 - 靈琴亭 - 영랑동 – 장사동 · 항 - 고성군 토성면 용천리 – 용천천 · 교 – 봉포리 · 해변 - 천진리 – 청간리 · 청간정 - 아야진해변 - 아야진리 - 고성소방서 앞까지

오늘은 아침에는 쌀쌀했다. 시간이 갈수록 온도가 올라 7시쯤부터 겉옷이 싫었다. 다행히 날씨가 흐려 따가운 것은 없었다. 바람도 불어 시원함도 느끼는 오늘은 천국이다. 어제와는 딴판이다. 바닷가 파도는 거친 것이 여전했다. 옷차림을 가볍게 했다.

오늘은 한 주의 걸음을 마감하며 부지런하며 속도를 내야 하는 날이다. 서울이 가깝다고 생각해 조바심은 줄었다. 오늘은 3.9만여 보에 30km를 걸었다.

구 누계 : 489.1만 보. 3,692km.
신 누계 : 493.0만 보. 3,722km.

낙산사 홍련암과 일출

속초 대포항 전경

우리 국토 해안선 걸어서 돌기

(64-1회, 2019.5.18. 토요일), (재방문, 2024.9.16.)

우리 국토 해안선을 따라 걷는 114일째

우리 국토 바닷길 한 바퀴 걸어서 돌기 완보했다.

오늘은 우리나라 해안가 답사를 시작한 지 16개월쯤 되었고 내 계산의 날짜로는 114일째다. 서해 최북단 김포시 하성면 전류리 포구를 시작으로 인천, 서산, 군산, 목포, 여수, 거제, 부산, 포항, 삼척, 강릉 등으로 연결하여 오늘 동해 최북단 강원도 고성군 통일 전망대까지 걸어서 연결하였다. 통일전망대출입신고소에서 전망대까지 걸어서 갈 수가 없다. 그 때문에 어제 오후에 차량을 이용해서 통일 전망대에 들어갔다. 전망대에 도착했다. 그런데 북쪽으로 더 갈 수가 없다. 허망하다. 다시 돌아 나올 수밖에.

매주 이곳 통일 전망대를 최종 목표로 힘차게 끈질기게(?) 줄기차게 매번 젖 먹던 힘까지 내어가면 걸었다. 그런데 막상 도착해서 이것저것 살펴보고 둘러보며 전망대에서 북쪽을 쳐다보니 철책이 처져 있다. 철책 너머 산이 보이고 도로가 보이고 철도가 보이고 해변이 보인다. 내가 지금까지 걸어왔던 어느 해변과 크게 다르지 않고 비슷하다. 마을들만 안 보인다. 올망졸망 보이는 것이 금강산 자락이다. 그런데 지금 그냥 더 갈 수가 없다. 계속 바라보며 한숨만 지었다.

출입신고소에서 통일 전망대까지 걷지 못하기 때문에 금요일 이동 일에 가족과 함께 내려와서 출입신고소에서 통일 전망대까지 차량 봉사(?)를 마치고 다시 제진 검문소에서 헤어져 가족을 보내고 나는 남으로 걸었다. 명파마을과 해변을 걸어 나오면서 80년대 초반에 와 본 으스스한 기억을 더듬으며 걸었다. 통일전망대출입신고소의 왼쪽 길을 이용해 걷는데 마차진해변이다. 이곳에 금강산콘도라는 큰 건물도 보인다. 바닷가 길을 해안도로인 자전거도로를 따라서 남진을 한다. 다음은 대진 해변과 항을 지나는데 참 멋있는 동네라는 생각을 하며 걷는데 초도리 해변과 항이 또 연결된다. 참으로 예쁘다.

흥분이 채 가시기도 전에 화진포해변이다. 엄청나게 넓고 길다. 통상 지금까지는 남쪽에서 올라와서 김일성, 이승만, 이기붕 별장이 있는 남쪽 화진포해변을 주로 보고 자고 다녔는데 북에서 남으로 걸어오며 보는 화진포의 백사장의 규모는 상상을 초월한다. 신세계를 보는 세상이다. 세상은 보는 방향과 각도에 따라서 달라짐을 발견한다. 이곳 화진포 콘도의 작은 방을 구해서 쉬고 오늘을 준비한다.

오늘 아침도 일출 시각 5시 13분이다. 10여 분 일찍 나와서 콘도 백사장을 거닐며 해님을 기다린다. 그런데 수평선과 바다의 상황을 보니 오늘은 해님을 일찍 만나기는 틀렸다는 생각이 든다. 김일성 별장을 향해 올라가는데 해파랑길 팻말이 보인다. 내친김에 응봉을 향해 오른다. 바다의 해는 전혀 반응이 없다. 부지런히 발을 움직여 30여 분 만에 응봉 정상에 오르니 땀으로 목욕을 한 듯하다. 해발 122m가 이렇게 높고 힘든지 몰랐다. 새벽부터 힘들었다. 북쪽을 바라보니 화진포 호수와 콘도 그리고 화진포해변과 마을, 북한의 금강산 자락과 바다가 보이는데 날씨가 흐려 희미하게 보인다. 그러나 화진포 지역을 일목요연하게 바라보는 행운으로 기분이 좋았다. 아직도 해님은 소식이 없다.

응봉산자락을 돌고 내려와 거진항에 도착한다. 거진이란 마을이 무척 크다. 1리부터 11리까지 있다. 한 바퀴 돌아 나오는데 시간이 꽤 걸리게 길다. 여러 가지 형태의 동네 이모저모의 이른 아침 장면들을 보며 걸으며 뒤로하고 군용 철책 바로 옆에 아주 높은 아파트가 눈에 들어온다. 살벌한 철책을 바라보며 사는 아파트 사람들은 무슨 생각을 하며 살까?

발걸음을 계속해 다음에 지나는 마을은 반암리다. 고풍스러운 나무로 지어진 설렁탕집 옆길 입구에 '김득구 선수 묘'라는 갈색 표지판이 있어서 옆에 있던 주민에게 물어보니 김 선수 고향이란다. 프로권투 경기중 사망으로 3개월 뒤 엄마가 자살하고, 경기 심판도 7개월 뒤에 자살하고, 상대 선수도 권투를 그만하고 영화배우가 되는 엄청난 일이 벌어졌던 비운의 김 선수를 잊을 수가 없다. 그곳에서 두 번째 빨간 벽돌집이 코미디계의 황제였던 '이주일' 씨가 태어나서 2살까지 살았던 생가란다. 고을마다 따져보면 모두가 역사의 현장이다. 설렁탕으로 아침밥을 8시쯤 들었다.

다음은 해안에 소나무와 동네 안에 대나무가 많다는 송죽리를 거쳐 일제 강점기에 생긴 기차 철교가 6.25 전쟁 때 유엔군이 폭파한 후 버려진 다리가 지금은 다시 고쳐져 국토 종주 자전거 길이 된 북천철교를 지난다. 간성읍의 동쪽 마을들인 봉호리 동호리 신안마을은 모두가 논이다. 강원도 북쪽 지방에 평야가 있다. 무척 넓은 들판이다. 통일 전망대에서 시작한 남진을 간성읍의 남천교에서 멈추었다.

남천교에서 시내버스를 타고 지난주에 마감했던 고성군 토성면 아야진 북쪽의 고성소방서(동관 119안전센터)로 간다. 여기서는 다시 북으로 전진한다. 맨 처음 맞는 마을은 교암리에 있는 '천학정'이다. 정자는 바닷가 언덕 위에 있고 옆에 있는 1,500년 된 소나무가 버티고 사람을 맞는다. 대단히 크다. 나의 두 아름보다 더 굵다. 경의를 표하고 북쪽을 향해 걷는다.

고성에도 여러 해변이 있는데 참으로 예쁘고 양호한 백사장들이다. 하늘의 초승달이나 그믐달처럼 생긴 해변들이 매우 아름답다. 교암해변, 문암해변, 백도해변, 삼포해변, 오호해변, 송지해변, 공현진해변, 가진해변 등 각자 특성을 살려서 여름 맞을 준비에 열중하고 있다. 오호해변 철책 밖에는 '서낭 바위'가 있다. 크지 않은 서낭 바위 위에 소나무의 생명력에 놀란다. 송지호 전망대에 올라가 시원하게 산과 바다를 훑어보고 잠시 진정을 한다. 여유를 부려서 다음 일을 잘하게끔 힐~링을 주는 우리 바닷가다.

고성해변에는 아직도 군사용 철책이 처져 있는 곳이 많다. 그래서 그 동네에 사는 사람들은 답답해하는 사람이 많다. 그리고 다른 곳에서 볼 수 없는 아카시아가 꽃을 피워 향기를 풀어 코를 건드린다. 향기가 참 좋다. 다른 곳에도 아카시아를 잘 보존해서 벌들이 잘 살 수 있도록 하면 좋겠다고 생각한다. 북쪽에서 걸어 내려와서 버스를 탔던 남천교에서 다시 만났다. 꽤 복잡한 오늘 일정이었다. 이렇게 해서 일단 해안가 답사 목표를 완성했다. 막상 해안가 모두를 완보하고 나니 심심하고 싱겁다. 매주 보아 온 아름다운 해변과 바다를 당분간 쉽게 볼 수 없다는 것이 아쉽기도 할 것이다. 지난 것들이 생각이 잘 나지 않는다. 일자별로 쓴 스토리를 보면 기억이 나려나.

그동안 내 발과 다리와 허리가 고생 많이 했다. 이만큼이나 할 수 있도록 건강하게 낳아주신 부모님과 평소 건강관리에 힘써 주고 잔소리(?)를 해 준 아내에게도 감사한 마음을 드린다. 모두가 감사하고 고마울 따름이다. 간성 시내로 들어와서 내일 진부령 가는 연구를 한다. 해안가 일주에 이어서 우리나라 북쪽 면을 찾아 걸어서 출발지인 김포시 하성면 전류리포구로 다시 가서 우리나라 한 바퀴를 돌아야겠다.

오늘은

남쪽에서 북쪽으로 순서대로 고성군 토성면 아야진리 119안전센터(고성소방서) - 교암2(천학정) · 1리(교암해변) - 죽왕면 문암 2 · 1리 – 삼포리 · 해변 – 오호리 · 봉수대해변 - 송지해변 - 송지호 – 공현진항 · 마을 - 가진항 - 향목리 - 간성읍 남천교 - 남천마루 마을 - 신안리 - 동호리 - 봉호리 – 북천 · 철교 - 거진읍 송죽리 - 반암리(김득구 권투선수 묘, 이주일 생가, 설렁탕집) - 송포리 - 거진 11~1리 - 거진 해맞이산림욕장 – 화포리 · 응봉 - 화진포의 성 - 화진포해변 - 현내면 초도리 – 대진리 · 대진항 - 마차진리 - 통일전망대 출입신고소 - 대진검문소 - 통일전망대까지

오늘은 아침에는 진하게 흐렸다. 새벽 등산을 하면서 무척 힘들었다. 아침 날씨가 흐려 걷는 데 도움이 될 줄로 생각했는데 한낮부터 무척 따가웠다. 땡볕 아래서 걷는데 힘들었다. 바닷가 파도는 잠잠하고 바람도 없었다.

오늘은 한 주의 걸음을 시작하며 욕심을 낸다. 해안가 마무리로 마음에 이미 정해진 코스다. 어제 자투리 시간 1.1만여 보에

9km와 오늘 5.0만여 보에 38km를 찍었다.

구 누계 : 493.0만 보. 3,722km

신 누계 : 499.1만 보. 3,769km

응봉에서 본 화진포 풍경

고성 통일 전망대에서 바라다본 북한 땅 풍경

우리 국토 해안선 걸어서 돌기

(64-2회, 2019.5.19. 일요일), (재방문, 2024.8.31.)

우리 국토 해안선을 따라 걷는 115일째

어제 해안선 완주를 하고 그 여운을 느끼기도 전에 하나를 결정했다. 우리나라 북부를 걸어서 출발지인 김포시 하성면 전류리포구로 돌아가는 걷기를 다시 계속하는 것이다. 그래서 오늘부터 또 계속 걸어야 한다.

지난 금요일 집을 나올 때만 해도 비 소식이 없었는데 저녁부터 예보에, 일요일인 오늘은 전국에 비가 내린다는 소식이다. 그래서 어제 오후에는 망설임이 컸다. 비가 오는 것은 환영한다. 이곳 강원도 지방은 많이 내려야 한단다. 그러나 나는 걸으면서 비 맞으면 안 된다. 해결하는 방법은 비가 내리지 않는 시간을 이용하면 된다. 핸드폰의 날씨 정보가 일요일 오후부터 비가 내린다기에 오전만이라도 걷겠다고 작정하고 숙박을 하고 오늘 새벽에 눈을 뜨니 3시 10분 전이다. 생각이 스친다. 오늘부터는 바닷가 일출도 상관없으니 지금 나가자.

부랴부랴 준비하고 3시 10분에 숙소를 나왔다. 처음으로 빈속에 물만 한잔 마시고 걷는 날이다. 인공불빛 이외는 모두가 깜깜이다. 지난겨울 남해안을 걸을 때가 생각난다. 겨울은 6시도 새벽이다. 지금은 낮이 제일 긴 계절이다. 음력으로 며칠인지도 모르겠는데 커다란 달님이 마중한다. 이야기를 나누면서 진부령 가는 46번 국도를 찾아서 걸음을 열심히 옮겼다. 간성읍 시가지를 20여 분 걸으니 외곽의 자연부락 마을들이 나온다. 교동리란 마을을 지나가니까 온 동네 개와 닭이 목소리 크기 시합을 한다. 짖고 울고, 야단이다. 어촌 마을보다 농촌과 산촌이 개와 닭이 더 많은 것 같다. 무진장 시끄럽다. 그 소리를 들은 동네 사람들은 얼마나 시끄러울까? 6시경에 통과하는 마을까지 짖고 울고, 야단이다. 본의 아니게 개와 닭, 그리고 일부 사람들의 새벽잠을 깨워 미안한 마음이다.

맞이하는 마을들이 대단히 크다. 버스 정류장 네 군데가 같은 마을 이름이다. 너무 어두워서 세부적인 동네 이름을 알 수가 없다. 다음 광산마을까지 걸으니까 날씨가 밝아온다. 뒤를 돌아 동해안 쪽을 바라다보니 빨간 구름과 여명의 빛만 보인다. 버스 정류소에서 5시 반쯤 나의 특허 아침 밥상을 차리고 맛있게 먹었다. 단팥빵 1개, 삶은 달걀 1개, 사과 반쪽, 볶은 땅콩 1줌, 물 1병이다. 2시간 넘게 걸었으니 그 맛이 오죽하겠는가. 그 기분을 간직하고 또 걷는다. 장신 1리와 장신 2리를 지나는데 '소똥령'이라는 옛 지명의 마을이 나온다. 농촌체험과 산림욕과 가을 단풍이 유명해서 내가 속한 오성 산악회에서도 트래킹을 한번 한 적이 있고 동네 이름이 특이해서 알고 있는 마을이어서 이것저것을 생각하며 걸었다.

그리고 소똥령부터 도로가 서서히 경사도가 높아짐의 시작하는 곳이기도 하다. 무려 11km의 오르막을 거쳐야 진부령 정상이다. 그동안 갈고닦은 걸음걸이 실력으로 걸었다. 꾸준히 1시간쯤 더 올라가니 진부리가 나온다. 도로 환경이 27~28년 전을 기억하는 나로서는 놀라울 정도로 좋아졌다. 도로에 여유 공간이 많다. 펜션도 있는데 해안가보다 규모가 작아 아담하고 덜 호화스러운 모습들이다. 값도 해안가보다 저렴한지는 모르겠지만 말이지. 진부령 정상을 앞둔 4km 전부터는 경사도가 더 가파르다. 끙끙거리며 걷고 또 걸었다.

그런데 산 등허리의 신록과 그 숲속에서 가끔 들리는 이름 모를 새들의 울고 웃는(?) 소리와 계곡의 물소리가 기막히게 좋다. 어느 오케스트라의 하모니가 이렇게 아름다울까? 천국에 와서 천상에서 자랑하는 그림과 소리를 보고 듣는 기분이 이럴까? 자연은 모두 장점이 있고 사람을 즐겁게 해 준다. 이 진부령에 올라오는 길과 올라와서 다음 버스를 탈 때까지 아카시아 향기에 취해 길을 걸었다. 강릉 이북 지방에는 아카시아가 많다. 다른 곳에서는 보기 힘들다. 아카시아가 옛날 우리 시골 동네에서 흔히 보이는 것처럼 많다. 새하얀 송알송알 꽃송이가 정말 예쁘다.

새벽에 간성을 출발한 지 6시간이 넘는 시간에 진부령 정상에 도착했다. 해발 520m란 간판이 보인다. 한쪽에 사람들이 많이 모여 있는데 '백두대간 진부령'이라 쓰인 돌비석이다. 백두대간을 걸으면서 이 구간에 도착해 기념 촬영을 하고 있다. 백두대간 시·종점이다. 서쪽은 백두대간 끝 지점인 향로봉(민통선, 민간인은 1년에 1회 개방하여 출입가능)이고 동쪽은 대간령이다.

계속 남쪽으로 걷고 걸어 흘리라는 마을을 지나니 인제군 북면 용대리 땅이다. 이렇게 고성군을 해안과 민통선을 연한 육지까지의 걸음을 마쳤다. 한참을 더 걸으니 이 고장 특산물 황태를 취급하는 식당이 있다. 황태탕+황태구이를 아점으로 먹고 용대삼거리(용바위·창바위)의 인공폭포를 지나고 또 다른 용대리를 지나 백담사 입구 버스 정류소에서 서울 가는 차가 있는지 물어보니 있다고 해서 이곳에서 마감했다. 1시간을 기다려 차를 타고 서울로 가는 데 여러 곳을 거쳐 가는 시외버스다. 그래도 있어서 얼마나 다행인지. 고맙다. 그런데 오늘이 일요일이라 그런지 무진장 막힌다. 예정된 시간보다 배나 더 걸린다. 그래도 집에 오긴 왔다.

■ 고성의 이모저모

□ 고성 8경

건봉사, 화진포(김일성 별장 · 이승만 기념관 · 이기붕 별장 · 생태 및 해양박물관), 천학정, 청간정, 울산바위, 송지호, 마상봉 설경과 진부령 일대, 고성통일전망대

□ 바다와 항구

송지호해변, 아야진해변, 가진항, 화진포해변, 마차진해변, 거진항, 대진항, 해파랑길(46~50구간)

□ 힐링 휴양지

진부리 휴양지, 장신리 휴양지, 도원리 휴양지

□ 온천

원암 온천지구의 아이파크콘도온천, 일성 설악온천콘도, 델피노 리조트 아쿠아월드, 파인리즈리조트 스파, 켄싱턴 리조트 설악비치 해수사우나

□ 해양레포츠 체험

스쿠버다이빙, 바다낚시, 바다 레프팅, 써핑

□ 농촌체험

진동마을 황토 비누체험, 소똥령마을 농촌체험, 블루베리 체험, 건봉 다시마 장 담그기

□ 특산품

건어물, 탑동 표고버섯, 금강산수 해풍미, 아로니아, 피망, 건봉 다시마 장, 해양심층수 천년동안, 달홀주, 고성 명태, 젓갈류

□ 먹을거리

고성막국수, 도루묵찌개, 도치 두루치기, 명태 지리국, 자연산 물회, 추어탕, 대문어 숙회

오늘은

고성군 간성읍 상리(군청) - 거진읍 대대리 - 간성읍 교동리 - 간성향교 - 광산 4 · 1 · 2리 - 장신 1 · 2리(소똥령마을) - 소똥령 숲길 입구 - 진부리 제추골 쉼터 - 소똥령 입구 - 진부리 아랫마을 - 진부리 - 진부령 정상 – 흘 2 · 3리 - 인제군 북면 용대리 – 용대삼거리(용바위 · 창바위) - 용대리 - 백담사 입구까지

오늘은 새벽에 일어나 출발한 아침 날씨는 걷기에 좋았다. 아침은 흐렸다. 8시쯤부터는 더위를 느끼고 기나긴 오르막으로 힘을 쓰는 걸음걸이가 길고 어려웠다. 여름 대비는 필수다. 물 준비도 중요하다.

오늘은 한 주의 걸음을 마감하고 서울 가는 차를 타는 바쁜 날이다. 버스 타는 곳까지 맞추어 걸었다. 오늘 4.5만여 보에 35km를 걸었다. 걸음 누계 500만 보가 넘었다.

구 누계 : 499.1만 보. 3,769km.
신 누계 : 503.6만 보. 3,804km.

진부령 정상 백두대간 길 표지석

인제군 북면 용대리의 풍력발전기 풍경

우리 국토 한 바퀴 걸어서 돌기

(65-1회, 2019.5.25. 토요일), (재방문, 2024.9.16.)

우리 국토 한 바퀴를 따라 걷는 116일째

제목을 바꿨다.
해안가를 끝내고 북부지역 내륙을 따라 걷기 때문이다.

어제 동서울터미널에서 백담사 입구까지 시외버스로 이동하여 지난번 끝낸 자리에서 연결하여 걸었다. 지난주 백담사 입구에서 동서울까지 4시간이 넘게 걸려서 이번에도 시간이 꽤 걸릴 줄 알고 맞춰서 출발했는데 2시간 10분 만에 내려준다. 참으로 빠르다. 폭염주의보가 내린 날씨다. 오후 3시가 조금 지난 시간 햇볕이 야속할 정도로 더운 날씨다. 아침에 집에서 식구들이 걱정한 폭염의 날씨다. 그러나 일단 출동이다. 나왔으면 밥값을 해야 한다.

'인제 천리길'이라는 인제 둘레 길을 찾아서 걸었다. 진부령과 미시령 남쪽에서 발원해서 남으로 흘러내린 북천을 따라서 걸었다. 용대1리에 있는 '시집 박물관'과 만해기념관을 지나서 걷는데 햇볕은 쨍쨍 더워도 바람이 제법 살랑살랑 불어 재미를 붙이며 걷는다. 어느 집 옆을 지나는데 한낮에 젊은이가 정원에 물을 주고 있다. 인사를 나누고 날씨 이야기를 하는데 지금 상황이 가뭄이 몹시 심하다고 한다. 내가 염려했던 지난 일요일에도 비가 흡족하게 내리지 않았다고 한다. 하늘의 움직임을 인간이 어찌해볼 도리가 없다.

그는 옆 동네에서 식당업을 하는데, 경기가 좋지 않다고 한다. 재작년에 고속도로가 춘천에서 양양까지 연결되어 완공됨으로써 44번(한계령 노선)과 46번(진부령, 미시령 노선) 국도변의 관광업이 모두 죽었다고 한다. 그러고 보니 지난번 진부령 정상의 휴게소와 인접 상가 몇 집이 문을 닫은 것을 보았는데 그 영향임을 이제야 알았다. 전부터 동해안 지방의 숙원사업이라며 기대하고 고대하던 고속도로가 뚫리니까 한쪽에서는 피해를 보는 지방과 사람이 생긴다. 어찌해야 골고루 잘 살 수가 있을까? 아무튼, 국가 정책이 어떤 사람을 죽이기도 하고 살리기도 한다. 그래서 국가 경영이 중요하다.

발걸음을 계속하는데 진부령과 미시령에서 발원한 북천도 말라서 풀들만 자욱하다. 바람에 먼지도 날리는 산간지방이다. 북천을 벗어나 구) 도로를 따라 원통 쪽으로 나오는데 신 국도 위로 '인제 천리길' 리본과 우측으로 도로가 보인다. 일단 들어가면 10여 km 이상을 임도나 군 비상도로 같은 급경사의 좁은 길을 걸어야 함을 각오해야 한다. 들어갔다. '설피 길'이다. 바로 급경사다. 인터넷 지도를 보니 명당산자락이다. 1시간을 비지땀을 흘리며 비포장과 시멘트 포장이 몇 번씩 반복하며 비상도로 정상에 올랐다. 그리고 1시간 반을 내려갔다.

동쪽에서 1시간 오르고 서쪽으로 1시간 반을 내려가는 군 작전도로였다. 진땀 나는 코스다. 원통으로 돌아가는 것보다 10여km 이상 단축하게 하는 지름길인 셈인데 길의 상태가 말이 아니다. 우여곡절 끝에 어둠이 완전히 내린 8시가 넘은 시간에 원통에서 서화를 거쳐 양구군 해안으로 가는 길인 서흥리를 만났다. 2.5km를 더 북진하고 9시가 넘어서 서화면 소재지인 천도리에서 어렵게 숙식을 받고 오늘을 준비했다. 천도리 가는 길목의 군부대들은 수십 년 전 블록 담들이 그림이 그려져 있는 것 외에는 그대로다. 어제 자투리 시간에 너무 많이 걷고 힘들었다.

오늘 아침 역시 새벽에 길을 나섰다. 천도리 마을의 가운데 길을 걸어 북으로 간다. 이번 여정은 군대 갔다 온 많은 남자가 알고 있는 지형들이다. 원통을 지나 천도리 서화리를 거쳐 양구 해안으로 가는 길목에 군부대가 무수히 많다. 서화리를 지나면 민가가 전혀없다. 진짜 최전방 전선이다. 오늘도 실제로 서화리를 지나 10여km 이상 군부대 몇 개 외에 마을이 없었다. 이 축선 부대원들이 외출 · 외박이나 면회를 오거나 했을 때 활동했던 지역이 천도리와 서화리였다. 아주 유명한 지역이다. 지금은 자동차가 보편화 돼서 면회를 와도 후방의 큰 도시에 나가서 볼일을 보거나 주변의 펜션에서 시간을 보낸다고 한다. 그러니 천도리나 서화리는 변화 없는 옛날의 모습이 그대로라고 한다. 세상이 확 달라졌다.

계절에 맞게 논에 모내기는 끝나가고 있다. 감자 등 농작물은 뜨거운 태양 아래 영글어가고 있다. 부지런히 걸었다. 왼쪽의 인북천이 꽤 길고 폭이 있는 하천인데 말랐다. 출발부터 나를 반갑게 맞아 준 것은 아카시아 꽃이다. 어제 넘었던 명당산 동쪽에는 아카시아가 시들어가는 중인데 오늘 걸은 코스의 아카시아는 이제 피기 시작해서 향기도 진하고 꽃도 싱싱하다. 하루 내내 친구로 지냈다. 양봉 벌통들도 보았다. 꿀벌 소리가 요란하다. 계속 걸어 인북천의 상류 지역인 가령천교를 건너고 조금 걸으니 양구군이라는 이정표가 보인다.

다음 맞는 동네가 해안면이다. 펀치볼로 불리는 지역이 고봉으로 둘러싸인 분지로 그 마을에 갈려면 오르막길을 통과해야 한다. 오르막이 나오는데 14도라는 표지판이 보인다. 지금까지 표지판이 있었던 경사도 14도는 최고로 높은 숫자다. 특별한 방법 없이 계속 걸어서 오르고 다시 고개를 길게 내려가니 양구군 '전쟁기념관'이 있고 제4땅굴과 을지전망대 가는 일을 서비스하는 통일관이라는 시설이 나온다. 9시가 조금 넘은 시간이다. 그곳 매점에서 장(?)을 좀 보고 옆 청년 밥상이라는 식당에서 아침을 그 고장 양구 해안의 특산품인 시래기 밥으로 들었다.

드디어 해안면이다. 마을 북쪽에 가칠봉이라는 1,242m로 표시된 고지가 생각난다. 남방한계선이 바로 앞으로 지난다. 1990년인가 1991년인가 그 고지 꼭대기에 50mx25m 수영장을 만들어 여름에 준공하였다. 준공식 후 초청된 서울에서 온 이름 있는 미녀들과 한 · 미군 장교 등 고위급 군인들이 모여 수영을 하며 대북심리전을 했던 고지의 전설 같은 이야기를 내가 알고 있다. 1992년도엔 미스코리아 선발 대회의 일부 행사를 했다는 후일 담도 들었다. 지금은 그 시설을 어찌 사용하는지 궁금하다. 잠시 추억을 되새기고 계속 걷는다.

해안면은 겨울에는 시래기가 유명하고 여름에는 감자가 유명하다. 동네 한가운데를 통과하여 '펀치볼로'를 따라 양구읍이라는 이정표를 따라 동면 쪽으로 나아가면 도솔산을 만나야 한다. 또 오르막을 올라야 한다. 해발 600m라는 글자도 보인다. 20여 분을 올랐다. 해안을 둘러싸고 있는 모든 고지가 6 · 25 격전지지만 도솔산은 한미 해병대가 중공군을 맞아 치열하게 싸운 전장으로 지금은 '도솔산 지구 전투위령비'가 있다. 그런데 그 산 아래에 터널을 만들어 10여km가 넘는 도로를 3km로 단축하게 해 운용되고 있다. 전적 위령비가 외롭게 되었다.

나도 갈등을 많이 하다가 터널(돌산령터널)을 이용하기로 했다. 시간을 2시간 이상 단축할 수가 있다. 터널에 인도는 없지만, 경주에서의 경험을 살려 터널에 진입하니 경주의 터널과 똑같다. 도롯가에 턱이 90cm쯤으로 높고 배수로 덮개처럼 뚜껑이 있는 폭 60cm쯤 되는 위험이 내포된 곳을 길로 이용해 걸었다. 길이는 2,997m다. 1구 왕복 터널이라 시끄럽기가 말이 아니다. 복개 뚜껑은 고장 난 것이 많아 위험한 발걸음이 4번인가 있었다.

진땀을 흘리며 36분 만에 양구 동면 땅에 도착했다. 다시는 경험하고 싶지 않다. 그리고 또 5km쯤을 내려갔다. 팔랑리라는 마을이다. 2km쯤 더 남하하니 동면사무소 소재지인 임당리 마을이다. 더 못 걸어갈 것 같아 멈추기로 했다. 그런데 여관들이 없어져 버려 팔랑리로 뒷걸음을 했다. 내일은 방산면 쪽으로 가야 하는데 전방지역의 특성을 잘 모르겠다.

■ 인제의 이모저모

□ 인제는 자연의 고장이다. 유명한 산들과 산림자원이 많다. 알피니스트들이 많이 찾는다. 설악산과 관련 십이선녀탕계곡, 대승폭포, 장수대, 용아장성, 공룡능선과 점봉산, 방태산, 곰배령, 대암산 용늪, 내린천, 자작나무 숲 등이 손짓하고 있다.

□ 인제의 문화 마당은 백담사, 만해마을, 내설악 예술인촌미술관, 박인환문학관, 한국 DMZ 평화 생명 동산, 김응현 서예관, 용늪 마을, 자연생태학교, 인제산촌민속박물관 등이 마음을 정화한다.

□ 유명한 약수도 있다. 방동약수, 개인약수, 필례약수, 남전 약수 등이 건강을 돕는다.

□ 자연 속의 특별한 숙소도 있다. 내설악미리내캠프, 하추자연휴양림, 방태산자연휴양림, 용대자연휴양림, 자작나무 힐링캠프 등이 있다.

□ 인제의 체험 마을은 냇강마을, 진동 계곡마을, 신월리 마을, 하추리 마을, 용대리 황태마을, 미산 고로쇠마을, 소치 마을, 산채마을, 백담마을에서 농·산촌체험을 할 수 있다.

□ 인제의 축제는 인제빙어축제, 합강 문화제, 만해축전, 진동계곡 산나물축제 · 고로쇠 축제가 있다.

□ 인제의 레저스포츠는 내린천래프팅, 스키드 다이빙과 스카이워크, 산악자전거, 리버버깅, 사륜오토바이 ATV, 빙벽 타기, 아르고, 번지점프, 서든어텍, 짚트랙, 인제스피디움 등이 있다.

□ 인제의 특산물은 황태, 풋고추, 콩, 오미자, 곰취, 송이버섯, 한우, 감자이고 먹을거리는 막국수, 황태구이, 토종닭, 송어회, 추어탕과 민물 매운탕이 미각을 책임진다.

오늘은

인제군 북면 용대2리 백담사 입구 - 용대1리(시집 박물관. 만해기념관) - 인제 천리길 - 정자문교차로 - 설피로(명당산 반 바퀴) - 서화면 서흥리 - 천도 1 · 2 · 3리 - 서화 1 · 2리 - 후덕리 453번 도로 인북천 - 가령촌교 - 양구군 해안면 후리 - 현 1리 - 오유 2 · 1리 - 펀치볼 야생식물단지 - 만대리 - 동면 돌산령터널 - 팔랑 1 · 2리 - 임당 2 · 1리(동면사무소)까지

오늘은 새벽에 일어나 출발한 아침 날씨는 걷기에 좋았다. 온종일 구름이 끼어 어제보다 더위는 심하지 않았다. 2번의 기나긴 오르막과 내리막이 힘을 빼는 걸음걸이가 됐다. 물을 많이 가지고 다니고 많이 먹었다. 혹서의 계절이다.

오늘은 한 주의 걸음을 시작하는 욕심 내는 날인데 어제 힘들었다. 전방지역 오지의 편의시설을 염두에 두고 일정 조정해야겠다. 어제 2.5만여 보에 18km와 오늘 4.6만여 보에 34km를 걸었다.

구 누계 : 503.6만 보. 3,804km.
신 누계 : 510.7만 보. 3,856km.

인제군 산골 아카시아꽃 옆에 있는 양봉장

양구 해안면 마을 북쪽의 준령들

우리 국토 한 바퀴 걸어서 돌기

(65-2회, 2019.5.26. 일요일), (재방문, 2024.9.16.)

우리 국토 한 바퀴를 따라 걷는 117일째

저녁부터 썰렁한 온돌방이 새벽에 난방이 되는지 뜨끈뜨끈한 기운을 느껴 눈을 뜨니 3시 50분이다. 뜨끈한 방바닥의 매력에 더 자고 싶어지는데 과감하게 일어나 싸고 닦고 씻고 먹고 마시는 등 떠날 채비를 하고 밖에 나오니 4시 40분이다. 어제 동면 소재지인 임당리까지 가서 숙소를 알아보니 인터넷 지도상에 있던 두 군데의 모텔이 한 곳은 폐업하고 또 한군데는 펜션으로 집을 다시 짓고 영업 중이다.

그런데 펜션이 고급이어서 너무 비싸다. 앞으로 더 가자니 7km나 밖에 있고 몸이 피곤해 더 가는 것이 무리임을 판단하고 뒤로 1.5km를 후퇴해서 팔랑리에서 3~4곳을 헤매면서 겨우 구해서 하루를 보낸 기막힌 사실이 어제 있었다. 숙소 때문에, 뒤로 물러난 일은 처음이다. 세상일이 절대 장담과 고집만으로 해결되는 일은 없는 모양이다.

기왕 나온 김에 전방지역 여관 이야기를 해본다. 지난번 묵은 천도리 여관이나 어제 묵은 팔랑리 여관이나 30~40년 전과 달라진 게 없다고 생각한다. TV를 두 번 다 보지 못하고 보냈다. 옛날 대우전자 브라운관 TV다. 유선방송 연결되었다는데 안 나오는

채널이 있고 어제는 아예 연결이 안 되기도 한다. 몇 번 시도하다가 꺼버리고 말았다. 화장실을 포함한 모든 편의시설의 환경이 TV와 비슷하다고 보면 된다. 아주 옛날식이다. 값이 싼 집이라 그런가? 그런데 같은 가격대의 도심지 여관들은 그렇지 않거든 말이지. 아무튼, 돌아다니면서 일부는 30~40년 전 생활을 하고 다닌다.

숙소를 나와 어제 왕복했던 길을 다시 걸어서 동면사무소 소재지 동네를 걷는데 뻐꾸기를 비롯한 새들 소리를 들으며 걸었다. 우는 소리인지 웃는 소리인지는 모르겠다. 개와 닭 우는 소리보다는 훨씬 좋았다. 새소리에 힘을 얻어 발걸음을 재촉해서 골막 입구와 논이 비교적 많이 보이는 들판인 덕곡리 마을을 지나 오른쪽 산을 돌아서 고개를 오르는데 이른 아침에 못 볼 것을 보았다.

고라니인지 너구리인지 잘 모르겠는데 노란 갈색 털을 가진 귀여운(?) 짐승이 올무에 걸려 몸부림을 치다가 숨을 거두는 순간을 5분여 지켜보았다. 가까이 가서 풀어 볼 생각으로 접근을 하는데 눈이 커지고 몸부림을 친다. 몇 번 시도하는데 늘어지고 만다. 괜히 나서서 고통만 더한 것 같아 미안하기만 하다. 어찌해볼 도리와 방법이 없다.

인간의 악독을 느끼고 악독의 결과를 보고 있는 나는 말을 잃고 바라보다가 걸음만 걸었다. 내가 세상에 큰 죄를 짓고 있는 초라한 나를 도로의 거울에서 보고 울기만 했다. 그래도 나는 길을 간다. 독한 것인지 멍청한 것인지 나도 모르겠다. 참으로 못된 사람들이다. 유익과 해로움을 막론하고 생명은 귀한 것인데 내 힘에 부친다. 고개를 내려가니 양구읍이라는 이정표가 보인다.

고개 정상 왼쪽의 장승을 둘러보고 계속 내려가니까 도사삼거리가 나온다. 왼쪽은 양구읍으로 가는 길이고 오른쪽은 방산면과 평화의 댐과 화천으로 가는 460번 지방도이다. 나는 오른쪽 길로 가야 한다. 바로 경사가 심한 고갯길이다. 꼬불꼬불 올라가니 진땀이 난다. '도고터널'이 나온다. 길이 660m의 터널을 익숙하게 들어가서 턱에 올라가 걸었다. 불행 중 다행으로 턱이 30여cm쯤으로 다른 터널보다 낮다. 오르내리기가 편해 자동차가 오지 않으면 도로로 걷고 차가 오면 올라서 걸었다.

터널을 나오니 청수골이라는 마을이다. 민가가 몇 집 안 보이고 모두가 산이다. 아직 그늘진 시원한 내리막 도로를 걸었다. 서서히 농부들이 일하러 나오는 시간이 됐나 보다. 여기저기 논밭에 일하는 사람들이 보여 인사도 나누고 이런저런 이야기도 하면서 걸음 수를 늘렸다. 한참을 내려가니 고방산마을에서 두타연 들어가는 길이다. 주변의 두타연 갤러리나 안내소들이 아직 문을 열지 않은 이른 시간이다. 아무도 보이지 않는다.

사거리에서 직진해 방산면 가는 쪽으로 걸으니 두타연 터널이 보인다. 길이가 386(?)m이고 2차선 도로인데 사람이 지날 수 있는 시설인지 갓길이 도로에 꽤 넓게 그려져 있다. 오전 잠깐 사이에 터널을 2개나 걷게 된 기분이 묘하다. 잠깐 사이에 통과하니 송현마을인데 꽤 넓은 들판과 하천이 자리하고 있다. 산만 보이는 곳에서 들판이라 반갑다. 오늘도 시종일관 아카시아와 길을 같이 했다. 방산까지 싱싱한 아카시아와 꿀벌과 꽃향기가 나를 즐겁게 했다.

오늘 걷는 이 길도 군부대가 무수히 많다. 조금 더 걸으니 비교적 깨끗한 군 시설이 보이는데 어느 부대 신병교육대이다. 오늘이 일요일이고 이른 시간인데 울타리 안에서 큰소리의 함성과 힘찬 구령 소리가 들린다. 잔뜩 군기가 든 소리다. 우리 군을 책임질 용사를 만드는 과정이다. 이 정신을 계속 잃지 않고 개인과 가족은 물론 국가와 민족을 위하는 훌륭한 용사가 되기를 기원한다.

송현마을 가운데 길을 따라 걷는데 육군 병사 2명이 길가에 서서 귀에는 이어폰을 끼고 손에는 휴대전화기를 들고 이야기를 하고 있다. 아는 체를 하며 인사를 나누고 물어보니 양구읍에 외출 나가는 중으로 군내버스를 기다리는데 예정 시간보다 10여 분이 지났는데도 버스가 오지 않는다며 투덜투덜한다. 좋은 외출 시간이 되기를 바라며 전진한다.

계속 길을 가는데 아침을 준다는 식당이 보인다. 들어가서 청국장으로 아침을 먹고 다시 나오니 햇볕이 강렬하게 비춘다. 오늘은 각오해야 하는가 하고 인터넷 지도를 살피는데 방산면사무소가 얼마 남지 않았다. 계속 걸어서 방산중학교를 지나니 장평리가 나온다. 이곳은 '조선백자'의 시원이라고 한다. 고려 말 조선 태조가 되는 이성계가 금강산의 어느 절에 발원문을 바쳤다는데 이곳 양구 방산에서 만든 그릇 4점이 1930년대에 발견되었다고 한다. 백자박물관과 작업장 체험장을 간단히 둘러보고 동네를 둘러보니 여기가 방산면 소재지가 아닌가. 전방 3km쯤에 오미리가 있는데 양구군이 추천한 농촌 체험 마을이다.

다음은 평화의 댐이 나오는데 적당히 가다 멈출 수가 없다. 댐을 지나 20여km 사이에 아무것도 없으므로 방산 쪽에서 여유를 가지고 출발해야 한다. 이곳이 양구에서 오는 버스 종점이고 화천 쪽으로는 아예 없다. 평화의 댐에서 화천 가는 버스가 하루에 2회밖에 없다는 화천군청 공무원의 설명이다. 그런 여러 가지를 고려해서 오늘은 이곳에서 마감하고 다음에 새 출발(?) 해야 좀 편할 것이다. 평화의 댐의 모든 지역은 화천군에 속한다. 양구도 이렇게 오늘로 걷기가 거의 끝났다. 양구읍으로 돌아가 서울 갈 준비를 한다.

강원도는 산이 많고 깊어 마을과 마을이 멀다. 또 전방지역은 마을은 지명만 있고 눈에 보이는 민가들이 없는 경우도 많아 힘들고 어려운 점이 많다. 옛날 화전민이란 말을 들었다. 나무들과 고개와 물소리와 새소리들이 걷는 나를 위안해 주기도 한다. 또 고개의 경사가 심한 곳은 내려갈 때 조심해야 한다. 이번에 첫날 산을 넘을 때 내리막에서 발가락이 앞으로 쏠려서 아프다. 계속되면 심하게 다쳐서 발톱이 몇 번 빠진 일도 있었다.

■ 양구의 이모저모

□ 양구에는 파로호와 전국 최대 파로호 한반도 섬, 양구 선사박물관, 국토정중앙천문대, 두타연 · 트래킹, 대암산 용늪, 제4땅굴, 을지전망대, 국립 DMZ 자생식물원, 광치계곡 등의 볼거리가 있다.

□ 농촌 문화체험으로 학마을, 엄마 품 마을, 광치마을, 약수 산채마을, 오미마을, 정중앙 배꼽 마을, 지게마을, 두무마을이 있다.

□ 축제는 곰취 축제, 시래기 축제, 국토 정중앙 달맞이 축제, 도솔산 지구 전투 전승 행사, 양록제가 있다.

□ 특산물은 양구 오대쌀, 곰취, 멜론, 수박, 사과, 아스파라거스, 시래기, 파프리카, 찐빵, 꿀, 송이주, 방짜수저가 있다.

□ 먹을거리는 시래기 찜, 오골계구이, 산채비빔밥, 메밀막국수, 두부 전골, 민물 매운탕이 있다. 여유 있을 때 여유를 가

지고 와서 즐겨야겠다.

오늘은
양구군 동면 팔랑리 - 임당리(동면사무소) - 골말 입구 - 덕곡 1 · 2리 - 양구읍 도사리 - 도사삼거리 - 방산면 도고터널 - 고방산리(청수골) - 뱅이골 소공원 - 고방산리 - 두타연 터널 - 송현2리 - 송현1리 - 자월마을 - 장평리(조선백자의 시원지) - 현리(방산면사무소) - 오미리까지

오늘은 새벽에 일어나 출발한 아침 날씨는 청량하게 좋았다. 갑자기 기온이 오른다. 오늘도 오르막과 내리막이 힘을 빼는 걸음걸이가 됐다. 물을 많이 가지고 다니고 많이 먹었다. 일찍 끝내서 지낼 만했다.

오늘은 한 주의 걸음을 마감하는 날인데 조금만 걷겠다는 마음으로 느긋하게 지냈다. 오늘은 3.1만여 보에 24km를 걸었다.

구 누계 : 510.7만 보. 3,856km.
신 누계 : 513.8만 보. 3,880km.

브라운관 대우전자 TV

양구군 방산면 장평리 조선백자 시원지

우리 국토 한 바퀴 걸어서 돌기

(66-1회, 2019.6.8. 토요일), (재방문, 2024.9.16.)

우리 국토 한 바퀴를 따라 걷는 118일째

오늘도 걸어야 한다. 걸음을 계속하기 위해서 양구 방산면에 어제저녁에 내려왔다. 지난주 토요일이 선친의 제삿날이라 걷기를 한 주 쉬었다. 관심 있는 친구들의 질문이 많았다. 왜 하느냐고, 아프지 않으냐고, 어느 동네가 제일 좋더냐고 등등. 내 대답은 간단하다. 해보면 안다고.

오늘 시작해야 하는 지점이 방산면 오미리 북쪽이다. 교통편이 아주 애매하다. 양구읍에서 자고 오늘 새벽에 택시를 이용하려 했으나 어제 방을 못 구했다. 양구에 운동 시설이 많다. 중학생들의 축구 시합이 있어서 전국의 선수들이 양구읍에 집결해서 모든 숙박 시설이 만원이다. 내가 들어갈 방이 없어서 오미리 연결지점에서 3km쯤 뒤에 있는 방산면 소재지로 가서 방을 구해서 숙박을 해결했다. 세상일은 알 수가 없다. 아직 관광 비수기라고 생각해 안심하고 느지막하게 내려왔는데 엉뚱한 일로 낭패였다.

아침 일찍 일어나 걸었다. 새벽 4시 조금 넘는 시간에 무조건 나와서 걸었다. 집에서는 늦잠을 자곤 하는데 밖에 나오면 몇 번씩 깬다. 오늘의 일정이 긴장하게 하는 난코스이고 억울하게(?) 3km쯤을 다시 더 걸어야 해서다. 내륙 동쪽인 고성군 간성읍에서 서쪽으로 걷는 강원도 지역은 6.25 전에는 북한 땅이다. 그리고 대부분 지역이 산지다. 급경사가 많다. 오늘 걷는 길도 대부분이 군사용 비상도로로 시작해서 차츰차츰 발달해 포장도로가 된 지방도 460번이다. 험악하기가 이루 말할 수 없다. 급경사 도로를 오를 땐 자동차도 힘이 들어 굉음을 낸다. 양구에서 화천으로 연결된 길은 고산준령이다. 오지 중의 오지다. 평화의 댐이 건설되기 전엔 민통선 북방이다.

방산면사무소 소재지에서 오미리까지는 평탄하다. 이른 시각에 왼쪽의 하천에서 물소리도 들린다. 1시간쯤 걸으니 오미리를 지나 북으로 나아가는데 갑자기 구름인지 안개인지 운해인지가 나를 덮치고 앞이 안 보일 정도로 진하다. 물기가 피부에 잡힐 정도다. 혼자인 나는 무서웠다. 공기는 서늘함을 지나친다. 시간상으로 보면 밝을 6시쯤인데 깜깜하다. 그래도 걸어야 한다. 고갯길이다.

한참을 걸어 올라가니 터널이 나온다. 오미리와 천미리를 뜻하는 오천터널(길이 약 1.5km)이다. 터널을 지나니 안개 같은 것이 아래에는 없고 산허리 위에만 안개가 있다. 그런데 춥다. 열을 내며 걸었는데도 춥다. 오늘 최저 기온이 13도란다. 더 걸어 내려가니 천미리 입구라는데 민가는 하나도 보이지 않는다. 계속 걸었다. 평화쉼터를 지나서 다시 고개를 오르니 연거푸 터널이 나온다. 양화터널(328m)과 평화터널(167m)이다. 곧 널따란 광장이 나온다. 왼쪽은 '평화의 댐(길이 601m, 높이 125m)' 정상 도로가 연결되고, 오른쪽에는 물 문화관, 세계평화의 종, DMZ 아카데미, 비목공원이 자리한 평화의 댐 오른쪽 면이다.

먼저 오른쪽으로 들어가서 4곳 모두를 둘러보았다. 특히 비목공원을 둘러보는데 머리가 숙어진다. 약간 흐린 날 아침 8시쯤인데 여러 마리의 까마귀와 까치가 우는지 웃는지 소리를 지른다. 그 소리가 처량하다. 비목이라는 가곡의 가사를 읽고 여러 가지의 대상과 인사를 나누고 발길을 평화의 댐의 정상 도로로 돌려 서쪽으로 향한다. 비목이라는 노래는 1960년대 중반, 평화의 댐 북쪽에 있는 백암산 계곡에서 한 청년 장교(한명희 교수)가 잡초가 우거진 곳에서 무명용사의 돌무덤을 발견하고, 그의 젊은 넋을 기리는 가사를 지은 것이 시작이다. 멀리 보이는 댐 안에는 물이 없고 잡초가 많고, 맹꽁이인지 개구리인지가 아침부터 구슬프게 운다. 댐 아래쪽에는 공원이 만들어져 있다. 공원 관람은 과거에 본 적이 있어 생략했다.

댐 도로를 통과와 동시에 바로 대붕터널(245m)과 재안 터널(134m)이 연속해 이어지고 있다. 그리고 계속 오르막길이 이어진다. 이리 비뚤 저리 비뚤 꼬부랑길이다. 아마 3시간 이상을 꼬불꼬불 올라간 것 같다. 양쪽에는 모두 산만 보인다. 계곡도 하천도 없다. 나는 우리나라 북쪽을 걷지만, 남쪽에는 주경태 씨가 해남 땅끝을 향해 걷고 있다. 전화를 걸었다. 즉시 연결이 된다. 세상 참 좋다. 나라 남쪽과 북쪽 양 끝에서 걸으면서 통화를 한다는 사실 말이다.

걷는데 도로변에 낙석방지용 펜스 공사를 하는데 인부들이 러시아 사람들이란다. 이들이 오늘 내가 본 첫 사람들이다. 러시아 사람이 대한민국에 일하러 왔다는 사실이 내 나이 사람들은 실감이 안 난다. 기분 좋게 해산령 정상에 오르니 해산터널을 앞두고 해오름 휴게소가 있다. 댐에서 여기까지 아흔아홉 굽잇길이라는 표지판이 있다. 휴게소에서 산나물 비빔밥을 아점으로 먹고 11시

45분에 해산터널에 진입해 통과를 시작한다.

해산터널은 1986년에 뚫렸다고 해서 길이가 1986m라는 얘기를 들은 적이 있다. 숫자는 맞다. 해산령 정상의 우리나라 최북단 최고봉 최장터널이라는 글귀가 보이기도 한다. 20분 만에 터널을 통과하여 또 올라간 것만큼 아흔아홉 굽잇길을 내려왔다. 이 험한 고갯길에 다행인 것은 자동차가 많이 다니지 않는다는 것이다. 그 대신 자전거를 타는 팀을 많이 보았다. 경사가 심한데도 자전거 타는 사람들도 대단하다고 생각한다. 중간중간에 이야기를 나누었다.

풍산리를 지나면서 삼거리에서 자전거 타고 내려오거나 올라갈 사람들이 쉬고 있다. 이들과 이야기를 나누고 인사하며 서로 격려했다. 또다시 걷고 걸어 산수화터널(길이 890m)을 지나 화천읍에 들어오니 오후 4시가 넘었고 몸도 피곤하고 다리와 발도 아프다고 신호를 보낸다. 화천읍의 몇 군데 골목과 북한강과 산천어 축제장을 구경하고 숙소를 구하고 내일을 준비한다.

오늘은

양구군 방산면 오미리 - 오천터널(1,296m) - 천미리 - 화천군 화천읍 동촌리 양화터널(328m) - 평화터널(167m) - 비목공원 - 평화의 댐(601m) - 대붕터널(245m) - 재안터널(134m) - 비수구미 입구 - 해산(日山) 쉼터 · 전망대 - 해오름 휴게소 - (아흔아홉 굽잇길) - 해산터널(1,986m) - (아흔아홉 굽잇길) - 풍산삼거리 - 풍산초등학교 - 산수화터널(890m) - 중리 - 상리(화천읍사무소)까지

오늘은 새벽에 일어나 출발한 새벽 날씨는 맑게 보였으나 구름

이 껴서 해를 막아주기도 했다. 오늘도 오르막과 내리막이 힘을 빼는 걸음걸이가 됐다. 고행의 걸음이다. 숙소 때문에 일찍 끝내고 쉬었다.

오늘은 한 주의 걸음을 시작하는 날이고 오지인 관계로 긴장하며 구간을 맞추는데 힘들었다. 그리고 산을 원 없이 보았다. 오늘은 5.3만여 보에 41km를 걸었다.

구 누계 : 513.8만 보. 3,880km.
신 누계 : 519.1만 보. 3,921km.

평화의 댐 옆에 있는 비목공원

우리 국토 한 바퀴 걸어서 돌기

(66-2회, 2019.6.9. 일요일), (재방문, 2024.8.17.)

우리 국토 한 바퀴를 따라 걷는 119일째

오늘도 여느 때와 마찬가지로 새벽에 일어나진다. 수십 번 여관방에서 잠을 자는데도 익숙지 않고 저녁 내내 자다 깨기를 반복한다. 냉장고 소리, 인터넷 와이파이 소리 등 조그마한 소음에도 신경이 쓰여 깊은 잠을 못 잔다. 4시에 일어나 볼일을 보고 먹을 걸 먹고 이런저런 준비로 내어놓았던 물품들을 배낭에 차곡차곡 넣고 주머니의 전화기와 지갑을 만져보고 카메라와 모자를 제 위치에 올려놓고 방을 둘러보니 깨끗하다. 출발이다. 5시 전인데 온 세상이 환하게 보인다. 그러나 화천 시내는 조용하고 고요하다.

지난 한 주를 건너뛰고 어제 걸음이 많았는지 왼쪽 허벅지와 엉덩이가 부자연스러운 느낌을 어제저녁 자면서 받았다. 오늘 오후에는 중부지방에 비가 내린다는 예보다. 이런저런 좋지 않은 정보를 안고 서북쪽에 있는 다목리를 1차 목표로 하고 걷는다. 걸으면서 화천읍 시가지를 벗어나니 농경지가 보이고 바로 상서면의 경계 표시가 보이고 들판이 꽤 넓게 자리 잡고 있다.

2시간쯤 걸으니 상서면 소재지가 나온다. 여기서 5번 국도를 따라 오른쪽으로 가야 하는데 마현리에서 민통선으로 막혀서 다시 돌아 나와야 한다. 그래서 다목리 쪽으로 간다. 상서 초등학교를 지나고부터 계곡으로 주~욱 연결된다. 계곡이 깊고 길다. 계곡이 깊으면 오르막도 높기 마련인데 아마 다목리 다음의 수피령이 대기하는 게 아닌가 싶다. 돌고 돌아 또 언덕을 오르고 내리고를 박복하며 왼쪽에는 하천을 끼고 걸었다. 별 특이 사항은 없고 가끔 군부대만 보인다. 마을 단위의 행정구역은 무진장 넓은데 민가는 별로 보이지 않는다. 가끔 조그마한 펜션이 보인다.

도로 배수로에는 지난번 비에 떨어져 흘러가다가 멈춰진 아카시아 꽃들의 사채가 누런색으로 변해 허망함을 보여주고 있다. 그 대신 밤나무들이 기다란 꽃을 피우기 시작하고 있다. 다음 주쯤 특유의 밤꽃 냄새를 맡을 수 있을까? 도롯가에는 이름 모를 꽃들이 피어 있다. 오늘 걸은 지역들은 해발고도가 꽤 높다. 4~5월에 다른 곳에서 보았던 꽃들이 지금 피고 있다. 민들레도 한창 피고 있다. 노란 개똥 풀꽃(?)인가도 지금 피고 있고 해당화도 지금 피고 있다. 위도와 고도가 높은 티를 내는 동네다.

여기에 주위를 둘러보니 산만 보인다. 싱싱한 나무들을 가슴에 안고 포근하고 싱그러움을 뽐내면서 사람들을 초청하는데 정작 도롯가에는 산에 무단출입을 금지한다는 '경고'라는 현수막이 여러 곳에 걸려 있다. 옛날 전장이었기 때문에 지뢰 같은 몹쓸 것들의 횡포(?)와 산이 사유화되고 동네별 공동관리 등으로 산 약초와 산나물 등의 불법 체취를 금한다는 것이다. 숙고개에 터널(길이 340m)이 있다.

새벽에 확인한 어제 쓴 카스를 확인하고 주선생 댓글에 답 글과 인사 글을 보냈는데 6시쯤 신호가 와서 다시 댓글을 확인하는데 축구 경기 때문에 아직 출발 전이라 해서 나도 확인해 보는데 전광석화 같은 생각이 뜬다. 36년 2일 전인 1983년 6월 11일 이곳 화천 서쪽 지역에 지도 방문이라는 명목의 출장을 왔을 때 멕시코에서 박종환 감독의 청소년대표팀이 세계 4강에 올랐다. 기쁜 나머지 저녁에 육단리에 가서 맛있는 고기로 자축을 했는데 오늘도 내가 화천의 서쪽 지역을 통과하고 철원의 근남면 육단리까지 생각하고 걷는데 축구가 4강이다. 세상에 이럴 수가!? 참으로 이상한 일이지만 천만다행이다. 천신만고 끝에 이겨서.

봉오리 마을에 다다르니 꽤 변화함을 보인다. 이런 산골에 이런 마을도, 이런 곳도 있구나 싶다. 여관도 식당도 상점들도 많이 보인다. 수 km 근처에 어느 사단 신병 교육대대가 있다는 표지판을 보고 이해한다. 밥 먹을 집을 찾는데 문을 연 식당이 없다. 8시쯤의 시간은 이른 시간인가? 도리가 없어 계속 걷는다. 날이 더워지고 있다. 햇빛이 강하다. 다목리를 4km쯤 남긴 그늘진 곳에서 이런저런 가지고 있는 간식거리를 먹고 쉬면서 몸 상태를 점검하는데 왼쪽 허벅지가 걸으면 통증이 있는 것을 확실하게 알게 한다.

다목리에서 오늘을 마감하기로 결론을 내리고 서서히 이동했다. 다목리 1.5km쯤 전 도로변 가까운 곳에 '북한 인민군사령부 막사'라는 곳이 있어서 들여다보았다. 딱 1동이 있는데 1960~70년대 우리 군의 대대나 연대급 행정사무실 막사 비슷하게 생겼다. 주요 건축자재가 돌이다. 여기도 가까이 가지 말라는 경고판이 있다. 다목리에 도착했다. 여기에서 서울 가는 차가 있다. 다목리에서 5km만 더 가면 수피령 정상이고 거기서부터 철원군이고 5km 더 가면 육단리라는 마을이어서 내심 오늘의 2차 목표인데 접기로 했다.

버스표를 사고 식당을 찾으니 밥 나오는 시간이 부족하여 생략하고 서울에 가기로 작정하고 또 단팥빵 정식(?)으로 때우고 버스를 탔다. 다음 시간대 버스는 5시간 후에 있다. 다음 주에 다목리에 다시 와야 한다. 서울에 도착하니까 다리가 덜 아프다. 물론 1~2일 쉬어봐야 하지만. 다행인가 불운인가? 아깝다 수피령!? 화천은 접경지역이다. 한때는 가기가 어렵고 힘든 지역이었다. 그러나 지금은 교통과 인프라가 발달되고 사회의 변화로 오지가 청정지역으로 오히려 호기심과 관심을 두게 되어 산천어축제 등 일부 프로그램은 국민의 주목을 받기도 하는 세상이 되었다.

■ 화천의 이모저모

□ 화천읍 관광지

평화의 댐, 붕어섬, 세계평화의 종, 한 뼘 길, 비수구미, 산소길, 화천 산타클로스 우체국, 산천어 커피박물관, 월하 이태극 문학관, 화랑골, 미륵바위

□ 간동면 관광지

파로호, 수달연구센터, 파로호안보전시관, 꺼먹다리, 토속어류생태 체험관, 월남 파병 용사 만남의 집, 화천수력발전소, 한옥학교, 딴 산 유원지

□ 하남면 관광지

화천박물관, 거례리 수목공원, 해와 달 라이브 갤러리, 연꽃단지, 동구래마을, 용화산

□ 상서면 관광지

감성테마문학공원, 칠성전망대, 만산동계곡, 화천 산약초 마을, 비래 바위, 벌떡 약수

□ 사내면 관광지

조경철 천문대, 화음 정동사지, 광덕산, 광덕계곡, 곡운구곡

□ 축제

화천 산천어축제, 용화 축전, 쪽배축제, 화천 토마토 축제

□ 야영장

평화의 댐 오토캠핑장, 에코스쿨 생태 체험장, 만산동 국민 여가 캠핑장, 국립 화천 숲속 야영장

□ 체험

산속 호수마을, 산천어 마을, 파로호 느릅 마을, 파로호생태 마을, 풍산마을, 토고미마을

□ 특산품

가시오갈피, 곰취 장아찌, 장류 품, 들기름, 블루베리, 산천어, 토마토, 한과, 산야초 효소

오늘은

화천군 화천읍 상리(화천읍사무소) - 중리 - 화천터널 - 상서면 신풍리 - 신대리 - 장촌리 - 파포리 - 숙고개 터널 - 봉오2리 - 갈전마을 - 봉오1리 - 다목2리 - (인민군사령부막사) - 다목1리까지

오늘은 새벽에 일어나 출발할 때 날씨는 맑았다. 걷는 아침부터 더워서 복장에 신경을 썼다. 반소매 차림으로 팔이 탔다. 오르막 내리막이 힘들기도 했다. 물을 많이 마셔야 한다.

오늘은 한 주의 걸음을 끝내는 날이지만 몸 상태가 나빠 더 일찍 끝냈다. 긴 계곡의 맛을 즐겼다. 민가가 적은 관계로 준비가 필요한 지역이다. 오늘은 3.6만여 보에 28km를 걸었다.

구 누계 : 519.1만 보. 3,921km.
신 누계 : 522.7만 보. 3,949km.

숙고개 터널 앞에 있는 대전차 장애물

다목리 남쪽 산에 있는 인민군사령부 막사

우리 국토 한 바퀴 걸어서 돌기

(67-1회, 2019.6.15. 토요일), (재방문, 2024.8.17.)

우리 국토 한 바퀴를 따라 걷는 120일째

국토 한 바퀴 도는 걷기를 시작한 지 내 공식으로 계산된 120일째를 채우기 위해 어제 오후에 지난번 끝낸 자리로 왔다. 지금 걷는 우리나라 북쪽 지역은 군인들과 군부대가 많은 지역이다. 일동, 이동, 광덕산, 사창리를 거쳐 달린 시외버스로 다목리에 도착했다. 동서울버스터미널에서 아침 7시 반에 첫차가 있고 두 번째 차가 있는 오후 2시 반부터는 30분 간격으로 5시까지 있는 이상한 배차 간격이다. 또 다목리에서 동서울터미널로 가는 버스도 배차가 비슷하다. 군인들의 휴가 후 부대 복귀시간과 면회를 마치고 가족들이 돌아가는 시간을 맞춘 시간이란다. 철저히 국군용사들의 이동에 영향을 받은 운행이라는 것이 눈에 보인다.

오후 2시 반 차를 타고 2시간 후에 다목리에 도착해 곧바로 수피령으로 걸었다. 지난번 계획하였으나 허벅지가 아파서 못 걸은 것이 생각되어 만회하려 어제 육단리까지 마치고 싶었다. 다목리를 벗어나자마자 군부대가 보인다. 계속 경사도가 심하게 급한 오르막이다. 육단리까지 10여km인데 3km를 오르고 7km를 내려가야 한다. 화천 쪽의 해발이 철원 쪽보다 높다는 말이다. 도로 양쪽에는 산과 전신주와 가끔 지나는 자동차 행렬만 보인다. 정상

부근에 오르니 커다란 화물차가 목재를 가득 싣고 서 있다. 운전기사를 만나 물어보니 엔진에 있는 벨트가 끊어진 고장이 나서 출장 수리를 요청하고 기다리는 중이란다. 해발 780m의 수피령 도로 정상에 오르니 화천과 철원을 알리는 이정표가 커다랗고 요란하게 서 있다. 정상 부근에 6 · 25 때 대성산에서 중공군을 격파한 전적비가 서 있다. 수피령은 대성산 자락이다.

고개 내리막을 계속 걷는데 민가는 보이지 않고 군부대 막사만 여기저기 도롯가에 자리하고 있다. 병사들을 위한 수피령교회를 지나고 육단리를 2km 정도 남긴 지점에 양봉 벌통이 질서 있게 자리하고 있다. 꿀보다는 화분을 모으는 게 주 임무란다. 아카시아와 한참을 즐기며 걸었는데 지금은 다 지고 없고 밤꽃이 꽃봉오리를 터뜨리고 있다. 곧 밤꽃이 이곳 산야를 진하게 향기를 뿌릴 것이다.

여기부터 계곡 쪽에 농막 같은 조립식 집을 짓고 자연을 즐기며 농사일을 하는 사람들도 보인다. 다목리를 출발한 2시간 반이 지난 7시쯤 육단리 입구를 지나는데 군 복지회관이 보여서 들어가 이용 가능 여부를 확인하고 자격이 되어 숙식을 값싸게 이용하였다. 숙박비와 밥값이 시중의 절반 수준이다. 맛과 질은 글쎄! 다.

최강 육군의 경호(?) 아래 하룻밤을 보내고 역시 4시 7분에 눈을 떴다. 출발 준비에도 시간이 꽤 걸린다. 빨리빨리 한다고 해도 전체 시간은 점점 지체된다는 사실을 차츰 알아가고 있다. 그러니 어쩌랴 맞춰가려면 시작을 서둘러 일찍 일찍 준비하는 방법밖에 없다. 그러면 행동에 따라 마음과 생각도 따라갈 것이다.

이것저것을 이렇게 저렇게 준비하고 정해진 주머니와 각각의 위치를 확인하고 밖으로 나왔다. 5시쯤이다. 스마트폰 지도를 보면서 육단리 마을 중심부를 가로질러 발을 재촉한다. 조그마한 하천의 다리를 건너니 갑자기 서면 와수리다. 철원에서는 와수리가 유명한 동네라는 것을 익히 알고 있다. 백골 부대의 중심 마을이다. 그러나 번화가를 피하고 북쪽을 향해서 56번 도로를 이용하여 걷는다. 최대한 북쪽 길을 이용하는 것이 나의 기본 취지이기 때문이다. '김화' 쪽으로 가다가 학포리의 다리를 건너서 '화강'이란 하천 남쪽 면을 따라서 서쪽으로 이동한다. 산책코스로 잘 만들어진 길이다.

오른쪽에 두고 걷는 화강은 쉬리와 다슬기 축제를 한다고 한다. 쉬리와 다슬기는 맑은 물에서만 사는 민물고기와 조개류가 아닌가. 화강 상류 쪽으로 계속 올라가다가 장수대교를 건너서 북쪽으로 다가가는 길로 전진이다. 한참을 올라가서 삼거리가 나오는데 오른쪽으로 가면 도창리와 정연리 가는 길이고 그 길로 가면 나의 목표와 부합하는데 민통선 북방으로 주민 · 농민들과 자동차만 다니게 돼 있다고 한다. 그래서 좌회전해서 남대천교를 건너서 남진한다. 토성리를 지나 지경리가 나온다. 꽤 큰 동네다. 상가들이 많다. 아침을 주는 식당이 있어 9시쯤 선지해장국으로 한 끼를 때웠다.

식당사장이 나의 카메라 행색을 보고 바로 앞집 처마 밑에 제비집이 있으며 새끼들이 있는데 사진을 찍으라고 해서 세 군데를 찍었다. 얼마 만에 보는 제비집인가? 여기저기 몇 군데가 있다. 반가웠다. 제비집과 4~5마리의 새끼들이 귀엽기 짝이 없다. 잠시 후 제비집을 뒤로하고 남서진한다.

조금 더 남서진하니 43번 도로인데 4차선이고 자동차 전용도로인지 몰라도 제한속도가 80km다. 그런데 실제 속도는 100km

이상으로 느껴진다. 지루하고 무서운 길을 1시간 반을 걸었다. 문혜리라는 마을이다. 군사마을이다. 북방지방이 대부분 접경이며 군사마을이다. 번화가 마을은 여러 부대 병사들이 모여 볼일들을 보는데 문혜리가 특히 그렇다. 문혜리 사거리에서 우측으로 가야 한다. 이제 서쪽으로 간다.

문혜초등학교를 지나고 조금 더 가면 승일교다. 이곳은 6·25전에 북한지역이었다. 한탄강에 다리를 짓다가 절반 정도 진척을 보일 때 전쟁이 나서 중단된 상태에서 휴전으로 남쪽 땅이 된 후 다리를 완공하고 이승만의 승과 김일성의 일을 따서 다리 이름을 '승일교'라고 명명했다고 하는데 사실 여부는 모르겠다. 그 다리는 좁고 낡고 도로 확장 공사에 맞춰 그 옆에 다리를 새로 지었는데 이름은 한탄교다.

다리를 건너 조금 더 전진하니 고석정이다. 전에 몇 번 와서 보았지만, 최근의 모습은 어떤지 궁금해 들렸다. 한탄강 가운데 있는 10여m 높이의 바위는 전에 본 그대로다. 임꺽정의 조선 명종 때 일화도 적혀 있다. 한탄강의 물이 적어 더 높게 보이는 고석정 바위다. 한 바퀴 둘러보는 관광단지는 벌써 복잡하다. 고석정에서 동송으로 가는 길은 완전한 논 가운데 길이 있다. 철원평야의 남쪽이다. 강원도인데 평야다. 6·25 때 철원평야를 빼앗기고 김일성이가 3일 동안 울었다는 이야기를 들은 바도 있다. 논 가운데 있는 마을들이 장흥리다. 논농사가 주업인 동네다. 장흥리에도 초등학교가 있는데 공교롭게도 문혜리 초등학교와 장흥 초등학교는 총동문회에서 한마음대회라는 체육대회 행사를 하고 있다. 인접 2개 초등학교에서 동시에 하는 행사가 재미있다.

북서쪽에 있는 철원의 군사도시인 금학산 아래에 있는 동송에

32년 만에 도착해서 한 바퀴 돌아보고 숙소를 구했다. 군사도시의 토요일은 병사들의 면회 손님으로 시내가 북적북적하고 숙박시설도 손님들이 많다. 이럴 때는 허름한 시설을 구하는 게 그동안 내가 배운 노하우다. 더 가기가 싫어 조금 일찍 자리를 잡았다. 그런데 10여 분 후 맑은 하늘에서 천둥·번개가 요란하더니 비가 1시간여 동안 억수로 많이 내린다. 내 판단이 제대로 맞아떨어져서 기분이 좋았다. 오늘은 일찍 쉬기 시작한다.

오늘은

화천군 상서면 다목1리 - 수피령(해발 780m) - 철원군 근남면 육단 3리 - 수피령교회 - 육단1리 - 사곡1리 - 서면 와수5리(무네미마을) - 김화읍 학포리 - 화강 남쪽면 - 청양리 - 장수대교 - 화강 북쪽면 - 도창리 입구 - 남대천교 - 갈말읍 토성리 - 지경리 - 불당천 마을 - 선돌마을 - 갈현고개 - 문혜 사거리 - 문혜2리 - 문혜초등학교 - 문혜3리 - 승일교 - 동송읍 장흥4리(고석정) - 장흥 1·2·3리 - 오덕3리 - 이평리(동송읍사무소)까지

오늘은 날씨가 맑았다. 걷는 아침부터 뙤약볕을 받으면서 땀을 삘삘 흘리면서 걸었다. 오후에 비가 내린다는 예보로 긴장했다. 오늘은 더운 날씨의 강원도 땅인데도 오르막과 내리막이 심하지 않은 지역이어서 그나마 다행이었다.

오늘은 한 주의 걸음을 시작하며 욕심을 내며 많이 걷는 날이다. 그러나 숙박 시설 위치에 맞춰 발걸음을 조정했다. 어제 1.3만여 보에 10km와 오늘은 5.0만여 보에 40km를 걸었다.

구 누계 : 522.7만 보. 3,949km.
신 누계 : 529.0만 보. 3,999km.

승일교

고석정

우리 국토 한 바퀴 걸어서 돌기

(67-2회, 2019.6.16. 일요일), (재방문, 2024.8.15.)

우리 국토 한 바퀴를 따라 걷는 121일째

● 오늘까지 만 리를 걸었다.

30여 년 전에 2년여 살아본 적이 있는 철원평야의 서쪽 지역인 철원군 동송에서 하룻밤을 보냈다. 하루의 정체는 추억을 되새기기에 충분하지만, 어제의 결과를 카스에 일기를 써 올리고 오늘의 행보에 신경이 쓰여 여느 때 여느 곳에서와 마찬가지로 새벽부터 분주했다. 새벽 4시가 안 된 시간 뉴스를 확인한 결과 청소년 축구는 준우승으로 끝났다. 우리 대표선수들에게 진심으로 축하를 하고 행복을 맛보이며 심어준 그대들에게 무한히 감사한다. 나는 걷는 일만 남았다.

절차대로 행동을 취해 5시 전에 숙소를 나섰다. 숙소 주인장의 친절에 감사의 이야기도 너무 이른 시간이라 하지 못하고 쪽지를 남기고 마음은 가지고 들판 쪽으로 나섰다. 귀는 뻐꾸기와 소쩍새 소리를 듣고, 코는 밤꽃의 향기를 맡고, 눈은 노란 금계국을 보며 걷기 시작했다. 철원평야의 동쪽 대성산꼭대기에서 빨간색이 보이더니 해가 오른다. 일출이 무척 빨리 진행된다. 모심어진 들판과 산을 배경으로 촬영에 바쁘다. 해님의 성질은 시작부터 강렬하다. 오늘 고생 좀 하겠다는 생각을 하며 걷는다.

동송읍과 철원읍은 이상하게 자리한다. 두 읍사무소의 거리가 500여m 정도만 떨어져 있다. 철원읍의 몇 개의 화지리 마을을 통과하고 곡암동 삼거리를 지나면서 학저수지가 생각나서 길을 돌렸다. 옛날에는 민통선 북방에 있었다. 자동차로 근처는 수십 번 지나다녔으나 걸으면서 본 적이 없어서 오늘 제대로 보기로 마음먹고 들어갔는데 결과는 잘못되었다. 저수지 옆에 하천이 있는데 건너편 하천 둑을 걷고 말았다. 계속 걸어 도피안사 절 입구에서 저수지 상류 쪽으로 다시 들어가서 저수지를 보았다. 학저수지는 철원평야의 벼농사를 책임진다. 면적은 넓은데 지금은 물이 많이 빠져서 조금밖에 없고 수초들이 많다. 그곳에서 보는 금학산은 아주 좋은 풍경이고 물속의 그림자도 그만이다. 고생은 좀 했지만, 본전은 한 것 같다.

저수지를 돌아 나와 다시 '도피안사'에 들어갔다. 아담한 절이다. 도피안은 '깨달음의 언덕으로 건너간다.'라는 말이라고 한다. 국보로 지정된 탑도 있고 '철조 비로자나불상'도 있다. 옛날은 민통선 안에 있어서 마음대로 오갈 수 없는 곳이기도 했는데 지금은 민통선 밖이 되어서 아무나 쉽게 오갈 수 있다.

다음은 노동당사로 가기 위해 큰길로 나오는데 큰길에서 반대 방향으로 몇백m를 가다 다시 정정해서 돌아간다. 오늘 학저수지부터 뭔가 이상하게 돌아간다. 열심히 월하리를 통과하며 걷는데 마을 끝나는 지점에 '미곡 처리장' 즉 정미소가 있다. 여기가 철원 오대쌀을 생산하는 곳이다. 정미소 앞 삼거리에서 좌회전으로 들어가니 관전리인데 6·25 전쟁 전 철원읍의 시가지이다. 직선 코스를 부지런히 걸어서 노동당사에 도착하여 둘러보는데 30여

년 전과 별로 다름이 없고 옆에 주차장과 휴게소 같은 편의시설이 있는 것이 다르다.

노동당사 바로 건너편에 소이산이다. 평화누리 길에 소개가 잘 되어 있어 올라갔다. 편도 2km쯤이다. 다른 곳에서는 엄두가 안 나는 일이지만 오늘은 이상하게도 올라가고 있다. 정상에 오르니 사방이 잘 보인다. 어제 비가 내려서 그런지 날씨도 좋아 시야도 엄청나게 멀리까지 잘 보인다. 철원평야와 북한 땅 평강고원, 금학산, 고대산 그리고 멀리 화천의 산 등등 사방이 내 눈 아래에 있다. 한참을 보고 다시 내려오는 데까지 1시간 반이 걸렸다. 시간을 오늘 너무 많이 쓰고 있는 게 아닌가 걱정도 된다.

다시 백마고지 전적(위령)비를 향해 전진한다. 대마리마을 북동쪽에 있다. 실제 백마고지는 3km 더 북동쪽에 있다. 1시간여를 걸어서 도착했다. 옛날에 보았을 때보다 활기가 넘치는 분위기다. 이번에 추가된 철원 'DMZ 평화의 길'에 들어가서 둘러보고 걷는 사람들이 매일 2회에 40명이 방문한다. 내가 도착한 시간이 그 일행들과 시간이 맞아서 안내자의 설명을 같이 들었다.(※ 2024년 재방문 시 DMZ 평화의 길 방문이 없어졌다) DMZ에 들어갈 때는 들어갈 수가 없었다. 전적지를 다시 둘러보고 대마리 마을로 내려와 식당을 찾았으나 3~4곳의 식당이 있으나 모두 쉬는 바람에 식사하는 것을 접고 백마고지역에 갔으나 거기도 공사 중이라 주변 부대시설들도 모두 빈집이다. 11시가 지난 시간이다.

간식으로 허기를 달래고 신탄리역을 향해 3번 국도를 따라 걸었다. 날씨는 햇빛이 원망스러울 정도로 땡볕이다. 기온을 몇 도인지는 모르겠으나 몹시 덥다. 정신을 바짝 차리고 힘을 내서 걸으면서 물을 많이 마셨다. 지루하게 걷는데 아무 특징이 없는 도롯가에 연천군이라는 이정표가 보인다. 강원도 철원군이 지나고 이제부터 경기도 연천군이다. 그런 가운데 특히 신탄리역 1km쯤 못 미친 곳에 있는 약수는 오아시스였다. 마셨다. 맛있다. 감로수였다. 어찌 국도변에 이런 약수가 있는지 고맙다. 걷다 보니 신탄리역이다.

역에 도착해 식당을 찾으면서 역의 정보를 알아본다. 그런데 동두천 쪽으로 가는 기차가 올해 4월 1일부터 전면 중단되고 공사중이란다. 나는 신탄리역부터 백마고지역까지만 중단하는 것으로 이해를 하고 있는데 노선 전체가 중단이란다. 그 대신 관광버스가 1시간 간격으로 동두천역에서 백마고지역까지 운행하고 있다. 여하튼, 신탄리역 근처에서 콩국수로 아점을 해결하고 대광리역으로 계속 걸었다.

일반 완행기차역들은 한 정거장 구간이 보통 5km쯤 된다. 시내버스들은 비교적 자주 다닌 것 같다. 대광리역에 도착해서 또 이런저런 정보를 알아보고 여기서 마감하기로 한다. 잠시 기다리다 동두천 가는 시내버스를 타고 소요산역에서 내려 인천 가는 1호선 지하철을 타고 귀가했다. 수도권에 오니 수도권 교통편을 잘 알아서 이용해야 한다. 앞으로 남은 기간은 지금까지처럼 예약을 하거나 서두르지 않아도 된다. 수도권 대중교통을 마음대로 이용하면 된다(※ 2024년 현재 소요산까지의 전철이 연천역까지 연장 운행된다. 나머지 백마고지역까지 20km는 연말 개통 예정이란다).

아무튼, 오늘은 첫 코스부터 뭐가 계속 어긋나서 마지막 기차까지 이상하게도 어긋난 것이 참으로 이상하다 하지 않을 수 없다. 일진 탓인가. 정보 부족이다. 철원과 연천 경계선을 지나 3번 국도를 따라 남쪽으로 걷는데 하늘의 구름이 아름답게 치장하고 모양을 내고 나를 마중한다. 힘이 나게 한다. 고맙다는 인사를 수없이 하며 사진도 찍었다. 많이 걸었는데 오전에 왔다 갔다 했던 것 때문에 목표에 다가가는 걷기는 별로 실속이 없는 걸음이었다.

■ 철원의 이모저모

□ 철원 관광

제2땅굴, 철원평화전망대, 월정리역, 노동당사, 백마고지위령비, 승리전망대(휴전선 정중앙 위치), 철원 두루미 관, 철새 탐조 관광, 용양늪, 송대소 주상절리

□ 자연 관광지

한탄강, 고석정, 순담, 명성산, 직탕폭포, 삼부연폭포, 금학산, 복계산, 매월대폭포, 복주산, 오성산, 대성산, 천불산, 빈장산, 산명호, 잠곡저수지, 금연저수지, 토교저수지, 동송저수지, 학저수지, 용화저수지

□ 문화유적 관광

도피안사, 노동당사, 철새도래지, 한탄강 현무암 협곡, 지석묘군, 동송 마애불상, 철원 토성, 충열사지, 제일교회, 얼음창고, 농산물검사소, 수도국 급수탑, 금강산전기철도 교량, 월정리역, 철원역사, 궁예도성, 아이스크림 고지, 승일교

□ 안보 체험 관광

평화열차 DMZ TRAIN, 경원선 안보관광 견학코스, DMZ 생태평화공원, 멸공 OP 안보 견학, 병영체험 수련원

□ 철원 즐길 거리

한탄강 래프팅, 한탄강 얼음 트래킹, 번지점프, 서바이벌, ATV, 카트네이싱

□ 축제

태봉제, DMZ 국제 평화 마라톤대회, 다슬기 축제, 철원 한탄강 얼음 트래킹, 오대쌀 새끼줄 축제

□ 농촌체험

두루미 평화마을, 철새 마을, 두루미 자는 마을, 학마을, 토성민속마을, 잡곡 으뜸 마을, 누에마을, 무네미 마을, 철원 전통시장(신철원, 와수리, 동송)

□ 철원의 특산물, 음식

철원평야 오대쌀, 현무암 공예품·맷돌, 삼지구엽초, 철원 쌀막걸리, 토마토, 철원 쿨포크, 한과, 쌀국수

오늘은

철원군 동송읍 이평리(동송읍사무소) - 화지리(철원읍사무소) - 화지 4·9·10리 - 곡암동 마을 - 학저수지 북쪽 - 도피안사 - 월하리 - 관전리(노동당사) - 사요리(소이산) - 백마고지 전적비 - 대마리 - 백마고지역 - 경기도 연천군 신서면 대광2리(신탄리역) - 도신리(대광리역)까지

오늘은 날씨가 눈부시게 맑았다. 아침부터 햇볕이 강력하다. 더위를 피할 방법이 없다. 땀을 뻘뻘 흘리면서 걸었다. 관광하듯이 중간에 들리는 곳이 많아 바빴다. 산도 오르고 저수지도 들리고, 전적지도 들려 북쪽 산하도 눈으로 살폈다.

오늘은 한 주의 걸음을 마감하는 날이지만 교통편에 부담이 적어 느긋하게 걸었다. 오늘은 4.4만여 보에 33km를 걸었다. 오늘까지 1만 리를 넘게 걸었다.

구 누계 : 529.0만 보. 3,999km.
신 누계 : 533.4만 보. 4,032km.

소이산에서 바라본 철원평야

대마리 백마고지 전적지(비)

우리 국토 한 바퀴 걸어서 돌기

(68-1회, 2019.6.22. 토요일), (재방문, 2024.8.15.)

우리 국토 한 바퀴를 따라 걷는 122일째

오늘도 걸었다. 어제저녁에 모임이 있었다. 일기예보에 오늘까지 비가 내린다고 하여 사실은 느긋하게 생각하고 오늘 오후에 이동해서 연천에서 자고 일요일과 월요일에 행동에 옮기려고 계획했는데 어제 비가 조금 내리고 끝났다. 날씨가 좋다는 예보에 맞춰서 갑자기 나와서 걷기로 해 오늘 아침에 출발이 이루어졌다. 집 나와서 자면 자다 깨기를 서너 번씩 하고 밤을 보내고 새벽부터 걷는 게 오히려 편하다고 생각하며 나서곤 했다. 그런데 집 나와 자서 그런 게 아니었다. 다음날 계획 때문이었다.

어제는 집에서 자는데도 똑같은 현상이었다. 1시부터 1시간 간격으로 4번을 깼다. 4시에 일어나 준비하고 5시에 집을 여관에서 나오듯이 살며시 나와 지하철역으로 걸어갔다. 평상시 여관에서 5시에 나오는 시간에 맞춰서 행동했다. 환승을 하지 않고 첫차를 바로 타기 위해 2개 노선(9호선, 분당선)을 생략하고 조금 많이 걸어서 바로 가는 역으로 갔다.

오랜만에 당일 아침에 지하철 첫차를 타고 지난주 마감했던 지점으로 갔다. 작년 봄에 수도권과 충청지역으로 이동할 때까지 했던 일정이다. 작년에는 버스터미널 가기 위해 지하철을 탔는데 이번엔 이동 거리 많은 부분을 지하철로 이동할 수 있다. 청담역에서 아침 5시 39분에 출발하는 7호선 첫 지하철을 타고 도봉산역에서 소요산 가는 1호선으로 갈아탄다. 그리고 소요산역에서 39-2번 시내버스를 타고 대광리역에서 내려서 이동이 끝났다. 약 3시간을 예상했는데 2시간이 조금 넘게 걸렸다. 환승이 기가 막히게 정확히 맞아떨어졌다. 소요산역에서 무단횡단 한 번도 도움이 됐다.

아무튼, 대광리역에서 7시 40분쯤 3호선 국도를 따라 남쪽으로 걸었다. 기분이 어색하다. 5시부터 걸어도 조금 걸으면 땀을 흘리고 하는데 8시가 다 된 시간은 한낮이나 마찬가지다. 해가 뜨겁다. 그래도 방법이 없다. 기왕에 나왔으니 열심히 걷는 수밖에. 카메라 꺼내는 것도 잊어버리고 부지런히 걸었다. 9시가 넘은 시간에 신망리역에 와서야 이런저런 정신이 들어 카메라도 목에 걸고 핸드폰 인터넷 지도도 보곤 했다. 여기부터 길이 바뀌어야 하기 때문이다.

군남면 쪽으로 걸어가면서 조그만 고개에 올라서니 미리 고개라는 지명인데 필리핀 공원이라는 간판이 보여 올라가 보니 6·25 전쟁 때 필리핀군의 전적비가 있다. 1개 대대가 파견돼 한국을 도왔다. 연인원이 7,000여 명이 넘는다. 특히 중공군을 맞아 큰 전공을 세웠다. 그러나 112명이 전사하고 299명이 부상을 했다는 내용이 적혀 있다. 지금 걷는 지역은 모두가 6·25 전투지역이다. 묵념을 올리고 내려오는데 간판이 또 하나 더 있다. 1.2km 북방에 '傳 기황후 릉 터'가 있다는 것이다. 가서 보는 것은 생략하고 계속 전진이다.

옥계리를 통과하고 태풍전망대 입구를 지나면서 임진강을 맞으러 부지런히 걸었다. 다시 선곡리를 지나 군남면 소재지 쪽으로 길을 잡았다. 식사를 위해서다. 몇 군데의 식당을 전전하다가 식사를 마치고 북삼교를 건너 북삼리를 지나 허브 빌리지를 통과하고 우리나라 가장 북쪽 마을들을 지나 서쪽으로 걸었다. 노동리를 지나는데 실버들이 마을회관 앞 앵두나무 아래에서 앵두를 따서 먹으며 대화 중인데 남성 실버가 4명의 여성 실버들을 자기 집으로 가서 음료수 한 잔씩 하자며 권한다. 거기에 나도 끼워준다. 농사일하면서 점심시간에 이런저런 대화를 하면서 평소 하고 싶은 현안들도 이야기한다. 도울 일은 도우면서 살아가는 노인들이 재미있다. 내 이야기도 듣고싶어 한다.

집주인은 20여 년 전에 집을 사 두고 있다가 작년에 집을 다시 지어서 이사했는데 부인은 구리의 원래 집을 왔다 갔다를 반복하고 혼자 주로 살고 있다고 한다. 이중 살림을 하고 있다는 것이다. 동네 이야기를 하기에 나는 조용히 나와서 앵두를 더 따서 먹고 또 부지런히 걸었다. 걸어가는 길옆 물이 찬 논 가에 수도원이 있다. 꽤 오래된 수도원이란 것을 건물이 증명한다.

임진강 북쪽 면에 평화누리 길이 조성되어 있는데 나는 그보다 북쪽의 내륙의 길을 걸었다. 민간인이 허가나 승인이나 신고하는 형식 없이 자유롭게 갈 수 있는 가장 북쪽 길이다. 그런데 동중리라는 마을이 호랑이배꼽마을이라는 간판이 보여 물어본다는 생각에 계속 들어가다가 물어보지도 못하고 다시 나와야 했다. 길을 너무 들어가 군 민통선 검문소가 보인다. 두말없이 뒤로 돌아 나왔다. 한반도를 호랑이로 형성해 본다면 그 마을이 배꼽에 해당한다고 한다. 700여m를 나와서 다시 남서진이다. 밤나무밭이 엄청나게 넓게 자리 잡고 있는데 벌 나는 소리가 크게 들린다. 역시 한쪽에 양봉 통이 있다. 밤 꿀이 모이고 있다.

해님이 너무 강하게 내리쬐어 머리가 벗어질 지경이다. 그리고 2리터 물통이 바닥이 나는데 15km 정도의 길을 걷는 중에 가계나 편의점이 길에서는 안 보인다. 백학면 소재지에도 큰길가에는 없다. 한참을 걸어가는데 백학 음료수라는 회사가 보인다. 정문에 들어가서 물 좀 달라고 해서 물 한 병을 얻어 마시면서 기운을 차린다. 나중에 알았는데 생수를 생산하는 공장이었다. 계속 걸어 내려와 사미천교를 통과하고 경순왕릉을 둘러보면서 왕은 지금은 무슨 생각을 할까? 를 혼자서 그려본다. 임진강 바로 북쪽에 있는 장남면 소재지에서 오늘을 마감한다. 몇백m 남쪽에 있는 다리를 건너면 임진강 남쪽이고 파주다.

농작물이 척척 자라고 있다. 벼는 논물이 안 보이게 자라고 적당한 거리로 질서 있게 심어진 콩도 땅이 안 보이고 옥수수는 어른 키보다 크게 자랐다. 밤나무도 꽃 색깔이 갈색이 섞여 지저분하게 변하면서 사그라지고 열매를 달기 시작하고 있다. 호박, 오이, 참깨 외 다른 농작물들도 누가 누가 잘 자라나 시합을 하고 있다. 감자는 수확을 기다리고 있다. 농부들의 일손이 바쁘게 움직인 덕분이다.

오늘 걸은 코스에는 소를 키우는 소 공장(?)이 무진장 많다. 누런 소, 검은 소 그리고 얼룩이 젖소 등 이름을 모르는 여러 종류의 소들이다. 수십 군데가 넘는 것 같다. 처음에는 좋지 않은 냄새가 코에 들어와 인상을 찌푸리게 하였지만, 시간이 갈수록 특히 오후에는 그리 싫지 않은 냄새로 바뀌어 지나칠 수 있었다. 그 동네에 사는 사람들도 만성이 되어 나의 오후에 경험한 기분이 되어서 모르고 사는 모양이라고 생각하며 걸었다. 하늘의 구름도 여러 가지 모양을 만들어 사람의 기분을 즐겁게 해 주었다. 자연은 무척 분주하다. 바야흐로 여름이 푹 익어가고 있다.

우리나라 북쪽 전방지역은 편의시설이 그리 좋지 못하다. 토요일이라 면회객이 많아 동네가 북적북적하고 군복의 병사들이 많이 보인다. 이럴 때 나의 노하우를 활용해 옛날식 여관을 구해 들어갔는데 문틀들이 낮아, 들며 날며 머리를 10번도 더 부딪혀 머리가 수난을 당했다. 이렇게 낮은 집과 문틀은 처음 본다. 후에 확인해 보니 머리가 부어오르고 멍든 자국이 몇 군데가 있다. 세상에!! 여러 가지를 경험하고 다닌다.

■ 연천의 이모저모

□ 연천은 경기도의 가장 북쪽에 위치하며 접경지역이다. 오른쪽은 강원도 철원과 경계하고 한탄강과 임진강이 동쪽과 북쪽에서 내려와 합수되어 서쪽으로 흐르고 남서쪽으로 파주와 경계를 이루고 있는 농촌 지역이다.

□ 자연 휴양지로는 한탄강 유원지, 허브 빌리지, 임진강평화습지원, 고대산·자연휴양림·캠핑파크, 역고드름, 군남홍수조절지, 동막골유원지 등이 있다.

□ 한탄강은 국가 지질공원이다. 재인폭포, 아우라지 베개용암, 임진강 주상절리가 있다.

□ 역사 유적문화는 전곡리유적·선사박물관, 연천경순왕릉, 연천 숭의전(지), 연천역 급수탑, 고구려 3대 성(호루고루, 당포성, 은대리성)이 있다.

□ 안보 체험으로는 상승전망대와 제1땅굴, 태풍전망대, 열쇠전망대, 한반도 통일미래 센터, 비룡 전망대(구, 승전OP)와

1.21 무장공비침투로도 있다.

□ 농촌체험마을은 가람애 어촌체험 마을, 새둥지마을, 나룻배 마을, 초성 김치체험 마을, 산촌생태마을, 푸르내 마을, 옥계 마을 체험이 있다.

□ 지역축제는 연천 구석기 축제, 연천 구석기 겨울 여행, 연천 율무 축제가 있다.

□ 연천의 특산물은 연천 쌀 · 현미, 율무, 병 포도 · 배, 연천 배, 콩, 사과 등이 있다.

오늘은

경기도 연천군 신서면 대광리(역) - 와초리 - 연천읍 신망리역 - 신망리 삼거리 - 군남면 미리 고개 - 옥계 1 · 2리 - 태풍전망대 입구 - 선곡리(군남면사무소) - 북삼교 - 왕징면 북삼리 - 허브 빌리지 - 무등리 - 노동리 - (천주교 성 아우구스티노 수도회) - 동중리(호랑이배꼽마을) - 백학면 석장리 - 두일 1 · 2 · 3리 - (백학면사무소) - 전동리 - 사미천교 - 장남면 자작리 - 고랑포리(경순왕릉) - 원당1리(장남면사무소)까지

오늘은 아침부터 햇볕이 강력하다. 더구나 늦게 출발해 땀을 뻘뻘 흘리면서 걸었다. 물도 얻어 마셨다. 주머니에 있는 연천 지도가 땀에 젖어 망가졌다. 철저하게 가장 북쪽 길을 걸었다.

오늘은 한 셋의 걸음을 시작하는 날이다. 애매하게 시작해서 하루를 잘 보냈다. 기온과 상관없이 덥다. 오늘은 5.0만여 보에 40km를 걸었다.

구 누계 : 533.4만 보. 4,032km.
신 누계 : 538.4만 보. 4,072km.

임진강 군남댐

고랑포리 신라 경순왕릉

우리 국토 한 바퀴 걸어서 돌기

(68-2회, 2019.6.23. 일요일), (재방문, 2024.8.10.)

우리 국토 한 바퀴를 따라 걷는 123일째

오늘도 새벽 거의 같은 시간에 일어나 주변 정리 후 5시 무렵 길을 나선다. 새벽에 나서면 기분이 좋다. 거리에 아무도 없다. 세상이 고요하다. 거기에다 혼자 걷는데 세상의 모든 에너지가 나한테만 집중되는 것 같고 상쾌하다. 오늘도 예보에는 흐린 날로 나왔다. 그런데 5시 20분쯤 해가 보이는데 강력한 힘을 세상에 뿌려 주는 것 같다. 몇 컷 찍는데 초록의 렌즈 같은 잔영이 따라다닌다. 잠시 후 임진강에 도착했다.

장남교라는 다리를 건너는데 물속에 비친 해의 잔영도 강렬하다. 다리를 건너니 파주다. 오늘도 덥겠다는 생각과 각오를 다지고 다리를 건너서 평화누리 길을 따라 걷기로 한다. 평화누리 길 2개 코스를 걷기로 마음먹었다. 9코스와 8코스다. 서쪽에서부터 코스가 정해져서 나는 순서의 역순으로 계산된다. 연천의 평화누리 길은 임진강 변을 따르지만, 북쪽의 다른 길이 있었다. 파주의 평화누리 길이며 가장 북쪽 길은 임진강 남쪽 강변을 걷게 돼 있다. 9코스는 '율곡 길'이고 8코스는 '반구정 길'이다. 율곡은 이이 선생의 호이고 반구정은 방촌 황희 대감 기념관의 정자 이름이다. 그래서 오늘은 율곡 선생의 발자취를 따라서 걷고 황희 대감의

넉넉한 마음의 삶을 산 기본에 따라 걸었다.

장남교를 건너고 우측으로 돌아가는데 민물 매운탕으로 유명한 두지리를 지나자 임진강 변의 산길을 올라야 한다. 꽤 가파르다. 다시 내려가는데 황포돛배 나루다. 다시 산길을 따라 내려가는데 낙엽 타는 냄새가 난다. 두리번거리며 찾는데 길 아래 조립식 건물 마당에서 드럼통에 나무와 쓰레기로 된 낙엽을 장년 남자 2명이 태우며 담소하고 있다. 인사를 나누는데 나더러 내려와서 차 한잔하고 가라고 얘기를 한다. 그 찰나에 집안의 여자 목소리가 뭐라고 들리는데 정확히는 들을 수 없으나 결론은 안 된다는 얘기 같았다. 남자는 재차 요청한다. 그러나 나는 갈 길이 바쁘다며 마음만이라도 감사하다는 멘트를 날리고 다시 걷는다. 눈치가 꽤 높은 단수의 내가 아닌가?

산길을 벗어나 들판에 들어서니 비닐하우스가 많다. 하우스마다 음악 소리가 나고 라디오 방송 소리가 난다. 어느 하우스에 얼굴을 내밀고 살펴보는데 오이를 키우는 곳이다. 중년 남자가 나온다. 인사를 나누고 얘기를 하다가 음악과 라디오 이야기를 물어보니 식물들의 생장에 도움이 되는 것으로 알고 장려하는 중이라며 정리 중인 오이 하나를 준다. 씻지도 말고 깎지도 말고 그냥 먹으란다. 먹어보니 정말 맛있었다. 시장에 내고 군납도 한다며 자랑한다. 농사일은 가족들이 한다고 한다. 휴일은 서울에서 대학교에 다니는 아들도 와서 돕는다고 또 자랑이다. 농사 작황이 잘 돼서 바라는 목표를 달성하기를 바란다는 인사를 하고 발길을 다시 돌린다.

우리나라 북쪽 전방지역은 6·25와 무장공비 침투 등 격전과 긴장 상태가 지속하는 곳이다. 특히 파주는 수도권과 가까이 있어 더 그렇다. 파주시 적성면 장좌리에는 특이한 묘지가 있다. 적군의 묘지다. 북한군과 중국군의 묘지다. 6,000여㎡의 규모로 조성된 적군묘지에는 북한군 718구, 중국군 362구 등 1,080구의 유해가 묻혀있다.

1, 2 묘역으로 나뉜 적군묘지는 1구역에 6·25 때 사망 후 발견된 자와 정전 후 무장공비로 남파돼서 사망한 북한군들의 가묘가 있던 곳을 집단으로 정리해서 묘지를 만들었고, 2구역에는 6·25 때 사망한 후 발견된 중국군들을 수습 정리해서 묘지를 만들어 관리하고 있다. 이들이 세상을 얼마나 알고 전쟁에 참여했는지는 모르지만, 저세상의 이들도 지금은 대한민국이 잘 되기를 바랄 것으로 생각한다. 아울러 북한지역에 있을 우리 국군 포로들의 생사와 유해를 생각해 본다. 모든 영가의 삼가 고인들의 명복을 빈다.

조금 더 내려가는데 부부가 콩밭에 그물 같은 울타리를 치고 있다. 이유인즉 노루가 산에 많은데 시도 때도 없이 내려와 곡식을 다 먹어 치운다고 한다. 그래서 짐승들의 출입을 막기 위해 예방책으로 울타리를 친다고 한다. 그대로 두면 곡식 한 톨도 건지기 힘들다고 한다. 농부들의 고충이 이만저만이 아니다. 모든 것이 발달하는데 농작물을 야생동물에게 빼앗겨야 한단 말인가! 무슨 좋은 방법은 없을까?

장파리라는 논과 밭이 있는 길을 열심히 걷는데 밭에 심어놓은 작물을 뽑아서 버리는 실버를 만났다. 참깨를 심었는데 한 구멍에 2~3개 남겨 놓고 나머지는 뽑아서 버리는, 즉 솎아줘야 한다고 한다. 시간이 좀 더 지나면 1개만 두고 나머지는 또 솎아줘야 한다고 한다. 오늘 참깨 솎아주는 실버들은 4명이나 더 있었다. 농사도 철저한 공식대로 짓는다. 수확할 때까지 손이 계속 필요하다. 그들의 편하게 일하게 하고 다수확을 빌어본다.

장파리는 비교적 큰 동네여서 밥 먹을 수 있는 식당을 찾는데 5번 만에 합격이다. 혼자 밥 먹으려는 사람은 메뉴도 못 정한다. 주는 대로 먹는 것이 여러 사람 편하고 시간을 줄일 수 있다. 백반을 준다. 후다닥 밥을 먹고 다시 평화누리 길을 찾는데 좀 특이한 건물이 보인다. 벽에 디자인도 특이하다. 장파리는 옛날에 미군 부대가 있었는데 미군들을 상대로 바를 영업한 건물이다. 조용필 씨가 초창기 때 노래한 장소이기도 하다는 설이 있다고 한다. 지금은 비어 있는데 리모델링을 계획하고 있다고 한다. 역사는 후에 불리고 찾아지기도 한다. 허투루 살면 후에 후회한다. 매사에 성실하게 살아야 한다고 생각하며 나도 잠시 추억을 되새겨 본다.

외길뿐인 37번 도로의 다리를 건너기 위해 큰길을 따라서 걷는데 자동차 경주장 같다. 과속이다. 계속 걷다가 두포리에서 특이한 면회(?)를 했다. 민통선 북방 해마루촌에서 DMZ라는 이름을 좋아하며 사는 김인수 교수 부부가 내가 통과한다는 것을, 어제 쓴 SNS를 보고 시간에 맞춰 보러 나왔다. 민통선 남쪽 군 검문소 막사에서 면회! 몇 년 만인가. 1시간여 전에 장파리에서 식사한 터라 같이 식사는 못 한 대신 견과류와 집에서 가꾸었다는 오이와 각종 과일을 무겁게 많이 가지고 왔다. 걸어 다니는 나는 짐의 무게는 질색이다. 많이 먹었다. 나머지는 가지고 가면서 간식을 하라는데 무거워서? 사양이다. 특이한 '파동수'라는 물도 가져와서 많이 마시고 가라며 권한다. 고맙기만 하다. 앞으로 남은 일정을 잘 소화해서 김 교수 부부에게 고마움을 갚아야겠다.

다시 길을 걸으며 평화누리 길 9코스 종점인 '율곡 습지 공원'에 들려 베어낸 보리밭도 보고 율곡과 관련되는 밤나무 꽃냄새도

맡고 연못도 보고 다시 8코스를 또 역으로 걷는다. 큰 도로는 자동차 속도가 무서워서 옛길을 찾아 걷는다. 율곡리가 길게 연결되고 율곡이 즐겨 찾았던 화석정이 있는데 경치가 매우 좋다. 이 8코스도 율곡 길이라고 해야 맞을 것 같다. 율곡리라는 마을이 1, 2, 3 마을까지 있다.

화석정의 서쪽 도로를 서쪽으로 연결하여 율곡리를 지나서 장산 전망대 간판을 보고 걷는데 비포장 길이 꽤 길다. 경사가 정말 심하다. 힘겹게 올라서 임진강을 전망하고 올라간 것만큼 내려가니 문산 들판이다. 들판은 덥다. 여름에 야지에서 더위를 피하는 방법은 구름이 끼거나, 그늘이 있거나, 바람이 불어야 한다. 오늘의 들판은 구름도 없고 해만 쨍쨍하고, 논 들판에는 원래 나무가 하나도 없어 그늘도 없고, 바람도 전혀 불지 않았다. 야속하게 더웠다.

들판을 힘들고 어렵게 지나 임진각으로 갔다. 임진강역, 망배단, 휴게소 옥상에 있는 전망대, 기념관 등을 둘러보았다. 특히 '국립 6 · 25전쟁 납북자기념관' 벽에 36년 전에 생방송 됐던 이산가족 찾기 영상이 상영되고 있었다. 그해 여름부터 가을까지 눈만 뜨면, 또 TV만 보면 '맞다, 맞아!'를 듣고, 울고 웃든 기억이 추억으로 스친다. 10만 명 이상이 신청해서 1만 명 이상이 상봉했다고 한다. 무슨 생각과 말이 필요하겠는가? 말이 필요가 없다. 지금 봐도 눈물만 앞을 가린다. 우리의 비극적인 이 모습의 역사는 언제까지 진행될 것인지 정치적인 면은 차치하고, 인도적인 면에서 답답함을 감출 수가 없다. 늦었지만 이제부터라도 다시 남북관계가 잘 되어 이런 비극이 해결되었으면 좋겠다고 생각해 본다.

감상적인 아쉬움을 뒤로하고 나는 또 가야만 한다. 임진각에서 서울 홍대 앞까지 가는 이층 버스가 있다. 갈등을 겪는다. 그러나 반구정으로 발길을 돌렸다. 반구정까지는 4km 정도다. 농수로를 따라 걷는 게 힘들지만, 다음을 위한다는 생각을 실어 반구정으로 전진했다. 반구정에서 방촌 황희 대감의 청빈함과 참뜻을 마음에 새기며 한 바퀴 돌고 오늘의 여정을 마친다. 5시가 넘어 버스로 문산으로 이동하여 전철을 타고 서울로 이동한다.

오늘은

연천군 장남면 원당 1리(장남면사무소) - 장남교 - 파주시 적성면 두지리 - 황포돛배 - 자장리 - 장좌리(적군묘지〈북한군, 중국군〉) - 파평면 장파리 - 두포리 - 율곡1리 - 율곡 습지 공원 - 율곡2리 - 화석정 - 문산읍 임진리 - 장산 전망대 - 원천리 - 장산리 - 마정리 - 임진각 - 사목리 - 반구정까지

오늘도 아침부터 햇볕이 강력하다. 상쾌함을 기억하며 열심히 걸었다. 여러 가지 상황을 만나고 행동했다. 철저하게 파주지역 임진강 남쪽 길을 걸었다. 이게 제일 북쪽이다.

오늘은 한 셋의 걸음을 마무리하는 날이다. 집이 가까워서 느긋하게 잘 보냈다. 오늘도 기온과 상관없이 덥다. 두 번째 날 최고의 많은 걸음을 걸은 것 같다. 오늘은 5.2만여 보에 39km를 걸었다.

구 누계 : 538.4만 보. 4,072km.

신 누계 : 543.6만 보. 4,111km.

파주지역 임진강과 전진교

임진각 전망대에서 바라본 북쪽 전경

우리 국토 한 바퀴 걸어서 돌기

(69회, 2019.6.28. 금요일), (재방문, 2024.8.10.)

우리 국토 한 바퀴를 따라 걷는 124일째

어느덧 장마철이 되었다. 걸으면서 돌아다니는 나에게는 별로 좋은 일이 아니다. 때에 따라서는 치명적인 일이 벌어질 수도 있다. 오늘은 금요일이다. 예보에 의하면 오늘은 비가 내리지 않고 토요일인 내일은 비가 내린다고 한다. 그래서 어제저녁에 전차를 이용해 문산으로 이동했다. 지난번 마감했던 반구정에서 자유로 동쪽에 있는 평화누리 길을 이용해서 문산까지 걸어와서 숙소를 구했다.

반구정은 자유로 서쪽인 임진강의 동쪽 강변에 있다. 6 · 25전 철책이 없을 때는 풍광이 기막히게 좋았을 듯하다. 땅과 물이 만나는 지점 즉 반구정 바로 옆의 외곽 울타리에는 군사용 철조망이 둘러쳐져 있다. 울타리 밖에는 엄청나게 넓은 강이 북에서 남으로 흐른다. 임진강 하류다. 남쪽으로 내려가서 한강과 만나 김포반도 북쪽을 통해서 서해로 들어간다. 반구정 앞 임진강에 민물고기 특히 장어가 많이 잡히는지 주변 마을에 장어요리와 매운탕 음식점이 많다. 아주 옛날부터 내려온 현상이라고 한다.

임진강 변 파주 쪽과 고양 쪽은 자유로라는 고속화도로가 건설돼 있다. 역시 도로 서쪽인 강변은 군용철책이 설치되어 있다. 철책 순찰길이 남북통일이 되거나 남북 관계가 좋아져서 철책을 거두고 대신에 사람이 걸을 수 있는 산책로가 된다면 얼마나 좋을까? 생각한다. 이리 삐뚤 저리 삐뚤 만들어진 평화누리 길을 걸으면서 소망해 본다.

오늘 아침 일찍 일어나 아침밥 먹는 것을 생략하고 4시 20분쯤 숙소를 나와 평화누리 길을 찾아서 걸음을 걸었다. 아직 깜깜한 새벽 시간이다. 문산천의 임원교를 건너 길에 접어듦과 동시에 우측에 철책 길이다. 자유로 안쪽으로 적 침투를 막기 위해 교각에 쳐진 수 겹의 철조망을 관리하는 병사들의 노고가 크다. 자유로 동쪽 소로를 통해 남진이다.

왼쪽으로 논이 있어서 제법 넓은 들판을 형성하고 있다. 옛날 같으면 논을 많이 갖고 있으면 부자였는데 지금은 모르겠다. 내포 3리 마을을 지나니까 자유로에 붙어 있는 자전거 길이 선명하게 보인다. 자전거 길을 새로 포장하고 페인팅 작업도 한지가 최근이어서 아주 기분이 좋다.

발걸음을 가볍게 옮기며 걸었다. 평화누리 길과 자전거길이 중복과 다름을 반복하며 걸었다. 오늘 걸어온 길은 모두가 농사를 짓는 마을들을 통과했다. 장마 때문에 흐린 날씨였지만 습도가 높아 불쾌지수가 매우 높은 날이었다. 온몸이 끈적끈적해서 컨디션이 좋지 않은 환경으로 능률이 오르지 않는다. 여하튼 걷고 걸으며 낙하리를 6시쯤 지나는데 순댓국집에 불이 켜져 있어서 들어가서 식사를 했다. 6시경에 아침 먹는 경우는 처음이다. 출발할 때 먹는 것을 생략했는데 그것이 맞아떨어졌다. 사람의 일이란 알 수 없다.

아침을 이른 시간에 든든하게 먹고 신나게 걷는다. 평화누리 길을 따라 걷는데 산길이 나온다. 한참 걷다가 후회를 했지만, 별수가 없다. 앞으로 가는 게 제일 빠르다. 다음부터는 무조건 자전거길이라고 다짐하고 걸었다. 그런데 조금 더 남진하니 프로방스라는 관광지가 나와서 웃음을 짓고 평화누리 길을 따라서 걷는다. 남유럽의 프로방스라는 도시를 보아서 한국의 프로방스는 어떻게 생겼을까? 생각하며 동네 전체를 관통했다. 전에 앞쪽만 몇 번 와서 보았는데 오늘은 전체를 보았다. 조그마한 동네에 아기자기한 꾸밈새가 올망졸망하게 진열되어 있는데 식당이 매우 많다는 느낌이다.

프로방스에 있는 내가 알고 있는 '유재은 베이커리'라는 제과점을 들렀는데 오늘 영업 준비와 공장에서 제품들을 만드는데 몹시 바쁘다. 9시 직전의 너무 이른 시간이고 바쁘게 움직여서 화장실이나 보고 가려고 집 옆을 스치는데 뜻밖에 여사장이 나와 있어서 극진한 대접을 받았다. 일본 사람들이 제과점에 찾아와 공장을 시찰하며 살펴보는 행사에 안내 차 일찍 나온 여사장을 마주하게 되어 무척 반가웠다. 아무쪼록 맛있는 빵을 만들어 국민 식생활에 이바지하고 돈도 많이 벌어 세금도 많이 내고 나라에 보탬도 많이 했으면 좋겠다.

성동마을을 통과하는데 자동차 극장이 있고 바로 옆이 통일휴게소가 있다. 옛날에는 '오두산 통일전망대' 올라가는 사람들은 모두가 표를 끊고 셔틀버스를 이용하는 정거장이다. 요즈음은 손님들이 자기 차들을 거의 가지고 와서 실효성이 없어서 정거장 휴게소도 문을 닫았다. 필요한 사람은 전화하면 버스가 내려와 싣고 간다고 해서 전화를 했더니 5분여 뒤에 큰 버스가 내려와서 나 혼자 타고 올라가서 관람했다. 미안하기 짝이 없었다. 입장료도 공짜인데 제삼 미안하다.

전망대에서 북쪽을 쳐다보니 날씨가 너무 흐려 잘 안 보인다. 신경을 써가며 보니 강줄기가 보인다. 오른쪽 강은 임진강이고 왼쪽에 보이는 강이 한강이다. 앞의 가운데로 곧장 뻗은 강은 한강과 임진강이 합수되어 서해로 들어가는 한강(옛 조강)이다. 앞 왼쪽에 강 건너다보이는 땅은 김포 땅이고 멀리 오른쪽으로 넓게 보이는 산과 육지는 북한 땅이다. 배도 타고 자동차도 타고 기차도 타고 왔다 갔다 하는 때는 과연 우리 생에 올 것인가. 많은 초등학생이 견학을 왔다. 몇 가지 상황과 지형설명을 해 주니 좋아하는 그 남학생이 참 예쁘다. 내려올 때는 걸어서 내려왔다.

다시 자전거 길을 걸어 남진이다. 자유로 바로 동쪽에 있는 자전거 길이 자유로보다 한 두길 정도 낮거나 자유로 높이와 같거나 하는 높이로 만들어져 있어 단순하다. 쭉 뻗은 길이 매우 지루하다. 왼쪽은 마을도 있고 논도 있고 밭도 있다. 공장도 있고 창고시설도 있다. 또 출판단지라는 책 만드는 도시도 있다. 차 타고 몇 번 가 보았을 때는 그렇게 넓다고 생각을 못 했는데 차곡차곡 걸어보니 굉장히 넓다. 좋은 책 많이 만들어 국민 정서함양에 크게 이바지하기를 바라면서 앞으로 걷는다. 파주 땅 자유로 동쪽에 옛 학교 등 '추억백화점'이란 이름의 집도 있는 만물상 같은 동네도 있다.

조그마한 언덕을 오르는 데 나와 반대로 걷는 사람이 온다. 행색이 나와 똑같아 금방 알아보고 왜 걷느냐고 물으니 그냥 걷는단다. 지극히 맞는 대답이라고 하며 서로 박장대소를 했다. 오늘 행주산성에서 걷기 시작해서 오두산 통일 전망대까지 걷는다고 한다. 지난번에 초지대교에서 전류리포구까지 걸었단다. 나는 처음 시작했던 길로 2회로 나누어 걸었는데 이 사람은 1회에 40여 km를! 한 번에!? 평화누리 길 1.2.3코스다. 대단한 실력이다. 아마도 평화누리 길을 따라 걷는 것으로 보인다. 오늘은 4.5.6코스를 걷는 셈이다. 나와는 코스가 반대이다. 좋은 결과 있기를 바란다.

이렇게 그렇게 저렇게 생각하며 걷는데 출판단지 휴게소를 통과하고 조금 더 지나는데 고양시 일산서구 구산동 장월마을이다. 싱겁게 파주와 고양시의 시 경계가 바뀐다. 걷는 것도 매우 힘이 들었다. 발걸음이 갈지자다. 교통 여건이 안 좋다. 관내 버스 노선도 없다.

논과 밭 마을이 산재해 있는 전형적인 농촌 마을인 도촌마을을 벗어나고 이산포 IC 못미처서 택시가 나타난다. 손을 들어 의사를 타진하니 손님이 타고 있는데 거의 다 왔다며 타라고 한다. 무척 힘든 상태였는데 구세주를 만난 기분이다. 일산 대화역에서 지하철을 타고 집으로 간다. 내일 오전에 비가 내린다고 하니 관망하다 비가 그치면 다시 나가기로 작정한다.

■ 파주의 이모저모

□ 파주는 우리나라 대표적인 접경지역이다. 남북 관계의 뉴스가 가장 많이 생산되는 곳이다. 통일 안보관광은 임진각 관광지, 도라전망대, 도라산역, 제3땅굴, 판문점, 오두산 통일전망대, 통일촌, 캠프 그리브스, 통일 플랫폼, 국립 6·25전쟁 납북자기념관이 있다.

□ 역사유적지 관광은 황희대감 유적지 반구정, 이이 유적지와 화석정, 파주 삼릉, 윤관장군묘, 파주 정릉, 용미리 마애 이불 입상이 있다.

□ 자연 휴양관광은 임진강 황포돛배, 감악산 출렁다리, 퍼스트 가든, 소울원, 마장 호수, 벽초지 수목원, 공릉관광지가 있다.

□ 문화예술관광은 프로방스, 파주출판도시, 헤이리 예술마을, 경기영어마을이 있다.

□ 파주지역의 축제는 어린이 책 잔치, 헤이리 판 아트 페스티벌, 금촌 거리문화축제, 파주 포크 페스티벌, DMZ 국제 다큐 영화제, 통일로 미술대회, 파평 코스모스축제, 솔가람 가을 꽃축제, 공릉천 사랑 축제, 심학산 축제, 광탄 여울 축제, 장단콩 축제, 파주 북소리, 감악산 단풍축제, 파주 개성인삼 축제, 율곡문화제 등이 있다.

□ 파주에 롯데 프리미엄과 파주 프리미엄 아울렛이 있다.

□ 전통시장은 금촌 통일시장, 문산 자유시장, 적성전통시장, 광탄시장이 있다.

□ 파주의 특산물은 장단콩, 쌀, 개성 인삼, 파주 사과, 파주 배가 유명하다.

오늘은

파주시 문산읍 사목리 반구정 - 당동1리 - 당동고개 - 문산고교 - 문산리 - 임월교 - 내포3리 - 탄현면 낙하리 - 금승리 - 문지리 - 아쿠아랜드 - 오금리 - 만우리 - 대동리 - 성동리 - 프로방스 - 오두산 통일전망대 - 법흥리 - 공릉천 - 송촌동 - 추억백화점 - 신촌동 - 출판단지 - 문발교 - 문발동 - 출판단지 휴게소 - 고양시 일산서구 구산동 구산교 - 장월마을 - 법곳동 도촌마을까지 오늘도 새벽에 나와 멋모르고 걸었다. 비가 내린다는 긴장 속에서 어제부터 걱정했다. 날씨는 흐렸다. 장마로 습도가 높아 끈적끈적 땀을 많이 흘렸다. 날씨 컨디션이 매우 안 좋았다. 단조로운 지루한 걸음이었다. 군 최전방지역인 민통선 바로 아래를 걸었다.

오늘은 단발 걸음이다. 집이 가까워서 이동의 부담이 없이 느긋하게 행동했다. 습도가 무섭다. 기온과 상관없이 무더웠다. 마무리 걸음에 신경을 쓴다. 어제 오후 자투리 시간에 0.7만여 보에 5km와 오늘은 4.9만여 보에 38km를 걸었다.

구 누계 : 543.6만 보. 4,111km.
신 누계 : 549.2만 보. 4,154km.

프로방스 동네 풍경

우리 국토 한 바퀴 걸어서 돌기

(70회, 2019.6.29. 토요일), (재방문, 2024.8.9.)

우리 국토 한 바퀴를 따라 걷는 125일째

장맛비가 오신다. 많이도 아니고 조금씩 감질나게 내린다. 요며칠 사이 일기예보가 몇 시간 간격으로 바뀐다. 그러나 나는 예보를 믿는다. 오후부터 비가 멈춘다고 했다. 그렇다면 나가서 걸어야 한다. 약해진 비를 확인하고 서둘러 지하철역으로 갔다. 일산 대화역에 10시 50분쯤 도착한다. 다시 택시를 타고 어제 마감한 도촌마을에 내려 걸을 준비 후 출발 시각이 11시 15분쯤이다.

비는 멎은 지 꽤 됐는지 도로는 거의 말랐다. 조금 더 일찍 올걸 그랬구나! 후회 같은 혼자 말을 하며 걷는다. 스마트폰 날씨에는 오후 3시부터 또 비가 내린다고 표시가 돼 긴장하며 빠르게 걸으려고 신경을 쓴다. 오른쪽 자유로는 걷는 길보다 5m 이상 높아 아무것도 보이지는 않는데 소리는 요란하다. 엔진이 터질 것 같은 소리도 들린다.

왼쪽의 논과 밭 비닐하우스에서는 비 온 후 농부들의 일하는 모습이 바쁘게 보인다. 그런데 일하는 그룹의 사람들이 고작 1~2명이다. 엄청 넓은 면적인데 일하는 사람은 적다. 잘 되고 있는지 궁금해 물어보니 좀 힘들지만 꾸려나가는 데는 지장이 없다고 한다. 들판에는 바야흐로 성숙해 가는 중이다. 얼마 전에 한 뼘의

옥수수는 사람 키보다 크고 꽃(?)이 피고 수염이 나와서 곧 하얀 이빨 같은 알맹이를 줄 것 같고, 손가락 크기만 한 참깨는 일부가 벌써 꽃이 피어 열매 맺을 준비를 하고 있다. 벼는 논바닥이 보이지 않게 키가 크고 넓게 활착을 한다. 고구마도 바닥의 땅이 안 보일 정도로 활기차게 자라고 있다. 모든 농작물과 식물들은 검푸른 색깔로 성숙해지고 있다. 일주일 동안에 이렇게 변화가 심한 줄 예전엔 몰랐다. 엄청 많고 많은 비닐하우스도 가을에 맞춰 옮겨 심을 작물 모종들이 가득가득 심겨 있다.

들판을 구경하며 걷다 보니 이산포 IC와 '멱절 마을'과 킨텍스 IC를 지나 장항동 들판에 접어들어 일산호수공원에 연결되는 곧게 뻗은 들판 가운데 길을 걷는다. 왼쪽으로 일산 신도시 시가지의 고층 아파트들이 눈에 들어온다. 80년대 중반부터 90년대 초반까지 아파트 분양에 요란했던 신도시 중 하나다. 그 아파트단지와 시가지를 돋보이게 하고 삶의 질을 향상하도록 한 일산 호수공원을 들어가 걸어본다.

통상 일산호수공원이라고 하면 시가지가 있는 호수의 동쪽에 있는 바닥에 돌이 깔린 곳만 보고 다녔다. 꽤 유명한 고양 꽃 박람회도 그쪽에서 열린다. 그런데 오늘 그 반대쪽인 공원 서쪽으로 들어가서 둘러보는데 기가 막히게 좋았다. 공원이란 말이 딱 어울리는 곳이었다. 나는 처음 들어와 본다. 지금까지는 호수공원 껍데기만 보았다. 참 아름답고 시원한 숲이 사람을 편안하게 만든다. 또 상당히 먼 길을 호수공원과 연결하여 '청평지'와 백석동을 숲으로 이어지는 시원한 길을 시원하게 걸어 나와 다시 들판 길을 걷는다. 경기 관광공사 소속이며 고양시를 담당하는 조준한 씨를 만나 이야기를 나누었다. 평화누리 길을 편하게 이용하라고 리본이 잘 보이도록 조정 작업을 하며 다닌다. 내 의견도 몇 가지 이야기했다. 이런 분들 노력 때문에 길을 쉽게 찾아 여행을 즐긴다. 아주 고맙습니다.

옛날에 한강 홍수로 범람이 되어 곤욕을 치른 지역인 도촌교 일대의 배수처리장과 '원능수질복원센터' 그리고 'MBC 토당 송신소'를 통과한다. 그 외 하수처리시설들을 짓고 있다. 동네가 띄엄띄엄 있는 곳은 동네 자체 하수처리 및 정화 시설들을 갖춰야 하는 것 같다. 환경의 중요성을 실감한다. 다음 서울외곽순환고속도로 밑을 통과하여 자유로 동쪽 면을 만나 행주대교 쪽으로 발걸음을 계속한다.

행주대교를 건너야 하는 운명이다. 고양에서 남진하며 김포 방향으로 건너는 다리가 일산대교와 김포대교가 있는데 모두 자동차 전용 도로여서 사람이 도보로 건널 수 없다. 이 도로들을 이용할 수가 있다면 5~20km를 단축할 수 있는데 말이지. 부득불 행주대교를 건너야 하는데 어떻게 건너는지를 몰라서 걱정을 했다. 자전거도로 이정표를 따라서 돌고 돌아 행주산성 아래 있는 행주 외동마을을 지나 신행주대교로 올라가니 도보 전용 도로가 있다. 인도 폭이 넓지도 않아 사람이 겨우 교행할 수 있는 정도다.

그런데 주객이 전도되는 사건을 목격하고 경험한다. 자전거와 사람이 같이 이용하되 사람은 걷고 자전거는 내려서 끌고 가도록 표시가 돼 있다. 그런데 1,460m의 다리를 건너는 동안 40여 대의 자전거가 교행했는데 1대도 끌고 가는 사람을 보지 못했다. 그 중 1대는 내가 사진을 찍고 돌아서는데 지나가다가 부딪혀 서로 큰일이 발생할 수도 있었는데 천만다행으로 스치기만 했다. '보행자 우선 자전거 탑승 금지'라는 글귀가 다리를 건너는 동안 5곳에

쓰여 있었다.

다리 가운데쯤 공중에 '자전거 탑승 금지, 안전하게 끌고 가세요'라는 간판도 있다. 걸어 건너는 동안 앞·뒤에서 오는 자전거 타는 사람 모두 좁은 길을 타고 달린다. 우리나라 공중도덕, 준법정신이 빵점이다. 조금만 잘 못 하면 큰 사고가 날 수도 있는데 편법, 반칙, 탈법, 대충대충, 대강 대강이 판치고 있다. 또 자동차들 과속은 어떻고.

목숨 걸고(?) 다리를 건너서 살피는데 막막하다. 자전거 길은 잘 돼 있는데 맨몸의 사람은 어디로 가야 할지 답답하고 답답하다. 자전거 길을 따라가면서 이리저리 헤매고 헤맨 결과 아라뱃길 경인항 김포터미널에 도착해서 말도 많고 많았던 신세계 중 하나를 구경하였다.(※ 2024년 재방문 시 훨씬 번화하게 변했다). 이곳에서 마감하고 알아보고 물어보고 수소문해서 개화역 가는 마을버스가 있어서 기다리는 시간은 좀 길었지만 편하게 이동해서 지하철을 탈 수 있었다. 견문이 보배다. 알면 쉬운데 모르면 어렵고 힘들다.

■ 고양의 이모저모

□ 보고 즐길 거리가 다양하다. 먼저 문화유적은 북한산성, 행주산성과 역사공원, 유네스코 세계문화유산인 서오릉과 서삼릉, 흥국사가 있다. 행주산성에서는 축제도 열린다.

□ 친환경생태도시를 자랑하는 북한산, 고양생태공원, 장항습지가 있다.

□ 국제적 신한류 문화예술 분야는 고양아람누리, 고양 아쿠아스튜디오, 고양어울림누리, MBC 드림센터, SBS 제작센터,

EBS 디지털청사가 있다.

□ 자연과 함께 하는 환경생태공원인 호수공원은 봄에는 국제꽃박람회와 고양호수예술축제가 열리고 노래하는 분수대가 있다. 또 아쿠아플라넷, 원마운트, 모터 스튜디오가 있다.

□ 볼거리 먹거리는 화정 문화의 거리, 어린이박물관, 원당종마목장, 가와지 볍씨박물관, 풍동 애니골, 증권박물관, 중남미문화원, 쥬라리움 파크 등이 있다.

□ 시장은 전통시장으로는 원당시장, 능곡 시장, 일산시장과 스타필드 고양이 사람들을 즐겁게 한다.

오늘은

고양시 일산서구 도촌마을 - 법곳동 - 이산포 IC - 멱절마을 - 킨텍스 IC - 장항동 - 일산호수공원 - 청평지 - 백석동 - 내곡동 - 백신마을 - MBC 송신소 - 김포대교 북단 - 덕양구 행주외동마을 - 행주대교 - 김포시 고촌읍 전호리(경인아라뱃길 경인항 김포터미널)까지

오늘 비가 오는 아침을 피해 늦게 걷기를 시작했다. 날씨는 흐렸다. 장마로 습도가 높아 끈적끈적 땀을 흘렸다. 날씨 컨디션이 매우 안 좋았다. 길 찾는데 머리 좀 썼다. 행주대교 한강 다리를 건너는데 무서워서 아찔했다.

오늘은 늦게 시작해서 반쪽 걷기를 했다. 집이 가까워서 이동의 부담이 없이 느긋하게 행동했다. 오늘도 기온과 상관없이 무더웠다. 오늘은 2.8만여 보에 21km를 걸었다.

구 누계 : 549.2만 보. 4,154km.
신 누계 : 552.0만 보. 4,175km.

일산 호수공원 서쪽 산책로

고양 들판에서 보이는 행주대교

우리 국토 한 바퀴 걸어서 돌기

(71회, 2019.6.30. 일요일), (재방문, 2024.9.17.)

우리 국토 한 바퀴를 따라 걷는 126일째

오늘의 임무는 딱 정해져 있다. 경인아라뱃길 김포터미널에서 김포시 하성면 전류리포구까지 도상으로 20여km를 걸으면 끝이다. 우리나라를 한 바퀴 도는 내가 정한 임무의 목표가 눈앞에 있다. 7시쯤 집을 나서 지하철과 김포공항에서 버스를 갈아타고 경인아라뱃길 김포터미널에서 9시가 지난 시간에 복장과 장비(?)를 갖추고 걷기를 시작했다. 날씨는 더워도 발걸음은 가볍다.

아라뱃길 경인항을 한 바퀴 돌고 전호교를 통과하면서 항구를 내려다보니 대단한 위용임을 알아볼 수 있었다. 아라뱃길은 서울시, 김포시, 인천시에 걸쳐 흐른다. 행주대교(서울시 강서구 개화동) 인근 '아라 한강' 갑문에서부터 시작하는 물줄기는 김포시를 지나 인천시 계양구를 거쳐 인천시 서구 오류동(정서진 1로 41)을 통해 바다로 연결된다.

이곳과 서해의 인천 정서진 바닷가에 터미널이 있다. 뱃길의 길이는 약 18.5km, 폭은 80m, 평균 수심은 6m라고 한다. 아라뱃길의 '아라'는 우리 민요 '아리랑'의 후렴구 '아라리오'에서 따온 말이자 바다를 뜻하는 옛말이라고 한다. 지금 유람선은 확인하지 못했다. 일요일인데도 주차장에는 차들이 많다. 항구의 물에는 조용한데 육지의 상황은 꽤 복잡했다. 항구 동북쪽에 마리나 관련한 큰 호텔이 있고 호텔 앞에는 요트가 엄청나게 많이 정박해 있다. 갑자기 내가 부자가 된 기분이다. (※ 2024년 재방문 시 확인 결과 상상을 초월한 시설이 들어서 엄청나게 번창해졌다.)

자전거 길을 따라 북쪽으로 올라가는데 '평화누리 자전거 길'로 이름 되어 있다. 자전거를 타고 달리는 사람들이 무척 많다. 한번 지나는 자전거 행렬이 30~40명이 넘는 경우도 여러 번 있었다. 지방도를 활용하여 자전거 길을 잘 닦아 놓았다. 자전거 길은 바닥에 파란 선으로 그려져 있는데 전국이 공통인가? 그래서 길을 잃을 일이 없을 것 같다.

전진하며 주변을 살펴보니 묵직한 철책이 계속 연결된다. 인적이 드문 조용한 어느 동네는 청국장을 팔거나 추어탕을 파는 집, 어느 식당은 예쁜 이름의 갈빗집 등 여럿이 있다. 동네 인구 밀집도로 봐서 자동차 타고 밥 먹으러 일부로 오는 사람들의 식당 같다. 점심때가 지난 시간이라 시장기를 느꼈으나 침만 꼴딱 삼키며 전진한다.

전류리까지 가는 동안 오른쪽은 한강인데 철책으로 가려져 있어 답답한 한강이다. 특히 풍곡리부터 운양동 '감암포'까지 7km 정도는 고속화도로를 연해서 5m 이상 낮은 공간이 자전거도로인데 폭이 3m 정도로 좁은 공간이다. 그리고 오른쪽이 철책이다. 걷는데 공포와 답답함의 극치다. 그곳을 지나자 김포 에코센터와 한강 야생조류생태공원은 환경적으로 잘 가꿔진 곳이다. 주변이 넓은 들판 같다. 철책도 멀리 떨어져 있다. 조류 관찰을 위한 시설도 자연스럽게 잘 만들어졌다. 공원 외곽 길가에 심어진 수목들이 서울의 강동구 쪽 어느 동네 아파트 재건축 시 없어질 나무들이 기증되어 이곳에 심겨 있다.

공원 끝부분에 그늘막이 있는데 환자복을 입은 노인과 젊은이와 아이들 몇 명이 앉아 있다. 상황을 파악해 보니 요양병원에 있는 노인을 가족들이 면회를 와서 이곳으로 산책을 나온 것이다. 몇 마디 참여하고 위로의 말을 하고 다시 조금 걸어가니 용화사란 절이 있고 절 옆에 보리수라는 요양병원이 있는데 주차장에 차들이 만원이다. 일요일을 맞아 요양병원에 입원해 있는 가족을 면회 온 것이다.

호기심이 생겨 병원에 들어가서 휴게실에 잠깐 앉아서 대용식과 음료수 한 잔을 사 먹고 마시면서 분위기를 살펴보았다. 재미있는 면회가 아닌 점도 있었다. 마음이 우울해진다. 조금 있으니 아까 만난 일행이 들어와서 실내 휴게소에서 작별면회를 한다. 음료수 몇 개를 사서 대접하고 빠른 쾌유를 빈다는 인사를 하고 발걸음을 전류리 쪽으로 옮겼다.

용화사 삼거리에서 오른쪽 좁은 도로를 따라서 걷는다. 방조제 같은 길에 왼쪽은 넓은 농경지가 풍년을 위하여 준비하고 있다. 오른쪽 길은 또 철책이다. 주~욱 걷는다. 전류리포구 1km쯤 전에 자동차 한 대가 옆에서 서행하며 영차 영차라고 소리치며 응원한다. 친구 몇 명이 한 바퀴 내 마지막 걷는 길을 동행하기 위해서 오는 중이란다. 그중 한 명이 내려 나와 같이 이야기를 주고받으며 걸었다.

오늘 처음부터 끝까지 오른쪽에 철책을 끼고 한강을 바라보며 걸어서 오후 3시 19분에 전류리포구에 도착하였다. 작년 2018년 1월 21일 10시쯤 이곳을 출발해서 한 바퀴 돌기를 시작했다. 그날의 추억을 되새기며 검은 초소 건물을 만져보며 웃었다. 1년 5개월

10일 만에 다시 찾은 전류리포구는 많이 변해 있었다. 친구 몇 명과 가족이 기다리고 있다. 3살짜리 손자가 꽃다발을 주는데 쑥스럽다. 그동안 경과를 스마트폰에서 찾아 요약해서 저장하면서 식당을 찾는다.

☆ 우리 국토 한 바퀴 걸어서 돌고 돌아 출발지까지 완보
2019년 6월 30일 15시 19분

☆ 우리 국토 한 바퀴 걸어서 돌기 경과
제 1일째(2018. 1. 21)
김포시 하성면 전류리포구 출발 : 3.3만 보. 25km
제 48일째(2018. 9. 24)
목포 목포역 : 180만 보. 1,392km
제 72일째(2018. 12. 1)
여수 향일암 : 288만 보. 2,176km
제 96일째(2019. 3. 16)
부산 태종대 : 402만 보. 3,026km
제 114일째(2019. 5. 18)
강원도 고성 통일 전망대 : 499만 보. 3,769km
제 126일째(2019. 6. 30)
김포시 하성면 전류리포구 도착 : 555만 보. 4,198km

이렇게 간결하게 요약이 된다. 싱겁게 오늘을 끝내고 맞는다. 다음 주부터 뭐하지! 생각해 본다.

오늘은

김포시 고촌읍 전호리(경인아라뱃길 경인항 김포터미널) - 전호교 - 마리나베이 - 전호리 - 전호 야구장 - 영사정 - 신곡리(신곡 양·배수장) - 풍곡리 - 향산리 - 걸포사거리 입구 굴다리 - 일산대교 남단 - 운양동 - 감암포 - 김포 에코센터 - 한강 야생조류생태공원 - 운양동 용화 서삼거리 용화사 - 양촌읍 누산대 수문 - 봉성포천 - 하성면 봉성리 - 전류리포구까지

오늘은 구름이 낀 날씨였지만 밝았다. 장마로 습도가 높아 끈적끈적한 땀을 흘렸다. 날씨 컨디션이 매우 안 좋았다. 바람도 없고 그늘이 전혀 없다. 걷기 힘든 조건들이 많았다. 오늘도 그렇게 저물고 종점에 서 있는 날이다.

오늘은 늦게 시작했다. 집이 가까워서 이동의 부담이 없이 느긋하게 행동했다. 결론이 있는 일을 마감하는 날이다. 오늘은 2.9만여 보에 23km를 걸었다.

구 누계 : 552.0만 보. 4,175km.
신 누계 : 554.9만 보. 4,198km.

대한민국 한 바퀴 끝이다.

김포 아라뱃길 터미널

전류리포구 도착 후

대한민국 한 바퀴 걸어서 돌기 마치다

스스로 한 약속을 지켰다.

오늘은 2019년 7월 6일 토요일이다. 지난주까지 토·일요일은 오라는 데는 없어도 무척 바쁘게 지냈다. 오늘은 갈 곳이 없어져 무작정 쉬면서 신체의 자연적인 마무리에 이어 마음의 마무리를 하고 있다. 지금 시점에서 우리나라 외곽을 한 바퀴 걸어서 돈 결과를 뒤돌아본다. 먼저 스스로 한 약속을 지켜내서 흐뭇하다.

2018년 1월 21일 서해와 한강이 만나는 경기도 김포시 하성면 전류리포구에서 북쪽으로 올라가며 내 몸과 머리와 마음의 3개 객체가 약속했다. 무조건 걸어서 우리나라 해안선을 한 바퀴 꼭 돌아보자고. 처음 생각은 우리나라 해안선만 따라 걸어서 서해안 바다 쪽의 가장 북쪽 끝에서 출발해 남쪽으로 내려가 남해안과 동해안을 거쳐 강원도 고성군 '통일 전망대'에서 마무리할 생각이었다. 출발할 때 약속대로 2019년 5월 18일 고성통일전망대까지 해안선을 따라 걸어 완보했다. 그 후 바로 마음을 고쳐먹었다. 대한민국 북쪽 민통선 바로 아래 길을 따라 걸어서 임진강과 한강변을 따라 출발했던 지점까지 한 바퀴를 돌기로.

그 결과 17개여 월이 지난 2019년 6월 30일(일요일) 오후 3시 19분 처음 출발했던 전류리포구 초소 앞에 남쪽에서 걸어와서 섰다.

우리나라의 가장 바깥길로 해안선뿐만 아니라 북쪽 DMZ 남쪽 민통선에 가장 가까운 길을 통해서 우리 국토를 한 바퀴를 돌았다. 이렇게 해서 내가 나와 한 약속을 지켰다. 그 약속을 지키기 위해 126회 555만여 걸음으로 4,198km를 걸었다.

나는 무조건 걸었다. 주말이면 나도 몰래 준비가 되고, 발걸음은 지난주 버스 타고 서울로 출발한 그 지점으로 향하고 있었다. 지금까지 살아오면서 수많은 일이 있었다. 그 일 중의 하나로 이번 우리나라 국토 한 바퀴를 걸어서 돌았던 일도 포함하게 된다. 어떻든 한 바퀴를 걸어서 돌았다. 내가 한발 한발 걸어서 돌았다. 그날 기분이 매우 좋았다. 올해 70살이 되는 기념식을 스스로 한 거로 생각한다.

태어날 때부터 약골이었다는 부모님의 말씀이었다. 자식의 나이가 40이 넘었을 때도 몸이 너무 약하다고 걱정하신 어머니가 생각난다. 낳아주심은 물론이고 어렸을 때 빈혈이 심해 어지럼병으로 고생했는데, 방학 때가 되면 없는 살림에도 도축장 옆에 숙소를 구하고 소 잡는 새벽마다 빈혈에 좋다는 소의 특수부위를 구해서 먹이는 등 건강을 돌봐 주셨던 부모님이다. 결혼 후에는 아내가 신경 쓰고 이것저것 챙기며 건강에 각별하게 보살펴 준 일들이 생각난다. 감사하다.

우리나라를 금수강산이라 한다. 내가 어려서부터 많이 들어 온 말이었다. 그것이 꼭 맞는 말이다. 대한민국 방방곡곡이 참으로 아름답다. 여기는 이렇게 예쁘고 아름답고, 저기는 저렇게 예쁘고 아름답다. 거기는 또 그렇게 예쁘고 아름답다. 이 동네 저 동네 모두 아름답고 예쁘다. 더 표현을 못 하겠다. 그 금수강산 동네에서 며칠씩이라도 살아보고 싶다. 우리나라의 내가 걸어 지나온 모든 동네에서 살아보고 싶은 마음이다. 점찍어 놓은 좋은 곳에 아내와 같이 다시 꼭 가 봐야겠다. 예쁜 곳에서 사는 분들 참으로 복 받은 분들이다. 인간이 자연에 상처를 낸 몇 곳에서 신음하는 것을 보고 듣긴 했지만.(※ 2023년 가을부터 버스타고 다시 걸었다.)

걸으면서 많은 사람을 만났다. 우리나라 작은 나라가 아니다. 동네별로 세상 살아가는 법을 보고 공부했다. 고을별로 풍습도 다양하고, 말소리도 다양하고, 행동 방식도 다양함을 보았다. 그러나 살아가는 방식은 비슷하다. 우리는 다름을 존중하고 다름을 활용하는 지혜가 필요하다. 먹고 일하고 활동하며 사는 방법은 대동소이하다.

홀로 걸으며 가끔 꿈을 꾸며 이 세상에 없는 돌아가신 분들도 만났다. 그분들 중에는 네 분의 부모님도 만났다. 또 알고 지냈던 여러 고인을 만나 무언의 대화를 나누었다. 그분들의 시원한 육성의 대답은 아니지만, 심증으로 '한 번 사는 인생 어떻게 살아야 하는가?' 에 대한 확실한 대답을 들었다. 나를 배반하고 일찍 생을 마감한 사람들도 어떻게 살아야 하는지를 말이 필요 없이 이심전심으로 통하도록 해주었다. 감사하다. 그들의 명복을 빌고 또 빈다. 나는 잘살아야겠다.

혼자 걸으면 별별 생각이 난다. 걸으면서 멍하며 무념의 상태가 될 때도 있다. 그 후 많은 생각을 하게 한다. 나의 지금까지의 삶을 뒤돌아봐 진다. 잘한 일보다는 잘못한 일이 훨씬 많이 생각난다. 죄를 많이 지었다. 살아오면서 이해관계에서 조금이라도 지지 않으려고 아등바등하며 이런저런 죄를 많이 지었다. 형언할 수 없는 불충과 불효 그리고 우애가 부족했고, 가까운 사람에게 상처를 준 사실도 떠올랐다. 바닷가에 연한 산과 들을 걸으며 하늘을 쳐다보면서 울부짖으며 죄송하다고, 잘못했다고 빌었다. 많은 걸음을 하고 몸이 기진맥진할 때 정신은 더 말짱해져 가까이서 선명하게 떠오르는 죄짓는 모습들이 보인다. 이런 기회를 얻고 나 혼자만의 비는 일이지만 반성할 수가 있어서 다행이다. 앞으로 삶을 사는데 조금이라도 더 바른길을 갈 수 있도록 해 달라고도 했다. 다짐도 했다.

띄엄띄엄 이지만 만 리 이상을 계획적으로 걷는데 힘들고 어려운 일이 왜 없었겠는가. 2018년 봄 영종도를 걸을 땐 늦은 오후쯤엔 허리가 내려앉은 듯한 통증으로 괴롭고 힘들어 걱정하기도 했다. 그때는 체면 불고하고 맨땅에 하늘을 보고 드러누워 손발을 흔들며 10여 분 이상을 쉬기도 했다. 또 거제도 김영삼 대통령 생가 근방 외포마을 고개를 새벽에 걸어 오를 때 대형 자동차를 피하면서 도로 옆 배수로에 빠져서 몸을 다치는 고충도 있었다.

오르막길을 장시간 걸을 땐 숨이 막히고 힘이 들어 자신의 나약함과 한계를 한탄하기도 했다. 신체적으로는 무릎이 뻑뻑하고 기진맥진인 경우도 있었다. 땀을 너무 많이 흘리기도 했다. 몸 구성품이 한 군데라도 못쓰게 고장 날까 봐 노심초사하기도 했다. 입술은 3~4주마다 부르텄다. 내리막길에는 발가락 부분이 앞으로 쏠려 마찰이 장시간 지속하다 보니 상처가 나서 아팠다. 결국, 발톱 3개가 4번 빠지는 어려운 일도 있었다. 몹시 아파서 진통제에 의존하기도 했다. 발톱 빠지는 것, 무척 아프다. 혼났다.

여기에 수많은 지역의 도로를 걸을 때와 인도가 없는 교량을 건널 때 과속하거나 대형차들에 의해 자칫 사고로 이어질 만한 위험한 경우가 수없이 많았다. 스스로지만 위험을 느낀 적이 무척 많았다. 우여곡절은 있었으나 방어걸음(?)을 항상 생각하며 걸었다. 완보까지 하는 동안 멀쩡하게 살아있도록 해 준 난폭한 운전자들에게 진심으로 감사하다. 집을 나와 운전대만 잡으면 미쳐 날뛰는 대한민국 자동차들이 오죽이나 과속을 해야지 말이지! 쭉쭉 뻗은 좋은 도로를 꼭 그렇게 과속해야 하는지 의문이다.

내가 이번 일을 하면서 하루 걸음을 끝내고 당일 일기식으로 SNS에 글을 써 올렸다. 많은 이들이 읽어보고 감사하게도 댓글도 주셨는데 그중 한 분이 남긴 글이 생각난다. '당신이 하는 일은 여유가 있어야 할 수 있다. 첫째 건강의 여유가 있어야 하고, 둘째 시간적 여유가 있어야 하고, 셋째 경제적으로 여유가 있어야 하는데 참 부럽다'라는 이야기다. 나는 결론적으로 말하면 그런대로 그 말이 맞는 면이 있다고 생각한다. 경제적인 면에서 그날그날 돈을 벌어야 집안이 살 수 있다면 할 수 없는 일이고, 그리되면 시간도 낼 수 없는 일이 아닌가? 젊었을 때부터 근검하고 열심히 살아온 가족들의 덕택과 연금 등으로 다행히 숙식은 해결되는 여건이기 때문에 가능했다. 건강도 이만해서 감사하다.

나는 여기에 가족들의 이해와 지원을 보태고 싶다. 집에서 원거리는 비용이 좀 들어간다. 교통비와 숙박비 그리고 식사도 100% 매식을 했다. 그 비용은 말없이 아내가 눈감아주었다. 걷고 집에 오면 큰 며느리는 가끔 맛있는 음식을 만들어 줘 체력보강에 보탬을 주었다. 걸어 돌아다니다 보면 건강에 문제가 있는데 상담과 처방은 막내며느리가 책임지고 살펴주었다. 매일 써서 올리는 SNS 글에 관심과 흥을 맞춰서 힘을 내도록 응원한 큰아들, 오고 가는 교통편이 어려울 때 정보를 파악해서 언제든지 차표를 해결해 준 막내아들, 중간에 그만두지 못하게 의기와 오기가 우러나오도록 핀잔과 뼈 있는 말을 날린 괴물 같은 딸내미가 있어서 완보

할 수 있었다고 생각한다. 가족들이 고맙다. 그러고 보니 나는 행복한 사람이다. 그들에게 감사한 마음이다.

그동안 이 짓을 핑계로 사회생활을 등한시했다. 평상을 찾아 살아야겠다. 또한, 걸음걸이 하는 동안 밥도 사주고 격려를 해 준 친구들과 아는 모든 분께 감사하다는 인사도 해야겠다. 각종 모임과 행사에도 적극적으로 참여하며 살아야겠다. 그리고 갚아야겠다. 그러면서도 5년이나 10년 후에 다시 한번 한다면 준비도 잘해서 꼼꼼하게 더 잘할 수 있겠다는 생각도 한다. 건강관리를 잘해 대비하면서 말이다.

그리고 고성통일전망대에서 금강산, 함경도를 지나 두만강과 압록강을 거쳐 평안도, 황해도 바닷가를 걸어 내려와 임진강 하구에서 남으로 내려 걷는 한 바퀴 돌날을 소망한다. 언제 올까? 꼭 걷고 싶은데. (2019.7.6. 저녁)

※ 2024년 재방문 시 자동차만 들어갈 수 있는 고성통일전망대에 큰아들과 손자 두 명을 데리고 갔다. 북한 땅을 보여주면서 약속을 했다. 내가 만약 북한 땅을 걷지 못하고 죽으면 너희들이 평화통일도 하고 꼭 걸으라고. 손자들이 그리하겠다고 했다.

북쪽 우리 땅 한 바퀴 걸을 날을 기다리다가 지루해서, 대한민국 국도(國道)를 걸어야겠다고 생각하고 남쪽 바다에서 북쪽 휴전선까지 이어진 1, 3, 5, 7, 31번 국도를 걸었다. 2019년 11월 23일부터 1번 국도 파주의 통일대교에서 시작해서 2020년 1월 20일까지 걷다가 코로나 사태로 중지하고, 다시 2022년 6월 11일 재개해서 2023년 7월 1일 강원도 양구 민통선까지 71일 동안 2,578km를 걸었다. 이것을 엮은 책이 『세상을 걷는다.』 1, 2권이다.

대한민국 한 바퀴 버스 여행을 하면서 본 책 1권을 출판하는 동안 엉덩이 통증이 심해서 치료차 4개월을 꼼짝 못 했다. 너무 많이 걸어서 생긴 병인 줄 알고 2개월여 치료했는데 낫지 않았다. 다른 병원에 가서 상담한 결과 오래 앉아서 생긴 병이라 한다. 정반대의 진단이었다. 병행 치료하다가 앉아서 생긴 병이라고 진단한 의사의 치료를 받아서 완치돼 간다. 차를 자주 타고 다니고 글을 쓴다고 의자에 장시간 앉은 덕 같다. 버스 여행이 늦어서 2권의 출판이 늦었다.

앞으로 11번 국도부터 49번 국도까지 남북 종으로 이어진 국도 20여 개 약 3,000여km가 남아 있다. 이 도로도 걷고 싶다. 그리하며 금수강산 대한민국 땅 사랑하며 살겠다.

2024.10.

도보 여행가 박 중 호

대한민국 한 바퀴 걸었다 · 2

초판 인쇄 2024년 10월 02일
초판 발행 2024년 10월 07일

지 은 이 박중호
발 행 처 도서출판 **필통**
발 행 인 최정자
주 소 서울특별시 중구 충무로 54-10 (을지로 3가)
전 화 02-2269-4913 **팩 스** 02-2275-1882
출판등록 제301-2009-162호

I S B N 978-89-94866-40-6
가 격 18,000원